我们一起解决问题

从萧条到复苏

1929年之后的世界股市与经济

[英] 塞尔文·帕克（Selwyn Parker） 著

李妍 译

THE GREAT CRASH

后金融危机时代的复盘力作

人民邮电出版社

北京

图书在版编目（CIP）数据

从萧条到复苏：1929年之后的世界股市与经济 /
（英）塞尔文·帕克（Selwyn Parker）著；李妍译. --
北京：人民邮电出版社，2017.7（2020.5重印）
（全球金融投资新经典译丛）
ISBN 978-7-115-45908-4

Ⅰ. ①从… Ⅱ. ①塞… ②李… Ⅲ. ①股票市场－经
济史－世界 Ⅳ. ①F831.9

中国版本图书馆CIP数据核字(2017)第102327号

内 容 提 要

《从萧条到复苏》以发生于1929—1933年欧美世界的经济大危机为主题，讲述了此次危害全球并为第二次世界大战埋下经济隐患的大危机是如何爆发的，以及危机对于社会阶层分化、民众生活及社会心理等方面的严重冲击。作者以丰富的史料分别叙述了当时美国、英国、德国、澳大利亚及日本等国在危机影响下社会各阶层的应对措施，尤其重点讲述了美国罗斯福总统应对经济危机的新政举措。同时，作者从经济学角度分析了制度经济学派、古典经济学派在面对危机时的不同看法。最后，作者对席卷全球、爆发于东南亚的2008年金融危机及美国次贷危机进行了分析，比较了不同社会背景下经济危机的影响力及科学的应对措施，引导读者正确看待经济危机问题，树立应对危机的信心。

1929年的股市大崩盘一直是从事股市投资的机构和专业人员研究的重点。《从萧条到复苏》可以让我们看到大崩盘对世界经济产生的影响，以及对当前股市投资的启示。

◆　　著　　[英]塞尔文·帕克（Selwyn Parker）
　　　　译　　李　妍
　　责任编辑　　王飞龙
　　执行编辑　　杨佳凝
　　责任印制　　焦志炜

◆人民邮电出版社出版发行　　　北京市丰台区成寿寺路11号
　　邮编 100164　　电子邮件 315@ptpress.com.cn
　　网址 http://www.ptpress.com.cn
　　北京捷迅佳彩印刷有限公司印刷

◆开本：700×1000　1/16
　　印张：18.5　　　　　　　　　　　2017年7月第1版
　　字数：260千字　　　　　　　　　2020年5月北京第4次印刷
　　著作权合同登记号　图字：01-2016-5329号

定　价：69.00元
读者服务热线：（010）81055656　印装质量热线：（010）81055316
反盗版热线：（010）81055315
广告经营许可证：京东工商广登字20170147号

前 言

～∞～

　　杰克・皮尔庞克・摩根和他的妻子杰西每次去英国的时候，都是一样的路线行程。他们乘坐英国邮轮毛里塔尼亚号穿越大西洋，或者是乘坐更新一些的阿基塔尼亚号（它有四个别具特色的、棱角分明的烟囱），要么就是乘坐"海盗船"——摩根的私人远洋航船。游轮在南安普敦靠岸之后，摩根和妻子就由司机送到了他们的豪华庄园 Wall Hall，位于植物繁茂的赫特福德郡的一个叫做奥尔德纳姆的小村庄，他们每次到英国来都会在这个宅邸逗留很长时间。

　　Wall Hall 的装饰无比华丽，足以衬托这位全世界最著名的银行家，甚至可能是最富有的人的身份。这所宅邸建于 19 世纪早期，比起当时常见的城堡式的外观和中世纪的特色，它的哥特复兴风格式建筑算是比较前卫了。Wall Hall 最初的主人，是另一位声名显赫的银行家乔治・伍德福德・泰勒森，他是查尔斯・狄更斯的著名小说——讲述法国大革命的《双城记》中的经典人物形象。狄更斯在书中称他为泰尔森，他在坦普尔酒吧区拥有一家银行，是为大革命中的贵族和难民服务的财富信托机构，货币汇率较高。

　　1929 年，杰克或者是媒体报道中所说的小 J. P. 摩根，已经迫不及待地想要离开纽约，到赫特福德郡定居。在回到纽约从他父亲朱尼厄斯・皮尔庞特手中接管家族银行之前，杰克在伦敦居住了很多年，并在 1908 年买下了 Wall Hall，这所他和他的妻子都非常喜爱的庄园。杰西是在波士顿读的大学，她的父亲也是一位银行家。能够远离大都市拥挤喧闹的街道，在宁静的乡村里拥有这样一所宅邸，对她来说是一个放松心情的好去处。对她的丈夫来说，在 Wall Hall 生活，可以让他卸下肩上的重担，帮他缓解继承家族事业的压力。在 Wall Hall，杰克可以成为一个真正的英国绅士，虽然他还是带着美国口音。Wall Hall 的镶嵌式餐厅曾接待过不少英国上流阶层人士，比如英国皇室成员，包括伊丽莎白一世、未来女王的母亲、贵族中的典型代表，以及牧师、政治家和银行家中的领袖人物。这些人聚集在一起形成了一个上层阶级的圈子，他们拥有不可估量的财富，在世界各国的政府高层都拥有令人称羡的影响力。

因为 Wall Hall 处在可以接触到上流阶级的得天独厚的环境，所以，杰克·摩根在这所宅邸的装修维护上，以及它所在的这个小村庄里都花费了大量的资金。摩根的确就像奥尔德纳姆的领主一样，他的妻子也相当于是领主夫人了。杰西积极投身于当地妇女协会组织的各种活动中，她们会在一座古老的砖石建筑里进行固定的聚会，那里离杰西的宅邸 Wall Hall 只有 5 分钟的路程。摩根夫妇经常会去那座有 700 年历史的圣约翰浸信会教堂做礼拜，有时会在 Wall Hall 附近的"3 个指南针"酒吧和当地的居民一起喝酒。奥尔德纳姆当地的学校也时常受到这位慷慨的银行家的资助。摩根并不怎么懂板球运动，但他是当地板球队的一位热心赞助人。

从某种程度上来说，杰克·摩根并不愿意当一个银行家。他对奥尔德纳姆拥有这样的慷慨和热爱，完全是因为在这里，他有追求非商业利益的自由。在 Wall Hall，摩根留出了一个房间建立了一个自然历史馆，用于收藏他的显微镜和他非常珍惜的各种标本。他还建了一个暗房，可以在里面琢磨当时最新奇的彩色照片成像技术。摩根会在自己庄园旁的土地上体验劳作，他体验到了一个城市青年从未体验过的乐趣，这样的劳作不仅是为在庄园里工作的人提供食物，也让摩根的投资得到了令他满意的回报。他从他那个令人敬畏的父亲那里学到的投资原则是不允许自己把钱投到任何不会产生利润的项目中去。"我觉得差不多一年之内我们就可以为整个 Wall Hall，为住在这里的人和在这里工作的人带来充足的牛奶、猪肉和鸡蛋，它们完全可以满足基本的需求。"摩根在他的日记里写道，"在这个投资中我们的回报率还是未可知的。如果一年一年下来，我们不能获得可观的回报率，那么就说明这不是一笔成功的投资。"从庄园里养的五角短毛羊身上剪下来的羊毛，可以通过售卖换来做西装的布料，做成西装后还可以运到伦敦去售卖。不知道这笔投资是否赚到了钱，但是当 Wall Hall 的农场在农业展览上获奖的时候，摩根还是发自内心地感到高兴的。

Wall Hall 是这个村庄里汽车极限运动的发源地，另外，杰克还会在苏格兰的甘诺吉组织松鸡捕猎旅行，他会在那里和一些英国贵族进行社交活动。在特定的季节，他会同诸如博福特公爵和公爵夫人、达尔基斯伯爵、罗克斯伯勒公爵（他后来成为了印度总督）、林利斯戈侯爵和刘易舍姆子爵等贵族一起，在开遍石楠花的高地上狩猎。"一想到那几个月我可以在甘诺吉享受到的快乐，我的脑子里就不由自主地响起了一首悦耳的小调。"摩根在日记里这样写道。

1929 年，小 J. P. 摩根已经 61 岁了，此时的他正处于辉煌事业的顶峰。在1914 年到 1918 年的第一次世界大战期间，杰克为英国提供了很大的财政支持（虽然他的银行帝国得到了 3 000 万美元的酬金作为回报），他与许多国家的央行行长都颇有交情，并且还参与了德国赔款危机的调停。杰克·摩根是拥有近5 亿美元存款的无可争辩的全球最大银行领头人，在与经济财政有关的最重大的国际谈判中，他都是不可或缺的重要角色。1924 年，杰克·摩根为了稳定动荡的法国法郎，为法国开出了 1 亿美元的信用额度——这在当时可是一个惊人的大数目。也是在同一年，他又拿出了一笔数额巨大的贷款给德国，用于稳定德国通货。在后来的一年里，J. P. 摩根公司作为本尼托·墨索里尼的法西斯政府的财政代理公司，筹集了 1 亿美元来挽救意大利里拉。不久之后，西班牙政府为了稳固本国的通货，也得到了一笔来自 J. P. 摩根的贷款。杰克·摩根的权力、声望和影响成为了从战乱中拯救欧洲经济的关键。

摩根银行的总行 J. P. 摩根公司位于华尔街，在伦敦设有分支银行摩根建富，J. P. 摩根无论是在纽约还是伦敦，都是一个值得信赖的品牌，也是各国主权债券的主要发行机构。爱德华·格伦菲尔是伦敦分公司摩根建富的高级合伙人，他是杰克·摩根的密友之一。银行业是一种建立在信任基础上的行业，所以杰克喜欢和那些他认为信誉良好无瑕疵的人打交道，而格伦菲尔毫无疑问正是这样的人。格伦菲尔的父亲是英格兰银行前任行长，他曾经在哈罗公学和剑桥大学三一学院求学，后来成为了英格兰银行的主任，并且还是财政部的代理和国会议员。

当然，杰克·摩根在伦敦也有对头，比如巴林银行的行长雷弗尔斯托克，他非常憎恶这个来到伦敦的美国公司，因为它掠夺了他在这里长年经营的生意，特别是 J. P. 摩根还拥有发行政府主权债券的代理权，这是个名利双收的好差事，更加让雷弗尔斯托克感到不快。雷弗尔斯托克认为，摩根公司的钱都是来路不正的收入，是利用了英国在第一次世界大战中"鲜血和财富的损失"而获得的"不义之财"。他们是"这个世界上最大的奸商"，雷弗尔斯托克曾经在盛怒之下写下了对摩根的这些评价。但是战争后的重建是不可避免的，银行家通过资助战后重建工作而获取利益是很常见的事情，巴林银行也在早前的战后重建中进行过不少类似的业务。

在 20 世纪 20 年代接近尾声时，J. P. 摩根公司的领导面对外界反对仍能够保持冷静。杰克·摩根并不像他的父亲那样是一个天生擅长交易的人，他很坚定地想要离开公司。他觉得自己做得已经够多了。杰克挚爱的妻子杰西在 1925 年因患昏睡症（昏睡性脑炎）去世了，病逝时只有 57 岁，这种病在当时是不治之症。悲痛不已的摩根捐出了 20 万美元，用于资助昏睡症的研究和治疗——这笔钱足够为曼哈顿的神经科学协会添置设备，以及维持日常运作了。

从那时起，杰克·摩根就开始投身于工作之外的一些兴趣爱好，比如摄影和收集标本，置身收藏了各种旧书的纽约图书馆，乘坐他的"海盗船"去远航旅行，他还创立了一些慈善组织，对 Wall Hall 做了进一步的装修，Wall Hall 应该是杰克在三个居所中最喜欢的一个。总之，杰克·摩根想要一种能够远离严肃的金融外交事务的自由的晚年生活，同时他的财富和地位也依然不可撼动。

然而不久之后，几乎是在一夜之间，杰克·摩根的世界开始坍塌了。

目　录

1

⸙

股票报价机的歌声

西联汇款（国际汇款公司）（Western Union）的股票报价机是一种伟大的现代技术发明。当时，在大多数西方国家的证券交易所里，你都会听到股票报价机的啪嗒声，它融合了几种非常先进的技术：电力、电磁体、机械装置和工艺设计。股票报价机中所使用的自动卷绕器是几种重要技术的结晶，它大幅度提高了报价机打印出股票价格纸带的速度，在此之前也有很多同类型的机器，在当时功能也很强大，但是自动卷绕器却使报价机的效率远远超过了它们。

在证券交易所里，每一分钟都有大量的行情信息在四分之三英寸宽的报价纸带上被源源不断地打印出来，然后被传送到美国和其他各地的交易所办公室里。每周的股票交易量都在增长，特别是在华尔街和美国其他一些地方的证券交易所，交易量的增长速度更是快得惊人。银行家、股票经纪人、生产商、商务人士、职业投资家，每一个经常光顾证券交易所的人，交易时都会有一台股票报价机，有的安装了自动卷绕器，有的则是普通的报价机。他们有些人是自己买的，有些人是租用的，或者是使用交易所里的报价机。20世纪20年代，股票报价机成为了股市繁荣的象征，只有这种发行定价技术才能匹配证券交易行业惊人的发展速度。股票报价机的声音就像不停转动的时钟的嘀嗒声，是股市繁荣发展的主题曲，有不少以此为灵感创作的讽刺歌曲，比如《股票报价机的故事》，它是由俄亥俄州的两位音乐人弗兰克·克鲁米特和弗兰克·奥布莱恩创作的。

这是他们一整天都在唱的歌：

哦！今天的行情不太好。你的股票看起来有点糟。

报价机每转动一下，它们就会下降一点。

自动卷绕器技术的传播和传承，很大程度上反映了在整个躁动不安的 20 世纪，人们对股票市场愈加高涨的狂热。在长达半个世纪的时间里，许多个人和机构争相制造打印股票价格速度最快的机器，在这一领域竞争的热度，丝毫不亚于人们对股票交易的狂热。对于很多人来说，这两者确实是不可分离的。霍勒斯·L. 霍奇基斯是黄金股票制造公司（Gold & Stock）的创始人，自动卷绕器就是他的公司发明制造的。霍奇基斯曾经说过，对于证券交易所大厅里持续的不断变化的市场信息，自动卷绕器可以实现非常迅速的股票即时报价，并且可以持续工作。

第一台可以持续传递"不断变化的市场信息"的机器，就是 1867 年的"黄金指标"，在这台设备里有 3 个滚筒同时转动，把华尔街黄金交易所的实时价格信息传递给进行交易的人们。那些年，技术不断改良的股票价格打印机一个接一个地问世：1872 年，伦敦证券交易所安装的是通用卡拉汉，另外还有爱迪生和波普、菲尔普斯等品牌的打印机。19 世纪 70 年代中期，爱迪生推出的照明技术，在科学地图上又增添了一项伟大的发明。这些机器逐渐取代了原始的报价方式，经纪人不需要再像过去那样，在银行和股票经纪人事务所的楼梯上汗流浃背地跑上跑下，累得上气不接下气，在赶往下一个地点之前，赶紧大声公布最新的股票报价。

随着交易量逐渐形成规模，市场中的各方参与者都开始要求更加及时的报价，因此对于更高效率的股票报价机的需求从未停止过。1910 年前后，股票报价电报公司曾生产出"巴里机"（Burry machine），它不仅比当时的其他机型更轻便，而且还拥有部分自动卷绕的功能。后来西联汇款，也就是曾经的黄金股票公司，在股票报价机的研发制造领域实现了更大的突破，它最大限度地满足了当时人们对股票交易的狂热需求。西联汇款的股票报价机比巴里机更小，里面安装了有磁力的擒纵器和可调节的螺丝钉，这些都是以前从未有过的创举。更重要的是，这台机器的报价速度更快。最开始，这台机器被命名为"斯科特-菲尔普斯-巴克莱-佩吉股票报价机"，后来它以"西联汇款自动卷绕器"这个名字闻名遐迩，在证券交易市场上，它几乎无处不在。20 世纪 20 年代，西联汇款的制造工厂里的股票报价机的存货不足 16 000 台，大部分都出口到了世界各国。有了西联汇款的股票报价机，每个人都能获取最新的市场动态，买进和卖出股票的速度堪比华尔街的交易员。

在这 10 年里，终于出现了满足市场需求的股票报价机。但是霍奇基斯却注意到，西联汇款自动卷绕器并不只是一个普通的机器。随着生产规模和生产速度的大幅度提升，股票报价机开始真正推动了证券交易市场的繁荣发展。正如我们知道的那样，报价机传递出的信息的可靠性还是值得怀疑的，并非完全准确，但是这也已经可以满足一般使用者的需求，只有那些非常精明的交易者会在意这一点。然而，在迎合不断变化的市场的过程中，这个奇迹般的技术还是很快遇到了瓶颈。

————————◆◇◆————————

无论是在美国还是世界范围内，股市繁荣的中心都是纽约证券交易所。纽约证券交易所是一座新古典设计风格的气度不凡的建筑，坐落于百老汇大街 18 号，宏伟的正门是由六个科林斯式的圆柱支撑起来的，门前有一座精致的大理石雕塑。这座雕塑展现的是一位希腊女神引导着劳苦人民的善良仁慈的形象。约翰·昆西·亚当斯的这一雕塑作品，还有一层更深刻的含义，它想要体现出证券交易所存在的目的——为了让人们能够在这里把自己所得到的东西转化成为更大的财富。

从纽约证券交易所在华尔街 68 号的那棵梧桐树下建立起来的那天开始，在后来的 137 年里，这个目的一直都是它所信奉的行业道德。1929 年，纽约证券交易所的领导者都是当时金融市场上的大人物，就像以前的证交所主席一样声名显赫，他们对证交所的经营管理是完全独立于政府之外的。从证交所成立之初就是如此，政府对这种状态并无意见。然而并不是每个人都对证交所拥有这样的权力毫无意见。从最初的独立监管到后来备受攻击，证交所的"自由"在慢慢受到限制，曾经有反对者对证交所提出了强烈谴责，说它在搞"腐败和欺骗的狂欢——差不多可以说是一种放纵——是证券市场发展史上难以磨灭的印记"。

然而在 20 世纪 20 年代，由于股票市场的繁荣，经济也在蓬勃发展，卡尔文·柯立芝总统实在找不到限制这个全国最重要的投资圣地的理由。当时的美国正处于所谓的"柯立芝繁荣时期"，时任总统的柯立芝是一个不苟言笑的人，1929 年是他任期的第 7 年，也是最后一年，他是商业领域备受推崇、极具影响力的英雄。新行业的发展蒸蒸日上，尤其是汽车制造业和广播传媒业，企业利润也持续增长。而股市投资者正是这一时期经济高速发展的受益方；确实如此，在柯立芝繁荣时期，股市投资者所获得股利的增长幅度超过100%。

在美国经济发展的黄金 10 年里，各国外币大量涌入美国的资本市场，目的是为寻求更高的投资收益，而这也是导致第一次世界大战爆发的原因之一。国际市场的巨额投资摧毁了英国和欧洲各国的经济，使其陷入了严重的债务危机，美国则是他们最大的债主。英国政府把 15% 左右的海外投资，主要是在美国证券市场的投资，全都低价抛售，将资金用于战争。因此，美国通过第一次世界大战成为了债权国，在其他各国都拥有巨额的资产。这些资产的收益以股利、利息和其他利润的形式存在，简单来说，就是资本，这使美国拥有了充裕的资金。

与美国的情形相反，伦敦的许多借款人和贷款机构都非常担心英格兰银行会由于英镑疲弱而加强对海外借贷资本数额的限制。伦敦的银行家们长期以来都以世界金融市场的领头人自居，他们为海外业务的发展提供资金支持，而这样的情形让他们的许多业务都受到了削弱。尽管伦敦的银行业仍然在全世界享有专业的声誉，但大多数伦敦银行家都认为，来自大西洋对岸的美国竞争对手们都是一些无所顾忌的冒险主义者，不可否认的是，纽约才是赚钱最多的金融中心。

到了 20 世纪 20 年代末期，股市的繁荣没有丝毫减退的迹象，政府中有一些人已经开始担忧经济过热会引发的问题。"沉默的卡尔"却并没有这种担忧。商务部部长赫伯特·胡佛认为股市的繁荣不会长期持续下去，市场最终可能会崩溃，但卡尔文·柯立芝并没有在意他的看法，继续放宽对商业的管控，并且坚信即使没有政府的干预，商业和贸易也不会出现什么大问题，而且会呈现出较好的发展态势。因此，在柯立芝的领导下，联邦政府的许多监管部门里大多都是重商主义者，他们都乐于让股市的高涨持续下去。柯立芝和他的前任都不一样，比如取缔垄断的威廉·霍华德·塔夫脱就限制了一些大型企业的势力、强制解散了在业界叱咤风云的大公司诸如洛克菲勒的标准石油公司、美国烟草公司和铁路行业的巨头北方证券公司；或者是塔夫脱的继任者伍德罗·威尔逊，他禁止各企业共同操纵市场价格——但柯立芝与他们完全相反，他对美国的这些业界巨头有一种出于本能的信任。在柯立芝一直推行不干涉主义的执政期间，唯一通过的反商业的法案就是《反腐败法》——只要是个总统都不会反对此法案的出台。柯立芝的确喜欢和那些商业巨头打交道。在任期的最后一个月，柯立芝总统夫妇出席了内阁晚宴，同时出席的还有亨利·福特夫妇以及其他的商界名人。无论是企业领导者还是员工，柯立芝都相信他们为人正派，相信不需要政府过多的干预他们也会勤勉工作。"所有发展都是建立在劳动的基础之上的。"柯立芝在一次广播演讲中如是说。"没有任何一种物质和精神的发展是不需要通过努力来实现的，而努力就意味着劳动。"

因此，在柯立芝最为宽松的管理之下，商业垄断大量泛滥，美国强有力的经济引擎被越来越少的人所控制。1929 年，美国所有企业一半的财富都在两百多个垄断企业的控制之下。

人人都开始担忧经济状况。柯立芝仍然对这些垄断企业有十足的信心，相信他们控制的财富最终还是会流向大众的。不仅如此，他还坚信，商业的发展是人们对物质生活水平不断提升的期望。1925 年是"咆哮的 20 年代"的开端，柯立芝在美国报刊编辑协会的一次演讲中强调了良心商业报道的重要性："一篇商业报道如果和商业发展现状有密切联系，比起对各种影响和联系一无所知的报道，会更具有可信度。毕竟，美国人主要关心的事务就是商业。人人都关心世界各国的购买、销售、投资和经济发展情况。"

柯立芝在农场长大，他是美国的第 30 任总统。他非常重视联邦预算程序，在他担任总统的前两年，就已经提出了预算程序的实施议案，在他的严密管理之下，政府支出大幅减少，基本上接近最初的预算估值。在柯立芝的最后一份预算报告里，他把矛头对准了议会，警告他们必须要谨慎、理智地使用纳税人的钱。他强调："我们国库并不是一个无底洞，财政资金也不会像喷泉一样源源不断地涌出，资金的流出必须受到严格的管控，并且要确保所有支出都明智地用到了恰当的渠道。"当财政支出分配到商业领域之后，政府账户仍有盈余，柯立芝对这一点颇感自豪。

时任财政部长的安德鲁·梅隆和柯立芝的想法一致。梅隆本身就是一个商业巨头，他在石油、钢铁、造船和建筑等领域的大量业务组成了他的工业帝国。他是美国梦的典型代表。他的父亲是北爱尔兰移民（老梅隆既是银行家又是一名法官，当时这两种身份几乎不可能在同一个人身上共存），他取得了和父亲一样伟大的社会和经济成就，并将其转化为巨大的财富。年轻的梅隆算得上是白手起家，他相信美国，相信自力更生，相信勤勉努力，也信任一个不干涉的政府。"在这个国家，任何一个充满活力、有进取心的人都可以在人生中得到他想要的。"梅隆写道，"但是如果法律、税收体系让人无法从自己的劳动收入中合理获取自己应得的部分，使他的积极性和进取心受到打击，那么他将不会再努力付出，国家也将会失去持续发展所必需的活力。"

梅隆从 1921 年开始担任美国财政部长，他主导的税收制度改革既考虑了富人的利益，也使普通劳动者受到鼓舞。他把关于税收改革的一切都写进了1924 年出版的一本书中——《税收：人民的事业》（*Taxation*：*The People's Business*）。"根据收入、工资和投资所得等不同项目征收所得税的公平性是毋庸置疑的。首先，非固定收入具有不确定性，在持续性上有限制，疾病、死亡和衰老都会使收入受到损失……我们可以很明确地区分，有些人拥有的资本只来自于他们的体力和脑力，而有些人的收入则来自于各种投资工具。"在梅隆担任财政部长的 11 年里，他真正做到了言出必行。他把劳动所得最高税率减少了一半（从 40% 减少到 20%），并把房产税税率也减少了一半，这对富人来说更加有利。梅隆非常重视政府财政支出的审慎周全，他把政府公债的数额减少了近 40%。到 1929 年，梅隆的声誉已经如日中天，他是出了名的掌舵美国经济的一把手。

经济的繁荣持续加速，柯立芝看不到任何打压和控制经济发展的理由。毕竟，经济发展带来的利益不就是人民获得的福利吗？1929 年 1 月，距离柯立芝卸任还有两个月，他的政绩基本上无可指摘。当时全国各地新建了大量的工厂——在柯立芝任期的最后 4 年里新增了 22 800 个新工厂。

对于执政期间取得的这些成果，柯立芝在一定程度上还得感谢弗里德里克·温斯洛·泰勒进行的生产管理改革，他创造了一种组织生产流程的全新方式，极大提高了产业利润，并且降低了产品的价格。泰勒出生于一个富有的基督教家庭。他创造出的管理体系对整个生产流程进行了分解，将其拆分为一系列独立的元素，并对每个元素进行精确到分钟的分析。在对流程进行分解并分析之后，就可以设计出更好的方案来实施每一个环节，这意味着更快的生产速度和更低的产品价格。最终，再把分离的每个部分整合到一起，形成一整套效率更高、更有条理的生产流程。

然而"泰勒主义"却遭到了工会的强烈抵制，因为它几乎没有考虑工人的薪资福利，甚至没有考虑到工人自己的工作经验以及他们对生产过程的想法，所以科学管理并不能鼓舞员工的士气。"科学管理就是依靠'强制性'的标准化方法，对最佳工具和工作环境的'强制'适应，为确保更高的工作效率而进行'强制性'合作。"忿忿不平的泰勒这样写道，"对标准的强制适应以及对合作的坚决推行的责任，都取决于管理本身。"这个重要的强制实施过程，被一些时刻监督工人的工作速度、效率、纪律、对规范的遵守情况、成本和维修费用的老板们贯彻执行。

泰勒于 1915 年去世，远远早于柯立芝出任总统，但是他的科学管理原则却得到了很大的发展，在美国产生了深远的影响。在 1921 年到 1928 年期间，美联储的工业生产指数从 67 升至 110，而且到了 1929 年还在持续加速增长。泰勒主义在法国、瑞士、英国，甚至是前苏联也开始得到广泛推行。

所以当柯立芝的任期接近尾声时，美国人有足够的理由对未来保持乐观。总的来说，美国人的确变得越来越富有，虽然程度不一样，但是相对收入水平来说物价也在下降。工厂里的工人们可能不怎么欢迎泰勒主义，但是它无疑是富有成效的，毕竟它带来了许多让人们能够负担得起的消费品，比如冰箱——两次世界大战间隔期间的奢侈品之一，还有汽车、收音机和其他令人兴奋的产品。得益于大批量的生产，商店里堆满了在几年前普通人的收入水平还买不起的商品。虽然现在还不可能像安德鲁·梅隆或者杰克·摩根那样富有，但是许多美国人真切地"感受"到了经济的繁荣。他们第一次拥有了可支配的收入，并且比过去拥有了更多的个人财产。因为人人都在消费，所以工厂就会加班加点扩大生产，如此一来形成了一种良性循环。

每一年都比前一年更好。1929 年 1 月，曼哈顿的一家广告公司进行了一项全国性的商业调查，调查结果显示所有的迹象都表明当时是"繁荣的 1929 年"（调查结果被适时地送到了柯立芝的办公桌前）。在柯立芝任期的最后一年，他很满意自己创造了"史上经济最繁荣的纪录"，并宣称没有哪一届议会"遇到过像当前这样令人欣喜的发展前景——国内一片祥和，人民也都称心如意"。总而言之，在这样的情况下，哪里会出问题呢？

从数据层面来分析，经过通货膨胀调整后，美国人真实的总收入的年平均增长率为 3%~4%，而且增长周期基本上都是在柯立芝担任总统期间。经济学家小哈罗德·毕尔曼指出："20 世纪 20 年代的确是一个真正繁荣和发展的年代。"尽管富有的美国人比普通收入的美国人获益更多，少数的最富有的那些人比其他所有人的获益都多，但是这个国家的大多数人都共享了经济发展的成果。

而所有的成果中，没有一个比得上汽车，它是经济繁荣的真正象征。1929 年，美国人购买了 445 万辆轿车，平均零售价格大约为 876 美元，大多数人都是使用信用卡支付。到 1928 年，至少有 216 万辆汽车和 310 万辆货车进行了注册登记，美国的汽车总量大约占到全世界的 78%。不出所料，销量最好的车型都是价格比较便宜的，比如 A 型福特轿车、通用的雪佛兰和杜兰特的"明星"，但是随着收入水平的提高，消费者逐渐开始转向中档车型，比如普林斯顿、帕卡德、克莱斯勒和凯迪拉克，当然最富有的人选择的往往都是八缸引擎的汽车，比如凯迪拉克的自动汽车斯特恩斯骑士，它是最奢华的跑车之一。1929 年 1 月，在曼哈顿的一个铺着地毯的展厅里举行的全国汽车展会上，这些高级汽车的市场需求非常旺盛。《时代周刊》对当时的展会进行了报道："声音柔和的销售员身着礼服，向人们介绍着奥本乔丹的皮尔莱丝、黑鹰拉塞尔的狂暴之箭、斯图兹的林肯里奥、富兰克林的月亮斯图兹和加德纳帕卡德。"面对着用铬合金打造的贴近地面的超低车体，参观者们很难理解那些外形短粗并且很小的英国汽车（比如奥斯汀和沃克斯霍尔，后来在伦敦的摩根建富促成的一桩交易中，它们被通用汽车收购），它们被放在展厅不起眼的角落里，无人问津。英国的汽车之所以这样设计是为了适应狭窄的乡村道路，而且也比较耗油，但还是有美国人会买来放在自家车库。价格便宜的车型也会受到富人们的欢迎，他们将其当作外出游玩时的备用车辆，与华尔街上随处可见的高级汽车相得益彰。没错，美国汽车行业的发展也走过很长一段路，从 20 世纪来临之前开始，经历过一段艰难的时期，鲁德亚德·吉卜林将当时人们认为相当不可靠的蒸汽机车描述为"镍铸的假币"。

汽车行业的发展是当时物欲横流的 10 年里人们对生活充满渴望和抱负的标志，有一位汽车行业的巨头决定找一座建筑专门用来展示自己的汽车品牌。沃尔特·P·克莱斯勒在曼哈顿下城区买了一块土地，他请来建筑师威廉·艾伦设计一个用来展示克莱斯勒汽车的各种产品和辉煌成果的大楼，作为"咆哮的 20 年代"的纪念图腾。和美国的许多实业家一样，克莱斯勒出身寒微，但这并不会阻挡他的雄心和抱负。事实上，恰好相反。与英国以及其他许多已经形成阶级固化的西欧国家不同，在美国，贫寒的出身从来都不是成功的障碍。不过很多像克莱斯勒这样有着贫穷背景的人，确实会在获得财富之后开始奢靡享受。

克莱斯勒的父亲是一个铁路工程师，他在堪萨斯州的小镇伊利斯长大，他的第一份工作是在联合太平洋铁路公司做清洁工，一天可以挣 1 美元。然而，就像克莱斯勒自己说的那样，他对机械有着"疯狂的好奇心"，于是他自己设计火车头并积累了不少经验，通过自学成为了一名优秀的工程师。克莱斯勒对汽车也相当痴迷，他曾经用信用卡花 5 000 美元买了一辆自动汽车，就为了把它拆开看它的工作原理。得益于工业的蓬勃发展，克莱斯勒在得到资助之后，很快就开始了他自己的事业，在当时，美国的工业热度非常高（这一点和英国非常不同）。20 世纪 20 年代末期，克莱斯勒推出了技术创新型的汽车，并以天马行空的新奇方式进行推销，这使得他名声大震。克莱斯勒的公司旗下有四大主要品牌——克莱斯勒、普利茅斯、道奇和迪索托，它们都是非常成功的品牌，并且是其他汽车行业巨头，如福特和通用的强劲对手。迪索托最新款的车型在刚面市的一年时间里，就卖出了 81 000 多台，底价在 845 美元左右，这一销售纪录在后来的 30 多年里都没有被打破过，甚至沃尔特·克莱斯勒在汽车出口市场的份额也超过了福特：他的汽车在海外各国拥有超过 3 800 个代理经销商。克莱斯勒对于自己的汽车品牌的经营有着全球性的视野，特别是他自主研发的车型，都会大量销往世界各国。"我的汽车产自美国，销往世界，带动了世界各国的机动化。澳大利亚、非洲大部分区域、西班牙、南美洲都在致力于公路建设。每一次新的发展，每一条新公路、新铁路、新航线、新的建筑施工，不论是希腊的排水系统建设，还是秘鲁的新供水系统的项目，都意味着对汽车的需求又增加了。"克莱斯勒非常自信地预测，在 1930 年，美国将会出口 100 万辆汽车。像他这样拥有雄心壮志的汽车巨头，对于自己将来有朝一日与行业霸主正面抗衡的能力，丝毫没有怀疑。

克莱斯勒公司旗下的汽车拥有可观的销量和广泛的知名度，他想要为他的公司设计一座专有的建筑——拥有"惊人的结构"的建筑，他就是这样向范·艾伦描述的。克莱斯勒想要把这座建筑作为一种无人可挡的雄心的体现，这种雄心为美国和世界各国的道路注入了活力，他还想把这座楼建成全世界最高的建筑，哪怕只是一时的。克莱斯勒知道另一个代表美国工业辉煌的标志性建筑帝国大厦正在建设之中，应该会比克莱斯勒大厦更高，但是他也知道，帝国大厦到 1931 年才会完工。因此他要求范·艾伦加快进度，尽快把克莱斯勒大厦建起来。

——◆——

尽管很多人都把 1929 年股市崩盘归咎于"咆哮的 20 年代"的投资过热，但这并不完全是这个原因导致的结果。的确如同我们知道的那样，20 世纪 20 年代出现了充满欺骗性和贪婪的非理性繁荣。在大崩盘发生的前 5 年，有很多轻率的投资者大量举债投资股票，大多数人都被华尔街的经纪人和股市里的"同道中人"欺骗了。当时普遍的风气被写进了许多讽刺诗歌里，《周六晚间邮报》曾经发表过这样一首讽刺性的童谣。

嘘，我的宝贝，祖母又买了新的股票，

爸爸在忙着买空卖空，

妈妈得到了小道消息，这次不会再赔钱，

宝贝马上就有最贵的新鞋子啦。

商务部的一位专家直截了当地表示，在"咆哮的 20 年代"，美国的证券市场中，股票交易额约为 500 亿美元，其中有一半的交易都是"不理想的或者亏本的"。但是这也意味着，另外的 250 亿美元还是或多或少地让投资者们在那些真正赚钱的经济领域和企业里获得了股利。投资者们进行交易的这些股票，让他们亲自参与到了许多热门行业的发展中，比如航空业、零售业、电话和电报制造业、石油和电力行业、广播传媒业——这些都是未来经济发展的重要组成行业。美国人认为他们共享了当时美国经济繁荣发展的成果。尽管很多股票的交易价格都超过了每股基本收益，但这些股票的发行公司都真正实现了收入增长。

20 世纪 20 年代，股票市场的领导者是风头强劲的美国钢铁公司。到了 1929 年秋天，它的股票价格升至每股 241 美元；另一个是电话制造公司中的领头羊美国电话电报公司（AT&T），最高股价达到了每股 304 美元。通用电气的股价在 8 个月时间里翻了 3 倍，到 9 月初已经增至每股 396 美元，这个价格让人们几乎都负担不起了。航空业的股票非常热门，比如莱特航空公司，其主要的股东是莱特兄弟，还有波音公司，他们用带有两个座的 40A 飞机在美国境内运送信件，并且还发布了针对私人购买者的四个座的水上飞机。波音公司也是相当贪婪，它收购了包括普拉特惠特尼航空公司、诺斯罗普航空和西科斯基航空在内的 8 个竞争对手。另外一支热门股票是一家叫做欧迪斯的自动手扶电梯和升降电梯的制造公司。

汽车行业的股票尤为风靡。沃尔特·克莱斯勒在一本宣传册中这样写道，任何一个在 1923 年以每股 100 美元的价格买入克莱斯勒公司股票的人，都会在 20 世纪 20 年代末获得 1 355 美元的每股收益——比投资成本翻了 13 倍。根据 6 年的平均价格水平，可以算出投资回报率超过了 200%，即便不是在股市繁荣时期，这样的价格水平也意味着投资者至少可以得到投资成本 20 倍的丰厚收益。通用汽车的股票形势更加可观：投资者在 1920 年购买价值 1 万美元的通用汽车的股票，在 1929 年将会收获 149 万美元。

投资于美国无线电公司（RCA）股票的惊人的投资收益，也是股市迅猛发展的另一个生动的例子。其总裁大卫·萨尔诺夫是一个固执强硬的俄裔犹太人，他是第一个预见到广播在未来能够普及的人。在他的领导之下，美国无线电公司实现了这一预想。他们制造无线电广播设备，让商业广播节目通过他们自己的电台播出，并且创建了 RCA Victor 唱片公司，生产留声机唱片。后来，富有远见的萨尔诺夫还非常低调地资助了全电子式电视机的发展。美国无线电公司被当作整个市场的偶像，成为了美国世界一流的技术发展进程中的标杆。它没有拿出 1 美分用作股利分红，但是这并没有阻止其股票价格的疯狂增长，从 1921 年的每股 1.5 美元升至 1929 年 4 月的每股 570 美元，而且这个价格是拆股之后的水平，股票数量的增加是为了让每股价格更易于接受。

到 20 世纪 20 年代末期，几乎大多数的投资者都开始期待在股市中获得不可估量的回报，在 1928 年的总统竞选中，柯利芝的继任候选人也都没有否定过投资者的这种期望。的确如此，比如前任商务部长胡佛，他是一名共和党候选人，他在竞选演讲时的发言，某些时候听起来很像柯利芝。"在上帝的指引下，我们将很快迎来这一天——贫穷在这个国家消失的那一天。"他慷慨激昂地说。共和党和民主党都竭尽全力地迎合选举人的乐观主义，以此争取选票。与胡佛的竞争对手阿尔·史密斯竞选的经理是通用汽车总裁约翰·J. 拉斯科贝，他写过一篇题为"人人都应该富有"的文章。拉斯科贝认为，永恒财富总有一天是会实现的："繁荣就是经济永续发展的本质，只有拒绝繁荣才有可能打破永续发展中不停转动的链条。"

在这样的鼓动之下，对于美国人真切地相信他们已经得到了致富的秘诀，也就很容易理解了。人们认为，就像飞驰的汽车一样，飞速发展的经济将带领着美国人一往无前。欧文·柏林的《蓝色天空》也毫无疑问地成为了1929年的热门歌曲，其中一句歌词是这样的："蓝天在对我微笑，我的眼里只有一片蓝色天空。"

纽约的九大私营银行中最负盛名的 J. P. 摩根公司，是 20 世纪 20 年代经济繁荣的根本动力之一。J. P. 摩根公司的大楼位于华尔街 23 号。没有比杰克·摩根的父亲朱尼厄斯·皮尔庞特选取的这个位置更体面的地方了。J. P. 摩根公司正对着纽约证券交易所，另一侧则是美国财政部。如果没有接到邀请，任何人都不能进入，所以这栋建筑也就不需要任何标志了——如果你都不知道全世界最大的私有银行在哪里，自然没有办法进去。J. P. 摩根公司在华尔街的影响力不亚于美联储。擦鞋的男孩们都争相在这里摆设自己的摊位——他们想得到的不仅是小费，遇到一些格外慷慨的顾客，如果你的服务让他们足够满意，除了小费你还能得到 J. P. 摩根公司内部的一些消息。有一些擦鞋的男孩就利用从杰克·摩根和其他显要人物那里搜集到的重量级信息，大赚了一笔。

让 J. P. 摩根公司发展到这种程度的，不是不挂招牌的神秘感，而是严谨审慎的态度。他们的信纸上一般都不会写出经营业务的内容，顶多会列出业务的名称。J. P. 摩根公司已经拥有世界级的影响力了，但是它认为完全没有必要通过泄露一些内部信息来获取利益。J. P. 摩根公司也从来没有发布过任何公开声明。只有一次，朱尼厄斯出席了 1912 年关于"货币信托"的普若听证会，虽然并非自愿，但仍然保持礼貌风度（他的儿子杰克在后座陪伴他，给他精神上的支持），他的合伙人记录了朱尼厄斯的陈述。这场听证会的主席是亚森·普若，主要内容是"对美国的银行业和通货现状进行调查，以此作为补救性立法的基础"，其目的是揭开一些银行家玩弄的阴谋——就是所谓的"信托"，它控制了国家的货币供应。现在已经无从考证，据说在出席听证会的几个小时里，老摩根表现出了"非同常人的智慧"，还"不由自主地大笑"，并且无意间透露了关于摩根银行的巨大影响力的内幕。"一个人绝对不可能通过垄断的方式来获取财富。"朱尼厄斯愤然回应了一个政界旁听者的问题，"商业信用是建立在个人品质的基础上的，用钱是无法买到的……如果我不信任一个人，他是没办法从我们在任何基督教国家发行的债券中赚到钱的……而另一些人，我知道他们身无分文，但是我在办公室里见了他们，并且可以当场给他们签发100万美元的支票。"

除了参加听证会这种不得不露面的场合，J. P. 摩根公司一直都保持着谨慎的作风（不过谨慎也是因为法律的强制要求：纽约银行业监管制度中有规定，私人银行家不能对其经营业务进行广告宣传，也不能招揽存款）。摩根银行对保密性的关注甚至延伸到了合伙人的日常会议中。在最近的25年里，J. P. 摩根公司一直贯彻这样一个政策——所有重要会议的记录都不能保存。因为参加会议的都是公司合伙人，这样一来就不会有任何泄露机密的可能了。

J. P. 摩根公司在1929年有20位合伙人，他们是繁荣的美国经济的中心人物。合伙人并非都经营着大规模的生意，但是他们在经济领域都拥有很强的人脉关系，都是各自所在行业的领军人物。在J. P. 摩根公司与其联行德雷克塞尔银行中，他们的合伙人在15家大型银行和信托公司拥有20个董事会席位，在铁路行业部分公司的董事会拥有12个董事会席位，在13个电力公司拥有19个董事会席位，在其他38个工业企业拥有58个董事会席位，而且全都是大型公司。J. P. 摩根公司的合伙人总共在89家公司拥有董事会席位，控制的总资产达到了200亿美元。其他一些私有银行诸如库恩银行、洛布银行也都拥有极大的影响力，特别是在铁路行业，但是在人们眼中，他们不像摩根财团一样是纯正美国血统的企业。

因为J. P. 摩根公司本身就有很高的声望，所以它可以自己选择客户。只要来访者没有信任的推荐人的介绍信，那么不论来访者有多富有，都是不可能踏进J. P. 摩根公司大门的。J. P. 摩根公司的客户一般都是经济领域的巨头。国家城市银行的查尔斯·E. 米契尔、美国信孚银行的西沃德·普罗瑟、纽约信托的阿蒂马斯·盖茨、芝加哥中心信托公司的查尔斯·G. 道斯，以及其他一些显赫人物，都是 J. P. 摩根公司选定的客户，组成了他们自己的利益集团。"他们都是我们的朋友，我们知道，他们是优秀的、明智的、正直的合作伙伴。"后来在接受参议院的调查时，杰克·摩根这样回应道。

摩根银行更青睐那些有名气、有影响力的客户，他们会根据业内的"优先名单"向这些客户分销股票和债券。掌握了这些大客户，银行的盈利就可以得到保障，但是鉴于这些客户的身份和地位，想要得到这份"优先名单"免不了激烈的竞争，但是 J. P. 摩根公司作为这些大客户的财富的看守者，有着独一无二的优势。在 1929 年中期，这份"优先名单"中包括了前任总统柯立芝、传奇飞行家查尔斯·林德伯格、美国海军的高层领导、几个不同政治阵营的议员、外交使节、各地政府官员、律师、银行家，以及像伯纳德·巴鲁克这样的职业投资人、行业领袖和内阁前任成员。这些人都有良好的信用证明，是杰克·摩根口中"优秀的、明智的、正直的合作伙伴"。作为 J. P. 摩根公司的高级合伙人，杰克·摩根有着得天独厚的途径可以接触到国家权力的核心。他去欧洲为处理德国的第一次世界大战赔款问题的调解委员会出谋划策，就是总统的请求。

1929 年 1 月，摩根银行开始推广联合公司的股票，这得到了摩根银行的支持。美联储一直以来都视股票投机为有损名誉的行为而不愿去做。它的主要经营业务是更体面的（也是更稳定的）债券交易，以及为企业和政府提供贷款。然而，欣欣向荣的股市诱惑力实在太大，J. P. 摩根公司也开始推广一些小公司的普通股。

一般来说，推广某种股票，意味着银行要通过大规模出售这家公司的股票，或者将股票卖给财力强大的投资者，来为公司筹集资金。在推广股票的过程中，银行自然也会从利润中分一杯羹，并且通常自己也会购买一部分这家公司的股票，在业界，这被看作是股票推荐者的一种信誉的体现。联合公司是一家控股公司，也就是说它的目的就是为了经营和维护其他公司的股权。联合公司不会制造和产出任何产品，它只投资，但是它做的都是持续性并且多样化的投资。联合公司控制着许多电力公司的股份，这些电力公司在同行业的其他公司也持有股份。比如其中有一家联合天然气发展公司，旗下就有60多个分支机构。总而言之，通过联合公司的贷款和股权的复杂关系网络，J. P. 摩根公司对全美国的电力行业公司形成了有效的控制。尽管这种方式通常都被看作是完全可以接受的正常商业行为，但是 J. P. 摩根公司对电力行业如此大范围的控制，还是受到了一位叫做富兰克林·德莱诺·罗斯福的雄心勃勃的政治家的密切关注。

有著名的 J. P. 摩根公司作为联合公司的靠山，它的股票价格一路飙升，J. P. 摩根还自留了170万美元的永久期权和认股权证。认股权证让 J. P. 摩根公司有权利在股价高于某一固定水平时，仍可以按照约定价格购买普通股。在与联合公司的合作中，当每股价格高于27.5美元时，J. P. 摩根公司便可以行使这项权利，但是联合公司的股票对投资者的巨大吸引力很快就证明，这个价格其实定得过低了。在几个月之内，认股权证的价值变成了每股47美元，而且还在持续上涨。如果合作方在股价升至顶点时将其卖掉，把这笔收入存进银行，那么仅仅在一年内，合作方就可以得到1.22亿美元的综合收益。如果用联合公司的经营业务的基本收入来衡量，这些认股权证根本不可能值那么多钱；但是在投资者眼中，除了头顶上的蓝天之外，就什么也看不到了。

诚然，联合公司以及其他类似的股票推广案例的成功，给美国的金融市场带来了极大的信心。在当时，只要有人对股市未来的发展作出负面预测，就会被视为搅局和扫兴的人，甚至还会被看作是不爱国的人。但是这些人仍然坚持他们对股市不乐观的预测。统计学和数学教授罗杰·巴布森就是这些不受欢迎的预言者之一。从这段繁荣时期开始以来，他就预见到证券市场会经历一场巨大的崩溃。巴布森绝非随意逞能之辈，实际上，他是真正的股市权威专家，他研究股票已经20多年了，写了很多关于投资的专著，其中包括在大崩盘之后再版多次的《商业晴雨表》（*Business Barometers*）。巴布森不仅懂得如何选股，在 20 世纪 20 年代，他还一直致力于将一些物理定律——特别是艾萨克·牛顿关于作用力与反作用力的理论——用于对经济周期的解读。虽然巴布森预测，过热的股市会面临可怕的崩盘，但是他完全不反对股市投资，而且他还相信，持有和交易股票是创造财富的重要方式。

到 1929 年，巴布森教授已经不再是唯一一个对股市做出这种预测的专业人士了。一些美国著名的商界人士也开始分析探索华尔街的非理智繁荣。迈伦·C. 泰勒是美国钢铁公司的老板，"疯狂投机的愚蠢行为"让他的公司的股票增长到了前所未有的价格，美国钢铁公司也确实从中获得了巨额收益，但他对此却感到担忧。一些富有责任心的银行家，比如保罗·沃博格，也对当时的形势表示担忧。沃博格是库恩洛布公司的合伙人，库恩洛布是一家非常特殊的证券公司，它主要资助铁路行业的发展。1929 年 3 月，沃博格在一次著名的预测演说中谈到了金融市场的形势："如果放任这种无节制的投机狂欢愈演愈烈，那么最终股市崩盘影响到的不仅是投机者们，还会波及整个国家，带来全国范围的大萧条。"

但是几乎没人听得进去他们的观点。奥图·卡恩是库恩洛布公司的一位重要合伙人，他是一位非常有修养的年长绅士，40 年前从德国移民来到美国。卡恩也意识到了股市过热的问题："大众都坚信，每支股票的价值都会是前一天的两倍。"尽管在股市繁荣期间，库恩洛布公司在业务方面一直保持着高度的专业水准，但是在股市大崩盘之后，它对合伙人的声誉却毫无助益。在世人眼中，许多德裔银行家都被一股脑地归入"国际债主"的行列，他们不仅被污蔑为"财迷犹太人"，还受到了大量的指责。

一些研究大崩盘的历史学家，尤其是他们在 20 世纪六七十年代写的有关大崩盘的文章、书籍中都坚定地认为，市场失常最初应该开始于柯利芝在任的最后一年。那时正是 1928 年年初，约翰·肯尼斯·加尔布雷斯在他的《1929 年大崩盘》（*The Great Crash of 1929*）一书中对当时的情况是这样描述的：“无数的人都逃进了幻想中的世界里，放纵在真实的股票投机活动中，危机也真正拉开了序幕。”突然之间，人们高涨的投资热情形成了强劲的势头，淹没了那些原本理性的投资者。到 1929 年年初，纽约证交所的普通股指数已经是 3 年前的两倍了，超过了最高的预测值。在那一年，新发行的证券价值已经达到了惊人的 150 亿美元。人们都坚信，整体经济的发展与证券市场的发展密不可分，市场也将会更加繁荣。柯利芝和胡佛向民众许诺的未来不就是这样的吗？

———————————❦———————————

在证券市场的所有产品当中，投资信托是增长速度最快的一种。投资信托产生的唯一目的就是用于对其他企业进行投资，所以信托投资公司本身不生产任何产品，他们只进行投资，并且可以深入到其他信托机构，有时会进行 5~10 个层级的投资。投资信托的成功——至少对其推广者来说是很大的成功——取决于大量的愚蠢的投资者对优先股和那些像五彩纸屑一样被抛出的债券的争相购买。对于普通投资者来说，信托投资的吸引力来自于利润和股息。然而，真正的高额利润都隐藏在所谓的普通股里，这一部分都被股票推销者们留给了自己。

贸易公司（Trading Corporation）是一个典型的例子——这个公司的名称有点混淆视听。这家公司的投资委托方是高盛公司——没错，就是你知道的那个高盛。贸易公司在 1928 年按照固定周期首次发行了新股，一推出就被大量抢购，到 1929 年中期，股票价格已经超过了每股 220 美元，而且还在持续上涨。而贸易公司就用这种方式，在非常不稳固的基础之上，建立了越来越多的分公司，比如雪兰多，拥有 1.023 亿美元的法定资本；还有更大胆的蓝色山脊，拥有 1.42 亿美元的法定资本。如果公司的董事会成员里有一些著名人士，那么他们的信托投资就会对人们产生更大的吸引力，比如对于贸易公司来说，就有后来的国务卿约翰·福斯特·杜勒斯这样的人物坐镇。很快，贸易公司的利润就攀升到金字塔的顶端。加尔布雷斯指出，贸易公司没有任何的产出，在 9 个月之内"赚"了 5.5 亿美元。它除了经手的证券交易，没有买卖过任何其他公司的股票。

用这种方式赚钱的不仅只有高盛公司一家，还有不少公司也从事信托投资，比如听起来名头非常响亮的美国海外证券公司。这家公司是由迪伦里德投资银行在 20 世纪 20 年代中期创办的，首次发行的优先股立即就吸收了大量的资本——无记名股票的持股人都获得了每股 6% 的股息——不难看出美国海外证券公司的股票有极大的发展前景。迪伦里德投资银行的创始人是白手起家的克莱伦斯·迪伦，他的父亲莱博斯基在得克萨斯州的圣安格鲁经营着一家杂货店，但是他非常明智地改了儿子的姓氏。这片土地长期以来都由这样的美国人主导，他们会把自己的孩子送到最好的大学，其中有些人还可能成为老莱博斯基的儿子未来的合作伙伴，在这样的社会里，一个名叫莱博斯基的银行家是绝对不可能获得财富和成功的。

短短几年内，美国海外证券公司盈利颇丰，迪伦和他的合伙人开始转向做其他公司的信托投资，他们创办了比之前名头更响亮的美国国际证券公司。人们原本从股利分红中得到的现金流一直都是非常有限的，但是现在都抢着买入美国国际证券 5 000 万美元的优先股。到 1929 年，美国海外证券公司的普通股已经升至每股 72 美元。当时没人听说过这支股票，因为它从来都没有在市场上公开过——因为这样是不合法的，但是公司合伙人在这支股票上进行初始投资，后来的回报率达到了 28 000%。随着股价的持续上涨，这些合伙人悄悄卖掉了他们持有的股票，把收益全部兑现。根据《时代周刊》后来的报道，"这些股票的初始成本是 24 110 美元，脱手之后他们得到了 684.4 万美元。"

普通投资者当然也可以把他们的投资收益转化成现金，但是他们一般都不会这么做。因为他们相信自己持有的股票会持续升值。而且，美国海外证券公司定期也会给投资者分配股利，这更坚定了他们继续持有的想法。当时，投资者们都愿意持有那些已经为他们带来可观收益的投资。美国海外证券公司的金字塔形结构并没有受到质疑，人人都会购买他们的股票。在 1929 年的前 8 个月里，他们售出了价值 10 亿美元的信托投资，是前一年的 2.5 倍。

虽然信托投资是不合法的，但是稍微耍点花招就可以骗过毫无戒心的普通投资者。其中一种诡计就是"虚抛"，即一方以 41 美元的价格把价值 40 美元的股票"卖给"另一方，随后（或者第二天），卖出股票的那一方再以一个更高的价格买回股票。这样会发生什么呢？售出价值 40 美元股票的一方得到了 41 美元，虽然另一方没有赚到，但是第二天或者不久之后，他的 41 美元又回来了。此时，双方是一样的，比起交易之前既没有赚也没有赔。然而，普通投资者并不知道怎么回事。他们看到的只是不断上涨的股价，并且会持续关注这支股票的动向。另一种诡计是"轧平卖出"，比如双方约定以 41 美元的价格卖出一支股票，然后再以相同的价格买入。双方都没有得到利润，也没有人会像"虚抛"那样暂时获得收益，但是这种行为会增加股市的交易量，营造出一种繁荣的假象——也会让这支股票获得更多关注。重要的是，这类交易虽然不会影响到股票的基本价值，但都是对股市的非法操纵。当时这种欺诈之风非常盛行。

1929 年胡佛出任美国总统，他开始看清了繁荣股市真正的走向。因为曾经从事采矿行业并在世界各地都有过开矿的工作经历，所以他有一个绰号叫做"伟大的工程师"。胡佛在财政方面非常精明，30 岁之前就已经身家百万。为了降低借贷市场的热度，他要求美联储（美联储之于美国就相当于英国的英格兰银行）立刻提高贴现率，这一举措将会有效提高借款利率。虽然胡佛也认同前任总统柯立芝所说的"美国人主要关心的事务就是商业"，但是他并不像柯立芝一样对美国的商业发展状况那么自信。胡佛不再像柯立芝一样要求媒体大力宣传商业，反而让媒体警示人们当下的投机风潮潜藏的危机。他还命令不情愿的安德鲁·梅隆大力推广更加安全、稳定的固定利率债券的投资，在股市过热时，固定利率债券可以为人们提供更有保障的非投机性收益。胡佛还派出了他的朋友——洛杉矶的银行家亨利·罗宾森作为密使，在华尔街执行警示人们谨慎投资的秘密任务。罗宾森的第一站自然就是 The House on the Corner，杰克·摩根的高级合伙人托马斯·W. 拉蒙特就在这里毫不犹疑地拒绝了新任总统的警告，拉蒙特也是一个颇富传奇色彩的富豪，他经常乘坐自己的私人游艇往返于华尔街和他的家。摩根集团 20 多年来都扮演着政府左膀右臂的角色，作为其合伙人，拉蒙特经常接受政府的安排作为经济特使到国外执行任务，既然拥有这样的重要地位，他觉得自己的想法也没什么好隐藏的。

所以华尔街一次又一次地不肯顺遂胡佛的意愿。这里的银行家们控制着美联储在纽约最有影响力的分支机构，这意味着他们在财政货币政策的实施上有很大的发言权。参议院在 1929 年春天对"违法的有害投机行为"进行了谴责，并且表示要通过立法打击这种行为，但是华尔街对参议院的担忧和警告无动于衷。

紧接着，胡佛就纽约证交所的交易过热现象对副总理查德·惠特尼提出了警告。惠特尼是美国经济建设的中流砥柱，他还是 J. P. 摩根公司的合伙人之一乔治·惠特尼的哥哥，他在不会抑制股票投机活动的情况下，才会对证交所进行监管。鉴于证交所的历史情况，对其进行监管是非常有必要的。自从 1792 年建立以来，纽约证券交易所一直都拥有独立于政府管控的自由经营权，并且拒绝一切试图改变它的自我管理的法规，比如胡佛对证交所进行的管控。

胡佛想要让过热的金融市场冷却下来，但是他发现他要应付的是沆瀣一气的利益集团。举个例子，当联邦当局减少了货币供应，那么像国家城市银行的行长查尔斯·E. 米契尔这样的银行大亨，就会让银行经理多拿出 1 亿美元的资金放贷，以此作为敛财手段。米契尔用他独有的方式，成为了像杰克·摩根一样的巨头，被人称作"10 亿美元查理"，国家城市银行也成为了美国最大的零售银行。它在伦敦、阿姆斯特丹、日内瓦和柏林都有分行。与 J. P. 摩根公司这样的私营银行不同，在股市繁荣发展的鼎盛时期，国家城市银行掌握着大量的普通股股票，再加上拥有能说会道的销售团队，国家城市银行还会向容易上钩的投资者们兜售类似投注单一样的债券。

有一位客户埃德加·J.布朗感到很困惑，他后来在联邦全面调查中作证，他想要购买稳定的美国政府债券，但是一位国家城市银行的销售代表却把他的钱投在混合了奥地利、德国、希腊、秘鲁、智利、匈牙利甚至还有贫穷的爱尔兰等国家债券的投资组合上。当打包债券的价值下跌，国家城市银行又贷给了他15万美元，让他继续投资股票。布朗就这么照做了，但是亏损却越来越多，于是他跑到国家城市银行在洛杉矶的分行，要求银行赔偿他购买投资组合损失的钱。但银行的工作人员又对他不停地劝诱，说他的投资价值会回升的，于是布朗又一次把钱交给了这个表里不一的银行。

国家城市银行的销售员们似乎无所不能，什么都能推销出去。在联邦调查中的结果显示，他们曾为巴西的米纳斯吉拉斯州政府发行了1 650万美元的债券，而这是一个拖欠债务、声名狼藉的债务方。但是国家城市银行的销售员依然可以面无表情地把这些债券推销给投资者，他们通常都会这么说："谨慎、严密的财政管理是米纳斯吉拉斯州历届政府一贯坚持的作风。"米纳斯吉拉斯州政府的业务结束之后，国家城市银行与其他银行和债券零售商获得的利润，加起来总共达到了60万美元，而投资者们则损失了大约1 300万美元。

在一个几乎所有股票都会在发行后快速升值的市场中，国家城市银行找到了下一个目标秘鲁，这也是一个臭名昭著的债务违约国。在用1 500万美元试水获得了令人满意的收益之后，他们很快又发行了5 000万美元的债券，为了确保这次业务安全无虞，他们向秘鲁总统的儿子支付了45万美元的"费用"，紧接着又发行了第3次债券，价值2 500万美元。在短期内，这3次发行的债券都有可能因为债务违约而崩溃。政府没有明确向普通投资者提示投资风险的义务——毕竟就连纽约证交所都有它自己的行事准则——国家城市银行的推销术，就是极尽所能地欺骗。他们不会主动提及政治风险、债券偿还提前到期，以及其他任何一种会为投资带来风险的因素。他们的巧言善辩都是彻头彻尾的谎言，无数的投资者因此而输得精光，而他们的损失都没有被公开过，因为国家城市银行不会让这样的新闻被曝光，影响他们的股价。比如曾经对古巴制糖公司放贷的 3 000 万美元成了坏账，国家城市银行对此缄口不言。实行这种故意隐瞒事实的政策的直接结果，就是银行股票价格的惊人增长。发行价格为每股 100 美元的股票，在 1929 年中期进行五合一拆分之后，达到了 2 925 美元。

像埃德加·J. 布朗这样因为轻信花言巧语而借钱去投资的人还不在少数。而后果就是，到 1929 年中期，各个股市都陷入了贷款投资的高潮。股票经纪人借给投资者们超过股票面值三分之二的资金是常有的事。他们有什么理由拒绝这么做呢？通用汽车的总裁约翰·拉斯科贝这样写道过，繁荣景象遍布美国，而股市正是繁荣背后的源泉。股市投资中的大部分债务都是"活期贷款"——随时都可能要求偿还的贷款，当市场形势不佳，或者某些股票的价值下跌时，借款人就会毫不犹豫地让债务人还款，哪怕市场很快又会回升，他们也依然会要求偿还。如果贷款人用贷款购买的股票，其价格下降到了比按照贷款数额商定的价格更低的水平，那么可以通过追加保证金来贷更多的钱，这提高了商定的股价与贷款的比率。

随着债务数额越来越大，美国的银行经理们越来越担心。那首《股票报价机的故事》是这样唱的：

我们要追加更多保证金，

就不会再有任何负债了。

所以最好再用一大笔现金赌一把，

不然我们就只能帮你平仓了。

这歌词一点也不夸张。仅仅在 1929 年这一年里，美国人在贷款买股票时追加的保证金就达到了 90 亿美元。在理想的情况下，追加保证金可以带来高额回报。如果股票价格上涨，贷款的投资者会比那些没有通过借贷投资的人获得更大的收益。举个例子，假如在一段时间内，比如说 18 个月，价值 100 美元的股票翻了一倍，增长至 200 美元——当然这无论如何都肯定是比较反常的情况——不管你是用 25 美元的现金还是 75 美元的债务资本购买的这支股票，初始投资成本都要翻 5 倍。也就是说，不考虑付给经纪人的佣金和投资收益的话，投资者投入的成本是 125 美元。当然，反之亦然。如果股票的价值下降了一半，那么初始投资成本就不存在了，持股者仍持有 75 美元的价值。然而，贷款给投资者的股票经纪人，绝对不会像他们的客户一样不计后果。大多数经纪人通常都会把贷款数量限制在股票价格的一半以内，并不是通常传言的 90%。基本上所有的大型股票经纪公司都在大崩盘中存活了下来。

因此，到了 1929 年秋天，像沃尔特·克莱斯勒大厦这样的摩天大楼，正在以每周四层的惊人速度拔地而起，而股市的阴云也开始慢慢笼罩。

2

最后的审判日

温斯顿·丘吉尔对他在美国投资的情况感到很满意。作为唯一一个在大西洋彼岸也拥有巨大影响力的英国政治家，丘吉尔于 1929 年 10 月在美国进行了巡回演说，同时还密切关注着他投资股票的情况。虽然金额不算多，但是丘吉尔希望这部分投资能够缓解自己家里经常负债的财务状况。这位英国前任财政大臣的生活方式和他的身份非常不匹配。

在保守党下台之前，丘吉尔就已经开始为他自己的财务问题而忙碌了，他因为在 1925 年推动了英国重新采用金本位制而受到了各方指责。虽然当时推行金本位制的时候，几乎没有人反对——政治家、经济学家或者是财政部和英格兰银行的官员，都把恢复金本位制当作是英镑重返荣耀的证据——而丘吉尔最终成为了替罪羊。后来他通过写作得到了一丝慰藉，也获得了一些收入。丘吉尔经常写作，产量很高，他把大量的作品投给杂志和报纸，就像他在给妻子克莱门汀的信中写道的那样，他的投稿"赚了一小笔财富"。

丘吉尔从这"一小笔财富"中拿出了大部分，交给了伦敦的一家叫做卡塞尔的投资银行，他的第一笔投资就是英国政府发行的长期债券——康索尔债券的投资组合。卡塞尔投资银行的创始人是成就卓著的欧内斯特·卡塞尔爵士，卡塞尔投资银行长期以来都是美国的投资客户；卡塞尔银行在 19 世纪 80 年代还资助了美国的铁路建设。卡塞尔投资银行和业界传奇库恩洛布银行有密切的合作关系，但是谨慎的丘吉尔选择了几种不同的渠道进行投资，比如他把 2 000 英镑的资金放在了维克麦格高文投资公司。随着市场的行情看涨，丘吉尔对他持有的这些投资抱有很高的期望。他告诉自己的妻子，这些投资获得的收益绝对不能一点点地浪费掉了。

因为不想让潜在的巨大收益白白溜走，许多欧洲人和英国投资者都开始在美国进行大规模的投资。这些机构投资者和个人投资者在美国投资的股票和信托与美国人在本国投资的数量不相上下，他们通过伦敦、匈牙利、巴黎和阿姆斯特丹的银行家与经纪人来管理自己的投资。许多美国银行在伦敦也有分行或者某些业务，比如 J. P. 摩根公司在伦敦的联行摩根建富。欧洲投资者的投资几乎相当于欧洲各国恢复第一次世界大战后千疮百孔的经济的救命钱。但是美国证券市场对于持续增长的欧洲投资有着十分贪婪的胃口，就像一个巨大的永远敞开的无底洞，源源不断地把资金从欧洲吸收进来。事实上，美元的衰退对欧洲，特别是对德国来说，比英镑和欧洲货币外流的影响更大。通过 J. P. 摩根公司和库恩洛布公司的运作，欧洲各国的美元贷款挽救了欧洲半废墟状态下的经济命脉。然而随着美国股市开始加速发展，资金流向发生了转变。从美国流出的用于拯救欧洲经济的美元，经过了超过 5 次的下跌，从 1928 年的 10.9 亿美元骤降至 1929 年的 2 060 万美元。

到夏末的时候，蒙塔古·诺曼爵士已经非常焦虑了。作为英格兰银行的行长，他是英镑的拥护者和日渐黯淡的金本位制的捍卫者。最初金本位制被当作国际货币体系的基石，它要求主要货币的每一单位都必须以一定重量的黄金来表示其价值，非主要货币则以美元或者英镑来代表其价值。因此，在金本位制下，货币的交易并不是按照人们认为它本身应有的价值，而是以规定的价值为基准。金本位制是一种严格的货币体制，正是由于它的严谨性，蒙塔古爵士和其他中央银行的行长都赞同这种体制。

这是中央银行行长的一贯作风——他们用让人捉摸不透的措辞，描述看似神秘但又非常现实的资本和黄金流通的问题，他们掌握着经济大权——蒙塔古爵士当然就是这样的央行行长。他喜欢穿由伦敦的裁缝定制的优雅套装，系上蝶形领结，还会穿上颇富戏剧性的斗篷。整齐光亮的山羊胡让蒙塔古爵士看起来"像一位西班牙贵族"，一位传记作家这样描述过他。蒙塔古爵士是1925年丘吉尔推动回归金本位制时最强烈的支持者之一。当时的财政大臣丘吉尔在公共财政问题上是个新手，他其实并不像人们普遍认为的那样，愿意听从财政部和英格兰银行的专家的意见。

因为在金本位制下，货币的价值按其所对应的黄金重量有一定比价，所以不同国家的货币汇率则由这一比价来决定。实行金本位制，就意味着各国必须要根据发行的纸币与硬币的数量，保持一定数额的黄金储备。如果没有适量的黄金储备，那么本国货币的价值就会存在风险。而且，和其他任何商品一样，持有者可以将黄金投资在任何一个它能够带来最大收益的地方。"过去的几个月里，华尔街超乎寻常的投机活动使利率上升到了前所未有的高度。"约翰·梅纳德·凯恩斯在《纽约晚邮报》中写道。凯恩斯可能是唯一一位为美国出版界贡献了大量作品的英国经济学家。受到纽约金融市场高利率的吸引，黄金从英国大量流向美国，数量多到让蒙塔古爵士害怕英国的黄金储备会因此被掏空——他把这看作是一场灾难，其他人也都这么认为。

———— ❦ ————

然而在美国，这都是寻常事。股票价格仍在持续飞速上涨——对于大多数美国人来说，这正是财富通过股市实现民主化的正面证据。在这次有史以来最大的牛市持续了20个月之后，纽约证券交易所里普通股的度量标准达到了225，增长了125%。罗杰·巴布森教授对股市厄运的预测被人们置若罔闻。几乎没有人留意巴布森教授在1929年9月5日（股票交易量打破新纪录的3天之后）发出的新警告。"股市崩盘迟早都会来临，而且这将是恐怖的灾难。"他在一次商务会议中坚定不移地作出预测。但可以肯定的是，还是有一些投资者注意到了他的提醒，因为就在第二天股价出现了下跌，这就是后来被人们称为"巴布森崩盘"的事件，由此终于证实了他的预言。

当市场开始趋于平静，《华尔街日报》应用了已经去世将近 20 年的马克·吐温的文章，刊登在《今日思绪》专栏里："在幻想要离你而去，而你也许仍然能继续活下来的时候，请不要放弃幻想，而应该继续战斗。"在华尔街的圣经中，幻想在投资中可以发挥作用，这一点是无需否认的。的确如此，希望的信号远远超过了厄运的征兆。看着股票报价机上传送出来的纸带，经济学家欧文·费舍看不出任何严重的异常。"股价可能出现了衰退，但是还远远没到股市崩盘的程度。"费舍宣称。这位教授对他的预测充满了自信，并且立刻追加保证金买进了更多的股票。

然而，受到英国哈特利崩盘事件的影响，美国股市也开始人心惶惶。哈特利崩盘给越来越少的理性投资者们敲响了警钟。克莱伦斯·哈特利是一位英国金融家，他利用自己的投资信托公司和其他诸多经营业务（其中包括一个拥有上千台赌博机的公司），从一个普通职员一步步建立起了属于自己的商业帝国。这是哈特利的第二个商业集团，他的第一个公司诞生在伦敦商业银行的大楼里，1924 年破产解散。在还清债务之后，哈特利又踏上了他的创业之路。他收购了深陷债务困境的联合钢铁公司。如果是在美国而非英国，肯定有很多公司都愿意为基本信贷额度自掏腰包买单，但是在伦敦，几乎没有企业会插手这样的工业贷款。不管怎样，英国银行界的上层圈子，当然蒙塔古·诺曼爵士也是其中一员，都对哈特利抱有很强的质疑。他们眼中的哈特利是大肆摆阔、挥霍无度，和伦敦金融圈格格不入的人。甚至他的收购目标联合钢铁公司都对哈特利充满怀疑。在哈特利向联合钢铁公司开价之后，他们的总会计师立刻向摩根建富银行寻求意见，并希望对方也能够给出一个收购报价。但是没能如愿以偿，联合钢铁公司别无选择，最终只能接受了哈特利的报价。可不幸的是，哈特利并没有足够的收购资金。他筹集到的资金还差 800 万英镑才能完成收购。情急之下，哈特利试图发行非他公司所有的股票。这部分虚假股票筹集到的钱，不仅不足以弥补收购资金的短缺，而且也不够还哈特利的第二个商业帝国在 9 月 20 日破产所欠下的未偿清的债务。

这次失败的收购甚至影响到了整个英国的经济，触发了黄金争夺之战，并在一定程度上威胁到了英镑的稳定。盛怒的蒙塔古·诺曼爵士不得不把银行利率提高到 6% 以阻止黄金外流到美国。当哈特利宣称他自己已经被"彻底毁掉了"的时候，英格兰银行行长也是一样一点都开心不起来，哈特利被判处了 14 年的监禁，而他们两个人而要因此服劳役。

哈特利崩盘完全是属于英国国内的经济危机，对于美国的股票交易市场没有产生直接影响，但是它确实打破了银行家、股票经纪人和其他更智慧的市场参与者的冷静与镇定。至少在这次危机中，长期以来驱动股市繁荣的资产流动性开始逐渐干涸，英镑的脆弱也显现了出来。

但是丘吉尔的继任者，时任财政大臣的菲利普·斯诺登在 10 月 2 日做出的一番评论，却有着直接的影响。坐在威斯敏斯特的办公室里，斯诺登觉得有必要提醒美国人，华尔街已经陷入了"投机狂欢"中无法自拔。他的一番话在美国广为流传，因为斯诺登在首相拉姆齐·麦克唐纳领导的新工党政府中有很高的资历，而且根据崩盘时政府当局给出的回应"可能也会因此触发 10 月 3 日崩盘"，所以他的言论有很高的可信度。差不多是在同时，斯诺登的美国同行安德鲁·梅隆终于也在辩论中言辞犀利地指责了那些"过于乐观"的投资者们。梅隆说，这些投资者们表现得就好像"股票价格会永远上涨"一样。

恰好就在这个时候，10 月 3 日星期三，股票交易量呈现出了一个罕见的数字。第二天，《华盛顿邮报》的头版头条刊登出了"股价在疯狂交易中崩溃"的文章。4 天后，伦敦的《金融时报》引用了忧心忡忡的美国银行家协会主席的话："购买证券的贷款额度不断攀升，对此，银行家们已经收到过经纪人和个人投资者的严正警告了。"在借贷刺激下的投机活动持续了几年之后，此时再提出这样的警告似乎已经有些迟了，而且美国银行家协会的成员们仍在继续与其客户保持着信贷交易。

10 月中旬出现了更多令人神经紧张的迹象，一些股市繁荣的拥趸，比如通用电气和西屋电气的股票价格一路锐减。他们的股票价格的下跌为市场传递出了信号——公共事业领域的股票价格可能被抬得过高了（后来经过更加精确的计算，他们的股价至少被高估了 3 倍）。很多投资者这才第一次真正意识到，现实情况和股市的繁荣严重不符。那么投资者对市场的极度乐观终于要烟消云散了吗？

10 月 21 日星期一，股票交易量超过了 600 万股——纽约证交所有史以来第三高的日交易量。在股市崩盘中，许多投资者都损失了不少资金，那些外国的投资者们也失去了勇气和信心，开始争相退市。毫无责任感的欧文·费舍教授仍然坚持他自己的看法，认为只有那些"极端的狂热分子"才会遭受损失，并且继续对他所说的理性计算保持着自信。作为最早的真正的市场理论家之一，费舍教授花了几十年的时间，试图研究出一种通用的理论来证明市场的运作原理，以及市场是如何与更广阔的经济环境相互联系的。因此他投身于货币流通速度和数量等复杂数据、税收水平、个人消费情况、资本结构和其他许多经济元素的研究中，每一种研究都是常人不易理解的。费舍坚定地认为，现实中所有事物"都有精确的结构和一定的呈现形式，并且都可以进行数据验证"。早在 1906 年，费舍就出版了一本书——《资本和收入的本质》，他凭借此书成为了研究消费行为的权威（他也是早期基于消费水平征税的支持者，反对基于收入水平征税）。至少在费舍看来，他对于牛市行情无惧无畏的热情与信心是相当理智的，并且这种理智是建立在多年分析的基础上的。费舍通过他发明的卡片式索引系统收获了财富，他又继续用这笔资金大量追加保证金，就像许多已经被劝诫过的美国人一样，他用贷款购买股票，这不仅是他的个人目标，还几乎成为了他的一种爱国义务。费舍支持美国禁酒令，因为他认为（通过他的计算）这一禁令会使国民生产总值提升 60 亿美元，所以国民财富的总价值对于支持他的这一观点非常重要。

但是股市似乎已经不再接受费舍教授的乐观主义了。10 月 23 日星期三，股市的整体价值下降了 4.6%，这次让人焦虑的市场下跌刺激了整个投资界的神经。

正是在同一天，沃尔特·克莱斯勒成为了世界最高建筑的拥有者。作为全世界外观最雅致且最高的建筑之一，克莱斯勒大厦的外墙上装饰着取自汽车行业著名品牌的标识。巨大的钢铁轮毂，装饰着汽车引擎盖的鹰头，甚至还有装饰性的散热器盖（在第 31 层）——全都被用来装饰代表这位汽车大亨成功的大楼。克莱斯勒大厦高约 319 米，坐落在纽约 42 街和莱克星敦大道的交界处——是真正意义上的"克莱斯勒公司陈列馆和美国影响力与财富的象征"。

当然，这栋大楼同样也是威廉·范·艾伦的设计才华和建筑师的创意匠心的绝佳展示。克莱斯勒大厦采用钢材骨架，由内核与外核组成，就像一个双套管一样。混凝土结构的内部套管使这座 77 层的大厦非常稳固，并且还可以用来当作电梯、台阶和服务体系的通道，大楼外部则是石砌外墙。外墙的唯一作用就是遮挡风雨，它无法对建筑起到任何支撑作用。

但让克莱斯勒生气的是，华尔街 40 号有一栋摩天大楼的设计师把他设计的那座建筑加高了几英尺，比克莱斯勒大厦更高。按照客户提出的需求，范·艾伦秘密设计了一个月 38 米长的尖顶，将其建在了建筑物的内部，从外面是完全看不到的。10 月 23 日，这个尖顶被吊起，重新安装在了克莱斯勒大厦的楼顶上，这一过程只用了 10 分钟——这应该是整个工程项目中最惊人的壮举了吧。

沃尔特·克莱斯勒的成功庆典终究很短暂。他的汽车帝国即将面临巨大的风险，包括其他的汽车行业巨头，也无法逃脱这次危机。

10 月 24 日星期四，你已经很难在美国股市中找到一个冷静的经纪人、银行家、证券交易商或者持股人了。当纽约证券交易所的大门打开的那一刻，就和平时一样，全国人民都屏住了呼吸。不过投资者们还是松了一口气，还好一开始股价仍然保持着稳定。

温斯顿·丘吉尔终于有了一个放松的早晨，可以不用继续进行巡回演说了，所以他决定去看一看自己那几笔投资的情况。虽然没什么好担心的，但是他对于市场过热的那些言论仍然有所顾忌。作为身份尊贵的访客，丘吉尔被邀请到了交易大厅里，亲自见证了股票的大批量廉价出清。交易所里一片混乱嘈杂，证券交易商被人们挤在中间团团围住，这种场面和丘吉尔希望看到的冷静、谨慎的市场氛围大相径庭。在这样一片喧嚣声中，许多人都大声向经纪人喊出自己要抛售的股票，如果得不到回应，他们就把写着售卖信息的纸条抛给交易大厅里用粉笔记录行情的女孩。还有一些人，他们已经被疯狂暴跌的股票价格吓傻了，只能站在原地僵直的一动不动。

丘吉尔看到的这一幕，就是所有美国股市投资者的心理防线崩溃的一幕。他们对市场的信心在 1929 年夏天经历了小小的动摇，在 9 月份受到了一次冲击，10 月初的时候又是一次震动，终于到现在，他们的心理防线彻底坍塌了。几乎人人都在急切地抛售自己持有的股票。到 11 点钟的时候，纽约证交所交易大厅里的恐慌情绪，已经散播到了全国各地的证券交易所，甚至在加拿大多伦多和蒙特利尔的证券交易所里，也出现了人人自危的局面。市场仍在大幅下跌，甚至连最新的西联汇款股票报价机都已经无法处理，价格持续下降得越来越厉害。股票报价机的吧嗒声不绝于耳，诉说着关于财富流失殆尽、投机者损失惨重、富人变成债务人的残酷故事。

在纽约，股票经纪人和银行家们都冲进了交易所，发现里面已经没有多余的空间，就全都聚集在交易所门外的台阶上。人群蜂拥到了马路上，他们互相讨论着当下的情况，都被这次事件震惊到无以复加的地步。他们都穿着正式的西装，戴着帽子，在那座寓意为"守护人们辛勤劳动换来的财富"的大理石雕像下面，祈祷着转机的出现，可以将他们从毁灭性的打击中拯救出来。流出的每一个消息都被众人传递着，他们像抓住救命稻草一般急切地讨论着。人人都在期待那一丝光亮。在芝加哥和华尔街，有人开始对着证券交易所大声喊叫，因为它们已经因为投资者进行疯狂地抛售而关门停业。

最终，有人从证交所的大楼里冲出来大声疾呼，说市场正在趋于稳定。门外等候的人们全都屏住了呼吸。然后一个接一个的人从证交所里跑出来，向焦急的投资者传达了动荡的股市正在慢慢趋稳的消息。但是人群依然越聚越多，甚至在收盘之后，人们还留在交易所门前久久不愿离去，仍在讨论着今天发生的一切，分析各种信息，预测明天市场的发展态势。

又过了几个小时，当股票报价机开始工作，显示出在刚过去的动荡混乱的一天里，股票的交易量达到了 1 290 万。报价纸带传递出了一丝希望的曙光——一些大胆的投资者出现了，他们希望以低价买进股票，终于在收盘前的最后几个小时里，股价恢复了正常。但是总的来说，对于大多数投资者而言，这依然是糟糕的一天，甚至辉煌一时的股市领头羊——无线电行业的股票，其价格也下跌了 40%。

第二天，市场仍在努力挣扎着回到平衡点。《纽约时报》报道："收盘时股票经纪人聚在一起欢呼。"为了提高可信度，它还报道说："银行家们都持乐观态度。"情况的确有所好转，但是这并没有持续多久。10 月 28 日星期一，时代工业指数，一个长期以来被用作评估市场状态的指标显示：精选股的平均价格已经下降了 49 个点。到了星期二情况更加糟糕：总共有 1 640 万股股票被交易。

很明显，投资者们此刻正疲于奔命。

———————— ❧ ————————

此时的杰克·摩根仍然在他的 Wall Hall 里，读着报纸，看着从纽约发来的讲述当前形势的电报。一直到 11 月中旬之前，他都不必急着坐船赶回纽约，所以杰克·摩根让他的合伙人去完成救市的任务。作为美国的高级银行家，杰克·摩根凭借他的影响力聚集了一个实力雄厚的财团，由美国信孚银行的西沃德·普罗瑟、大通国家银行的阿尔伯特·维金、担保信托公司的威廉·波特和国家城市银行的查尔斯·米契尔共同组成。他们承诺拿出 2.4 亿美元，为市场回升提供支持。纽约证交所的副主席理查德·惠特尼被授权使用这笔资金来引导市场的回弹，并且对公众声明他们对市场抱有信心。

惠特尼应该是最适合做这件事的人了。兼具执行力和旺盛精力，惠特尼就是代表美国股市的典型形象。惠特尼毕业于哈佛大学，他的家族谱系可以追溯到五月花号船的朝圣者——纽约游艇俱乐部的成员，总而言之，惠特尼是一个拥有着无可挑剔的信誉和良好名声的人。而且，人人都知道惠特尼以他本名命名的经纪公司与全世界最富有的银行有密切联系。虽然惠特尼也以"挥金如土"闻名，经常寻求一些"看在我的面子上"的大额投资——这是用来形容借用他的名声地位而进行的投资，他被认为完全有能力承担这样的大额投资。

投资者们对市场的预期越来越悲观，也正如他们预料的一样，10 月 20 日星期四，股市又一次陷入了危机，纽约证交所的大厅里一片恐慌，股价急剧下跌。惠特尼立即离开了他的办公室，从楼上下来，大步跨进交易大厅。当人们的喊叫声逐渐安静下来，惠特尼平静地对经纪人发出了蓝筹股投资组合的买入指令。聚集在人群里，证券交易商都开始沉默了，记录员们震惊地抬头看着惠特尼在夸耀一般地买进蓝筹股并发出更多购买指令之前，以每股 205 美元的价格买进了美国钢铁公司的股票。

惠特尼这一戏剧性的举动成功地达到了目的。在他投资那些"暂时性的缓冲"股票的几分钟里，股市又恢复了正常的秩序。抛售仍在继续，但是势头已经不再像之前那么强了。在这天收盘之前，时代工业指数只下降了 12 个点，这说明这次股市下跌虽然严重，但并不是灾难性的，惠特尼被视为拯救了股市的英雄。远在 Wall Hall 的杰克·摩根也收到了很多从纽约发来的向他汇报好消息的电报，他对合伙人说，他们做得非常好，比他凭一己之力去救市的效果更好。

之前投资过热的风潮似乎也开始转向了。胡佛在一次总统演说中表明了支持的立场，称自己对美国商业发展的稳定状态充满信心，并且对"由股票投机行为引发的高利率"造成的危害进行了告诫。针对救市的新闻也适时地发布了，标题是都是"股票经纪人相信最坏情况已经结束，现在是低价买入的好时机"，诸如此类，等等。

然而，暂时性的缓冲不久就失去了作用。在接下来的一天里，10 月 31 日星期四，股市一开盘，人们又继续开始大肆抛售，市场又一次陷入了大范围的恐慌。"他们（股票经纪人）的叫喊声简直就像狮子和老虎的咆哮。"证交所的一位保安人员回忆当时的情景时这样说道，"他们大声呼喊着，尖叫着，互相抓着对方的衣领。看起来就好像一群疯子。每当无线电和钢铁的股票价格出现下跌，你就会看到一些可怜的家伙们精神崩溃地坐在地板上。"股票报价机持续几个小时追踪着市场的动态。8 点钟之后，当报价机最终给出了当天的最后报价，这啪嗒声无疑是在讲述一个恐怖故事。在那一天，全美国价值300 亿美元的财富消失殆尽。股市的繁荣不仅仅是结束了，而且还开始了迅猛地倒退。

到了 11 月初，股市仍然在持续衰退，各种灾难性的问题都开始出现了。29 个公共事业公司的总市值急剧下降——它们是市场中至关重要的一个行业领域。美国超级电力公司、美国电力与照明公司、长岛照明公司和尼亚加拉哈德森电力公司等企业的市值减损了一半到四分之三。无线电行业仅在 10 月这一个月内，市值就下降了 75%。还有各种制造商、冰箱制造公司和电梯生产公司，甚至像通用电气、福特和克莱斯勒这样的大型汽车公司，其市值都出现了严重的下跌。这次危机又被写进了《股票报价机的故事》里。

> 我买了电梯公司的股票，
>
> 我觉得这次肯定没买错，
>
> 卖空者们全都跑下了楼，
>
> 按响了地下室的门铃。

在世界范围内，人们对这次股市崩盘的感受混杂着各种矛盾的情绪，有人惊喜，有人恐惧，也有人如释重负。《经济学人》杂志表明了观点："美国股票价格的气球吹得太大，终于漏气了，这对于全世界来说，未尝不是件好事。"在交易行为更规范的证券市场中，特别是欧洲的股市，还没有成为疯狂投机行为的牺牲品，都是由一些幸灾乐祸的人占据主导地位的。受到疲弱的经济环境的限制，欧洲金融市场上的股票平均价格从第一次世界大战结束后就没有怎么上涨过了。因此，1929 年欧洲的股票指数只比 1919 年上升了 20%，不过法国是极少数的例外之一，根据一位法国历史学家的记录，巴黎证券交易所的交易额的增长速度"非常可怕"。

一些与美国相距甚远的国家也开始实行了保护措施。比如远在日本、南非、澳大利亚和新西兰的证券交易所，它们和华尔街的股市有着完全不同的特征，实际上它们并没怎么受到美国股市崩盘的影响。地球最南端的新西兰的证券市场虽然羽翼未丰，但得益于市政工程项目稳定的资金支持，使得新西兰的股价也稳定增长，市场持续看涨。与此相对，靠近美国的地区则受到了致命的打击。蒙特利尔和多伦多的股市几乎同时崩溃了。与美国股市的劣根性几乎如出一辙，在加拿大的证券市场上，也有大量追加保证金发行的新股，股价反常升高等情况。几大工业类股票甚至以年度盈余 40 倍的价格在市场上出售。

市场终究要面临它自身产生的矛盾。喜剧演员艾迪·康托尔虽然在股市中赔了钱，但是他依然保持着他的幽默感。就在大崩盘的当天，康托尔在广播节目里对听众们说："好吧，告诉大伙，他们像困住其他人一样，把我也困在了股市里。实际上股市不再叫股市了。应该叫'困市'了，因为每个人都被它困住了。哦，除了我叔叔。这次股市这么忙乱，他却能好好'休息'，因为他 9 月份就去世了。我可怜的叔叔在 55 岁的时候得了糖尿病。不过这不算什么。我还有 110 股克莱斯勒公司的股票呢。"喜剧演员们并不是最精明、最谨慎的投资者，他们也在股市中损失惨重。眉头紧皱的格劳乔·马克斯是一名拥有丰厚财富的喜剧演员，不久前参演了电影《疯狂的动物》，他宣称自己在这次股市崩盘中损失了 80 万美元。拳击手杰克·邓普西，第一个身价百万的运动员，也损失了 300 万美元。

而繁荣股市里最重要的卫道士欧文·费舍也彻底噤声了。据估计，他的投资损失大概在 700 万美元~3000 万美元，他还失去了自己的房子，不得不搬去和他女儿同住。关于那些理性的计算，费舍教授说，他终于明白了贫穷时也可以像富有时一样实现民主化。

杰克·摩根仍然在等着登上他的"奥林匹克号"，他对于自己主导的那些最终导致了大崩盘的事情，丝毫没有愧疚之感。"站在一个富人的角度，我并不觉得自己缺少责任感。"后来杰克·摩根这样说道，"我知道有些人在今年年初的时候，就开始极力抨击过度投机交易的现象，并且试图控制住这次恐慌……让社会尽可能不要受到更多投机交易行为造成的危害。"但是杰克对于"富人"的信任很快就被危机过后的沉痛反思给击垮。

接下来的任务是弄清楚面对崩塌的市场，应该如何拯救和重建。有关当局应该介入，还是应该不予干涉？

3

〰️

全盘清算

约瑟夫·熊彼特是哈佛大学的经济学客座教授。熊彼特在一个奥地利贵族家庭长大，是一位兼有骑士身份的重要经济学家的养子。虽然在哈佛当教授的熊彼特只有 40 多岁，但是在来这里之前，他已经在早期的职业生涯中有过不同寻常的经历。熊彼特曾经在埃及当执业律师，后来回到了奥地利，在 26 岁时成为了经济学教授，30 多岁时写了三部广为流传的书，他还担任过财政部长，虽然时间不长，然后成为了一家私营银行的行长，但银行的倒闭也让他因此破产，最终他回到了大学里教书。熊彼特被视为经济学领域的重要人物，他是学术氛围浓厚的欧洲学院派的典型代表。在 1929 年美国股灾中，他的"创造性毁灭"理论让他声名大噪，或者说是声名狼藉，这取决于你用什么样的立场来看待。

熊彼特是研究商业周期的专家，他坚信资本主义不会继续在平顺的道路上发展下去。相反地，风暴马上就会来临，甚至很快就会走向毁灭。"资本主义社会的经济发展进程是混乱的。"熊彼特在书中写道。他在奥地利饱受战火摧残的动荡时期长大成人，所以这让他更加坚定自己的这一观念。但是有一点毋庸置疑，熊彼特认为美国的股灾其实是商业周期循环的常态体现。熊彼特是一位"清算主义者"。清算主义学说的影响力相当大，其支持者们认定 1929 年 10 月的大崩盘是一次良性事件。他们认为，大崩盘及其余波划开了损毁美国经济的伤口，伤口处的毒液现在已经都流干净了。

清算主义的坚定支持者还包括胡佛总统的财政部长安德鲁·梅隆，还有很多在美国非常有影响力的经济学家。在崩盘过后的一片经济废墟中，平均每个月有 75 家银行倒闭，梅隆认为，大崩盘是上帝对过度投机的大众的一种惩罚。"它会净化整个体系腐烂的根源，"梅隆这样对胡佛说道，"高昂的生活成本会降下来。人们会更加勤勉地工作，努力过上精神富足的生活。人们的价值观将会调整，有进取心的人将会取代那些能力不足的人来修复被危机破坏的经济和社会。"

虽然梅隆已经 70 多岁了，他的一些观点想法都是可以被谅解的，但他仍然在政府中掌握着经济大权，而且他很清楚，大多数美国人并没有在"咆哮的 20 年代"变得懒惰或者堕落，境况艰难的工厂和毫无盈利的农场也并不是因为经营不善或者缺乏进取心才落得这种结果。存款人把他们的生存之本都托付给了银行，他们不应该为了在大崩盘中倒闭的银行而负责。但是，梅隆很快就为即将到来的危机找到了解决之道。简单来说，就是以"无为"应对"万变"。"当前的形势或许是威胁，或许是悲观，但是我在当下没有发现什么值得我们大动干戈。"梅隆在 1930 年年初大崩盘发生几个月之后发表了声明。

梅隆的经济战略表明（如果这可以被称作战略的话），在富人和普通人之间的鸿沟，已经成为了这个曾经是全世界最主张人人平等的社会的新特征。物质的富足开始逐渐侵蚀着美国社会，并向其他地方蔓延，清算主义就像一剂苦口良药，它将会使大西洋两岸以及全世界范围的经济学家和政治家们形成观点态度的两极化。

然而，无论你是不是清算主义者，你都可以预见到，大崩盘结束后的几个月里，经济势必会大面积遭到破坏。股市的高潮已经持续了太久，有影响力的政治、经济人物对繁荣状态和永续不断的经济发展的大肆鼓吹，已经深深侵入了国民的心理。并且，许多美国人都把股市看成是一件独立于生活之外的事——只是一种娱乐性的活动，和其他商业活动基本上没有关系，因此他们觉得大崩盘不太可能会影响整体经济。和梅隆一样，大多数人都没有看到任何证实了悲观主义的负面现象，并且对市场能够恢复过去的繁荣充满信心。"我认为现在的情况只是暂时的，"28岁的阿尔·戈登在纽约的一家投资银行工作，他这样说道，"大多数人也都觉得现在的困境只是暂时的。"

但是经济形势每况愈下，股市的情况和每个人的物质生活水平之间的密切联系已经无法再被忽视了。那些从象牙塔里和政府部门的走廊里诞生的观点就这样被现实驳倒了。事实上，美国的清算主义者们大多都是古典经济学家，他们都信奉在美国占据主导地位的自由主义经济管理模式，并且把在"咆哮的20年代"开始之前1921年的那场虽然严重但历时较短的经济危机作为支撑他们观点的论据。当时经济恢复的速度非常快。历史站在了清算主义者这一边。往前追溯大约半个世纪的时间，美国经历了一连串的金融和财政危机，但是总能很快地化解，安然度过危机之后，人们的物质生活水平也有了提升。研究金本位制的权威经济历史学家麦克·博多和巴里·艾肯格林罗列出了那些年美国经历过的各种经济危机："1873年经济危机""1884年大恐慌""1890年紧缩""1893年经济危机""1907年经济危机"。因此清算主义者们相信，1929年大崩盘也将会是下一次繁荣的前兆，只要不对其多加干涉，那么经济发展中的毒液自然会流失殆尽。

古典经济学家的学说和观点在大西洋两岸的国家中都占据主导地位。英国的古典经济学家，包括出生在维也纳的弗里德里希·哈耶克，当时只有30多岁，同样有着权力主义的奥地利经济院校的教育背景；个性坦率的莱奈尔·罗宾斯，当时是英国最年轻的经济学教授，也是哈耶克狂热的崇拜者（他会读哈耶克德文原版的著作）；还有丹尼斯·罗伯森，他在财政部负责的基础工作做得相当不错。罗伯森还拥有多种才能，他不仅是经济学家，还是一名演员和诗人。因为各自对于经济危机的看法不同，罗伯森和他的导师约翰·梅纳德·凯恩斯之间的嫌隙日益增加：罗伯森倾向于更加传统的、基于存款储蓄的方式恢复经济，而凯恩斯倾向于一种更加大胆的、基于资产流动性的理论。

白宫里的胡佛心情沉重，他在不同的派别学说之间犹疑不定。他很清楚现在自己已经完全接手了柯立芝助长的繁荣过后的灾难，而这正是他最害怕面对的情形。胡佛总统此前也遇到过类似的情况，那是在 1921 年经济危机过后的低潮期，沃伦·哈丁总统政府举行了一次紧急会议，所以他知道现在的情形意味着什么。"在一个所有日用品都产量过剩的国家，人人都渴望工作，但是却又无法得到生活必需品，这次的经济危机对于这样一个国家来说，其严重程度是绝无仅有的。"胡佛在一次演讲中说道，"如果我们现在的道德观念和经济体系继续保持下去，是绝对不行的。"

美国人失去了汽车，失去了生活必需品。汽车行业已经深陷困境，有一部分原因是银行加大了对信贷业务的控制力度，在原来股市的繁荣时期，许多企业都是依靠信贷资助实现大量销售的。在大崩盘的几个月里，汽车行业的整体销售额下降了 40%，汽车工人也大批失业。沃尔特·克莱斯勒的建筑师范·艾伦也受到了汽车销售下降的间接影响。这位汽车巨头没有向范·艾伦支付最后的费用，这几乎让他走投无路。虽然范·艾伦设计出了全世界最伟大的建筑之一，但是他却没能得到与之相匹配的丰厚的佣金。

然而，胡佛并不赞同梅隆的"无为战略"。在大崩盘持续的两个月里，胡佛召集了实业家、工会和农场领导以及银行家，在白宫组织了一场紧急研讨会议。受到总统重振经济的决心的鼓舞，参加会议的人们都表现出了少有的团结。一些大型企业承诺不会削减员工工资，事实上他们的确做到了，亨利·福特把装配线上的工人的日工资从 6 美元增加到了 7 美元，虽然当时他的 A 型汽车的销量已经全线崩溃（从 1929 年的巅峰 150 万台下降到了 1932 年的 23.2 万台）。作为资本家们给出的善意的交换，工人们很快就停止了提高工资水平的诉求主张。电力和铁路行业承诺，他们会花 18 亿美元投入到新项目的建设、修复和维护中。胡佛也因此受到了极大的鼓舞，他立刻下达了命令，要求 400 名商界人士承担实施自愿工资制度的责任，并且对他不久前下发的资本支出计划进行监督。

接下来，这位新任总统又转战第二战场，开始处理大量的公共工程的相关事务。胡佛呼吁48个州的州长大力开展堤坝、公路、医院、学校、港口、公共建筑的建设和其他所有服务于公共事业，并且能够创造就业机会的项目。梅隆因为担心会破坏来之不易的预算平衡，所以反对进行这些公共建设项目。因此，国会很快就通过了胡佛1 600万美元税收减免的提案。

胡佛总统的紧急方案很快就产生了效果。1930年4月，股市开始逐渐恢复正常运作，标准普尔500复合指数缓慢升至26点，比1929年增长了4.5个点。虽然这与股市繁荣的鼎盛时期相差甚远，但是这样的现象被看作是复苏和发展的前兆。"没有哪个总统会比胡佛做得更好了，"《纽约时报》也发声支持胡佛，"在他之前的历任总统中，只有为数不多的几个可以做到他这种程度。"政府的各个部门机构都认为，为了经济复苏，胡佛已经做得足够好了。当然他自己也是这么认为的。在2月中旬，大崩盘发生3个半月之后，胡佛自信满满地向忧虑的主教和银行家代表团宣布，政府已经很好地控制住了局势，他的救市措施很快就会使经济恢复良性发展，重新回到正轨。"先生们，你们晚来了6周。"胡佛对代表团成员们说。还有很多人也对胡佛的政策抱有信心，其中就包括英国经济学家凯恩斯，他认为在1929年圣诞节之前，经济就已经开始慢慢复苏了。总而言之，事实证明了清算主义者们是正确的。要减少大崩盘造成的损失，需要的就是耐心、合理审慎的干预、乐观的预期和坚定的信念。整个体系里的毒液已经自动流出，病人也会很快康复。

───────⟨∞⟩───────

里德·斯穆特是一个非常保守的参议员，他来自犹他州，长期以来都以自己的极端爱国主义为荣。举个例子，斯穆特是国际联盟的固执反对者，而且对美国以外的国家都没有多少兴趣。斯穆特年轻的时候在英国做过摩门教的传教士，传教通常需要两年的时间，但他只进行了10个月就回到了犹他州，对他来说，这不是一段愉快的经历。回到美国后，斯穆特在教会平步青云，最终成为了摩门教近代圣徒中的使徒。斯穆特还是一个职业银行家，同时他还担任了几十年的参议员，并且是财务委员会的主席。他以保守严苛而闻名，只要是和自由贸易稍微沾点边的事情，他全都严加审查。F. 罗斯·彼得森在斯穆特的传记中说他人生中最重要的 3 个信仰是"摩门教、美国主义和保护主义"。斯穆特认为："每一种美国产出的产品——农作物或者工业品都应该受到保护。"已经 68 岁的斯穆特打算在关税——阻拦境外产品进口的贸易壁垒这一领域大做文章。

保护主义在美国已经有较长一段时间的历史了。在美国政治中，保护主义总是占上风的那一方。在竞选期间，胡佛为了取胜，做出了很多使农民受益的保护政策的承诺。农业是唯一一个在"咆哮的 20 年代"没有实现繁荣发展的领域——农业收入实际上在逐渐下降，胡佛承诺对关税进行全面调整和管控，因此而获得了选票。共和党政纲里所说的"因为其他国家更低的工资水平和生活成本，所以生产出了价格也相应更低的境外产品用于出口"，这对美国本土的劳动者造成了冲击，特别是对里德·斯穆特的家乡犹他州等地区，影响尤为明显。胡佛此举的目的，就是为了打击这种现象。不仅只有农民们因为胡佛的贸易保护政策而受益，制造商们也在联邦政府在美国各个港口树立起来的隐形的巨大障碍之下，逐渐发展兴旺。

刚刚上任的胡佛还没在总统办公室里坐稳，就立刻和国会召开了特别会议，目的就是为了讨论对进口农产品提高关税。这正是各地国会议员期盼已久的事情，他们基本上都毫不犹豫地给胡佛提出的法案投了赞成票。参会的大多数国会议员都受到了威利斯·霍利的事先关照，他是组织对法案进行投票的负责人。霍利来自俄勒冈州门罗镇的一个农场，后来成为了一名历史和经济学教授，不过他似乎没有什么学识，因为国会通过的这项法案，最后在现实执行中变得比胡佛预想的更加复杂，甚至更加危险。法案预计要对超过两万种应税商品提高关税税率。不仅如此，根据记录，这些商品的税率在调整之前原本就已经很高了。现在胡佛开始担心美国的贸易伙伴会因此进行某种形式的报复，这将会给全球贸易增添紧张气氛。

里德·斯穆特对经济的认知，完全建立在他对美国经济的自我恢复力的坚定信念之上，虽然有他的强烈支持，但这项法案还是在参议院那里被卡住了。虽然斯穆特四处宣传游说，但是大多数参议员还是因为震惊于法案的极端性而拒绝投赞成票。不过在法案的推进还没有取得进展之前，股市就已经崩盘了，一直到1930年春天，国会才又一次召开会议讨论关税法案的事宜。过速发展的经济造成的破坏，特别是对农村地区的影响，已经有了活生生的例子。几个月前的大崩盘使关税法案有了极强的说服力，它使斯穆特在参议院收获了重要的赞成票。大多数民主党议员都投了反对票，但是也有少数几个民主党人非常支持。"在法案的最后投票阶段，投了赞成票的民主党，都是来自路易斯安那州或者佛罗里达州的，这里的柑橘和甘蔗种植者会因为法案受到极大的保护，他们代表的就是这些人的利益。"美国历史学家安东尼·奥布莱恩指出了原因。当时有这样一种普遍的说法，如果在股市繁荣时期先执行把税率定得非常高的《福德尼-麦坎伯关税法》的话，那么之后再实行更高的关税税率，应该会有更好的效果。

1930年7月17日，胡佛无奈之下签署了《斯穆特-霍利关税法案》，大概只有不到1000名经济学家反对这项立法，他们联名请愿撤销法案，认为它将会给美国贸易和全球贸易造成危害。很明显，从1930年年初开始，股市出现的断断续续的回升都是假象，虚假的复苏不过是临终前的垂死挣扎，这一次，美国经济真正地跌入了谷底。许多请愿的经济学家都是反清算主义者——一个更加大胆的派别，他们不接受"以无为应对万变"的救市方法。不过，甚至有一些清算主义者也认为，《斯穆特-霍利关税法案》阻拦全球贸易发展并不是明智之举——这部分反对者应该都是欧洲1914—1918年第一次世界大战之后经济尚未复苏时期的中坚力量。

西摩尔·哈里斯是更加大胆的反清算主义派别中的一员，他是不久之后针对大崩盘问题进行辩论的一个重要人物。生于纽约的哈里斯写过一本研究法国大革命时期经济的书《指券》（*The Assignat*），他支持一种被视作异端的救市方法，即增加政府支出帮助美国走出绝境——这正是让梅隆深恶痛绝的。与熊彼特同在哈佛大学执教（但是观点不同）的经济学家约翰·肯尼斯·加尔布雷斯，写过研究大崩盘的经典著作，和哈里斯的观点一样，他们都认为这个体恤民情、开支庞大的政府对于拯救经济有着很大作用。

这样的观点让哈里斯与同在哈佛的年长同事，比如与熊彼特之间，产生了激烈的冲突。来自奥地利的熊彼特是最著名的古典经济学家之一，他认为对自然的经济周期进行外部干涉，比如试图为整个经济运行系统投入更多的资金，将"很有可能为未来制造额外的麻烦"。总而言之，在经济衰退时进行一些不明智的、鲁莽的干涉，只会让情况变得更糟。这位学识渊博的经济学教授可以找出很多经典理论来支持他的观点。事实上，此时正是股市价值应该调整的时候，而且也的确和梅隆预测的一样，那些更加明智的投资者们及时从疯狂的股市投机中抽身而退，他们从这场灾难里获得了不少利益。但熊彼特并不是一个冷血的经济学家。他认为经济危机的受害者完全有权利从公共资金中得到支持，因为他们原本就在受危机影响最严重的行业里工作，已经非常不幸了，再让他们去承担经济衰退的恶劣影响就很不理智了。熊彼特是当时经济学界针对大崩盘问题进行辩论时的权威代表，他在 60 年后写道："在大萧条期间，支持'清算主义'的人们只是没有弄清楚状况，他们并没有失去理智。"

与此同时，一些年轻的美国经济学家异常激烈地反对比他们年长的同行，他们熟读约翰·梅纳德·凯恩斯的作品，是他的忠实拥趸。他们和英国人一样，也都坚信，面对通货紧缩和高失业率坐视不理，任由其愈演愈烈，是"相当愚蠢"的行为。哈佛大学的年轻讲师，比如后来成为了美国最有实干精神、最具影响力的经济学家之一的哈利·德克斯特·怀特，通过写文章攻击清算主义的领头人和倡导者，来挑战年长的同行和上级的权威。在这场规模庞大的全面反叛中，哈佛大学遭到谴责，并被指其所持的是无用的、虚无的理论。这些雄心勃勃的年轻人的战斗力非常强，许多声名卓著、备受尊敬的古典经济学家以及写出了被奉为学界"圣经"的作品的学者们，都是他们的俘虏。

在大西洋的对岸，《经济学人》杂志倾向于支持清算主义，认为"美国股票价值过度膨胀之后的紧缩"会为全球经济带来益处。哈耶克是清算主义者中最受尊敬的代表人物之一，他也认为像这样的经济震荡只不过是深层问题的显露，这些问题必须要通过经济体系自己的运行方式来解决。哈耶克没有熊彼特那么宽容，他认为降低失业唯一的效果就是"通过变化的环境实现不同行业间劳动力的再分配"。

那些激进的新人们不为大萧条所动。他们宣扬一种全新的理论，其核心就是要求当局提高财政周转能力。从本质上来说，这些反叛者们其实就是想用适当数量的公共资金来刺激经济的回升和发展。他们相信，通过政府支出可以帮助美国走出大萧条的困境，而现在不是应该聚积钱财的时候。

关于如何拯救美国经济的辩论，已经进入了白热化的阶段，不少人因此树敌。凯恩斯是反叛者中最多产的作者，他把那些掌握着美国经济命脉的人称作"当权的疯子"，这些人总是把那些如同空中楼阁一般，自己也一知半解的理论当作公开政策来执行。而清算主义者们则认为自己是"朴实并且严谨的"。凯恩斯以及和他一样被视为异端的同伴们秉持着这样的基本理念：没有任何一种经济法则是永恒不变的，会持续带来像"咆哮的 20 年代"一样的生产力的井喷式发展，在这样的繁荣之后，势必会有一次起到净化作用的破坏过程。凯恩斯说清算主义者们渴望的是"经济繁荣不能靠大范围的企业破产来维持"。

在英国还是有不少经济学家支持凯恩斯的观点。莱奈尔·罗宾斯是一个充满热情的经济学家，在 1914 年到 1918 年的第一次世界大战期间，19 岁的罗宾斯被送往西线战场，回来的时候，他满怀着对知识的渴求，写道："在现在的大萧条环境下，我们总是避免被净化，总是喜欢把病症拖延下去。"实际上，罗宾斯的比喻给医疗行业帮了倒忙，医生们总以这种治病方式为荣。人们似乎也没有意识到，自己在直接干预和继续忍受之间所面临的选择有多严峻。

凯恩斯理论的另一个支持者是奥托·尼梅尔爵士，后来他因为自己提出的救市方案，在澳大利亚得到了恶名。尼梅尔从牛津大学取得了杰出的学业成就，随后进入了英格兰银行，后来他来到财政部，在那里工作了一辈子。尼梅尔是一个移民到英国的德国商人的儿子，他坚定地支持稳健货币政策和金本位制。6 年前，尼梅尔说服了丘吉尔在英国恢复金本位制，因此获得了极大的影响力，但这后来成为了丘吉尔最后悔的决定，尼梅尔和他在英格兰银行的上司蒙塔古·诺曼爵士难辞其咎。大萧条后上演了一个小小的余兴节目，尼梅尔不久之后被派到各个英属殖民地国家，对它们的财政部长进行工作指导——特别是他最不看重的澳大利亚，要求这些国家的财政部官员们对英格兰银行下达的命令严格遵守。

然而在美国，很明显这里已经是危机风暴的中心，几乎所有人都受到了大崩盘的后续影响，而不仅仅是那些在股市一掷千金的人。梅隆的巨额财富都安全无虞地存在了（他自己的）银行里，所以他可以处乱不惊。事实上，他对这场经济和人类社会的灾难甚至抱有一丝欢喜。但胡佛却完全相反。他的政策和他的财政部长完全背道而驰。胡佛后来回忆起那段不愉快的经历时说："由财政部长梅隆领导的支持'放任发展'的清算主义者们认为，政府应该完全放手，让这场大萧条全面清盘，自己结束。梅隆先生只有一种方案：清算劳动力，清算股票，清算农民，清算房地产。"

梅隆仍然坚持要通过提高税收来平衡政府预算，因为华盛顿的税率已经降得太低了，面对接踵而至的利润下跌和失业率上升，政府已经入不敷出。"我们正处于极端紧迫的情况之中，"梅隆在人人都忧虑不已的国会里说道，"现在最重要的就是提高政府的额外收入，而不只是实现当期的收支平衡，我们必须要保证美国政府的信用不受损害。"虽然梅隆自认为是一个称职的财政部长，但是他的确没有弄清当时的形势，也没有找到能够解救陷入萧条困局的美国的真正的答案。反观胡佛，他相信更高的税收只会延长萧条期，加剧危机的恶化（从而会把税率提得更高以平衡财政预算）。资本应该留在市场里，不应该被撤出。

所以梅隆被派往英国，出任圣詹姆斯法庭的大使，在这几年里一直郁郁寡欢。虽然梅隆在人生的最后几年里一直乐善好施，但是他在美国经济萧条期间去世。作为清算主义者的领头人物，他很难被民众原谅，并且还被看作是美国人民厄运的缔造者。

关于拯救美国经济的辩论仍在激烈持续，美联储引入了梅隆式的清算主义政策。在 1930 年到 1931 年间，美联储把货币供应减少了三分之一，胡佛非常懊恼，因为他对此基本上无能为力。资金是经济运转的动力，而现在正在被一点点地从市场中抽空。

4

来自英格兰银行的访客

群正在罢工游行的煤矿工人，组成了一列纵队，和卡里卡里镇的风笛鼓乐队走在一起，浩浩荡荡地行进在路上，就像从新南威尔士北部的罗斯伯利的山谷里直射出的朝阳。灰色的黎明里，大批的武装警察组成路障阻止游行的工人，一些警察组成人墙，阻隔在矿工和入口之间。煤矿工人们已经罢工 9 个月了，他们通过游行反对矿主让未参加罢工的工人（或者说"免费劳动力"）继续在煤矿工作。此次镇压游行的警力之多、场面之大，让他们感到震惊。参加罢工游行示威的都是一些信念坚定的矿工，他们中有不少人在前几天还和家人一起野餐，一起唱着歌，并向他们讲述工会过去的斗争经验，这些经验可以让他们更好地应对现在的处境。

一些游行者在口袋里装着石头，还有些人在身上藏着棍棒——很重的木棍；再不济也会带着飞镖或者弹弓当武器。而警察们随身携带的，是左轮手枪和警棍。所以很明显，一旦双方开始交火，游行的矿工们肯定是毫无胜算。大多数前来镇压示威的警察都是从其他区域调遣过来的，他们收到州政府的命令，无论如何绝对不能让示威的矿工们进入矿井里去。总之，井下的作业绝对不能受到打扰。采矿是澳大利亚最容易滋生事端的行业，受到矿主们的影响，政府非常害怕工人暴乱，特别是矿工。政府下定决心一定要平息这场动乱，而发生动乱的这一天——1929 年 12 月 16 日——代表着一个绝好的机会。在澳大利亚历史上历时最长的罢工运动，马上就要进入危急关头了。

大多数澳大利亚工会领袖都认为，工会成员们都没有享受到 20 世纪 20 年代经济增长的成果，而事实证明，他们的看法是对的。虽然澳大利亚人民的生活水平相对较高，但是澳大利亚工人的收入增长速度完全无法和英国的产业工人相提并论。澳大利亚工人的工资平均每年增长 0.5%——在经济发展的大环境下，这样的增长率实在是少得可怜。在工业繁荣发展期间，澳大利亚工会的规模也有所扩大，吸纳了大约 90 万名成员——成员数量在 10 年里增长了近 30%。近 60% 的男性工人和超过 40% 的女性工人加入了工会——和大多数英属殖民地国家相比，这个比例是相当高的。

当时的澳大利亚是一个独裁主义非常严重的国家，当权者对异议几乎是零容忍。雇主触犯法律可以免受惩罚；压榨劳动力的工厂随处可见，特别是在服装行业相当普遍。但是政府长期以来都看不惯越来越庞大的工会势力，对于大范围的罢工运动总是坚决镇压，哪怕工人们有合理合法的罢工理由。比如在 1925 年的大罢工中，澳大利亚水手们走下船，通过罢工来表达对英国水手的支持，澳大利亚政府竭尽全力把罢工的领导者驱逐出境——不是英国水手罢工的带头人，而是澳大利亚水手。这是因为这些人据说不是纯正的澳大利亚人。因此这次罢工运动需要高级法院的干预，由其宣布罢工领头者因为违反宪法触怒了联邦政府而被驱逐。在这次罢工风波中，澳大利亚政府得到了势力快速崛起的悉尼法西斯主义者艾瑞克·坎贝尔的支持，他帮助政府秘密召集了 500 人的强力武装队伍，用来镇压罢工。

20 世纪 20 年代，澳大利亚工会也有过几次成功的罢工运动，但是完全不足以抹去他们因不公正待遇而产生的屈辱感。澳大利亚工人们要求缩短每周工时，从 48 小时减少到 44 小时，这场战争持续了 10 年，工人们已经在仲裁法庭和国会有过多次胜诉的经历，但是最终还是败给了政府的更迭和被当权者控制操纵的仲裁。当时执行仲裁的那位工党法官，通过辞职来抗议政府对仲裁决议的干涉。于是政府当局就毫不犹豫地采用武力手段镇压罢工，甚至是那些合法的罢工行为。1928 年，墨尔本的一群码头工人声称雇主使用免费劳动力，遭到了警察的火力攻击，毫无疑问，码头工人们自然在这场罢工中大败。一年之后，一场由 4 个州的伐木工人组成的罢工阵营分崩离析，因为非工会联盟的工厂雇用了非工会成员的工人，又重新开工了。在此 1 个月之后，新威尔士的矿主们在出了名的固执而又斤斤计较的约翰·布朗的带领下，把工人的薪水减少了 20%，而且仅提前了 14 天告知他们要减薪。虽然雇主们都以经济衰退导致利润下降作为减薪的理由，但是他们这样做是和经双方同意并签订的薪资待遇金额完全相违背的。工会经常会受到非法罢工的指控——1929 年参加罢工的伐木工人就被送上了法庭，但是对于像"巨头"布朗和其他矿主这样公然违反劳动法的行为，联邦政府却不采取任何行动。而最终的结果，就是一场由 1 万多名工人发起的，长达 9 个月的大规模的罢工运动。

吉姆·斯卡林上台后的新政府，不得不继续应对当下的紧张局势。斯卡林是第一个成为澳大利亚总理的爱尔兰移民。各行各业的雇员，尤其是产业工人引发的动乱还在持续升温，矿工罢工已经成为了影响竞选的重要问题。为了成功竞选，斯卡林承诺一定会要求矿主们遵守协议——"以停工前的标准让现在停工的矿井重新开工"——换句话说，就是要遵守各方根据法律达成一致的条款。如同新政府承诺的那样，它的确把罢工的问题摆到了台面上来处理，赢得了联邦仲裁法庭的两个直接裁决；但是"巨头"布朗却全然不顾社会凝聚力的强大，蔑视司法制度，他直接向高级法院宣战。让政府和矿工们失望至极的是，法官和一些当权者都倒戈了。

紧接着更是雪上加霜，矿主们使用了固定式发动机，这样就可以用免费劳动力让矿井重新开工。不仅是矿工们对于自己的合法权利受到不公正对待而群情激愤，他们的妻子也是一样愤懑不已。她们中的许多人都是矿工家属辅助联合会的成员，她们为了捍卫自己丈夫的权利，拿起棍棒在铁路上游行示威，阻拦为矿主运载免费劳动力的火车。她们在被拦下来的乘客旁边用锅碗瓢盆不断敲击，制造出刺耳的声响，而这声响就是为了震动替代罢工者工作的工贼们的神经。

1929 年 12 月 16 日，在经历了一连串的挫败之后，矿工们都渴望来一场真正的战斗。

警察的数量远远多于罢工者，矿工们凭借着掩护迅速奔向矿井，高喊着"坎贝尔的走狗要来了"，很快就占领了矿井的大门。被写进工会斗争史的罗斯伯利之战，是大萧条期间英属殖民地国家的第一次真正动乱，斗争中充满了横飞的子弹和石块，还有激烈的殴斗。双方几乎都不占优势，都被打得鼻青脸肿，满身是伤，甚至还有人中枪。这一场澳大利亚人对阵澳大利亚人的血腥斗争，让不少观众惊骇不已，其中还包括当事人的妻子、女儿和姐妹。住在暴乱发生地点附近的人，自家阳台就是拳击台的观众席。虽然当时参与暴乱的人并没有人想到这一点，但是后来这一天成为了"矿工群体乃至整个澳大利亚工人运动的传奇"，罗比·格兰博士在《新南威尔士煤矿工人》一书中这样写道。

报纸对于在罗斯伯利发生的这一切的报道都是各执一词。《纽卡斯尔太阳报》报道这一事件的标题是"警察向暴民开火"；《悉尼每日电讯报》是这样报道的："在这场动乱中，矿工们只开过 3 枪。"然而真正的事实是无可辩驳的。所有镇压罢工运动的警力都是全副武装的（有些矿工受了枪伤），而矿工没有丝毫火力（争斗中受伤的警察大多都是刀伤和青肿，没有人受到枪伤）。50 年后，矿工阿尔夫·普塞尔回忆起当时的情景，仍然非常坚定地说："我们的人根本没有枪——没有一个人希望用枪来解决问题。"国会议员乔治·布斯曾经也是一名矿工，他对立法议会说："让我来告诉众议院，告诉国家事情的真相吧……矿工们从始至终都没有用过一枪一弹。我亲身经历了罢工运动的全过程。"面对如此之多的证据，警察局局长仍然坚持声称"矿工们向警察开了三枪，并且他们一直都在用石头进行疯狂地攻击"。警方断言罢工者的人数远远超过了警力，据称有 4 000~9 000 人。面对这样庞大的反叛队伍，警方势必会感觉到威胁和惊恐。

罢工运动发生后的第二天，一家报纸报道动乱中的伤亡情况是"45人受伤"，而另一家媒体则使用了"众多"这样的措辞。由于种种原因，真正的伤亡人数始终没有公开。这场动乱持续了几个小时，中间平息过几次，矿工们表示要把受伤的同伴带走，格兰博士说这是"以防他们所受的伤被警察利用而成为打击他们的证据"。事实上，矿工们在这次罢工中的伤亡是最严重的。

罢工运动中有两个矿工死亡，一个是在激烈的争斗中猝死，有可能是因为心脏病发作，另一个是29岁的诺曼·布朗，死于腹部的枪伤，很明显是遭到了近距离的射击。这位年轻的矿工因此成为了一个不幸的殉难者。《赛斯诺克之鹰》中写道："在他葬礼的这天，有几千个来自不同地区的人出席，当地的店铺'为了致敬和纪念已故者'，全都关门停业。"

> 哀乐响起，悲痛的悼念者来到坟墓旁，
> 风吹动山顶的树林沙沙作响，唱出一曲圣歌，
> 明亮的阳光照在每一个悲伤的战友身上，
> 牧师开始为我们逝去的朋友诺曼·布朗祈祷。

官方对罗斯伯利暴乱的态度则是粉饰太平。验尸官的报告已经很明确地揭示了警方向罢工者开火的不义行为，但是政府仍然极尽能事地为警方撑腰。法律和治安部门的官方喉舌《新南威尔士警方新闻》，表达了对罗斯伯利"激进分子的卑劣手段"的愤慨，并在新闻稿的结尾处对警方在阻止内战威胁中所表现的工作能力表示赞扬。但是他们丝毫没有表示出对罢工工人的同情，工人们只不过是想按照原本和矿主签订的协议，重新得到本属于自己的工作而已，这样他们才能继续从地下开采出矿产原料，为国家带来光和热。

罗斯伯利之乱刚结束不久，州政府就给了警察局全权委托状，他们可以按照自己的意愿去执法和行事。当地居民发现，他们开始处在一支看不见的

军队的持续监视之中，这支监视队伍严格执行阻止一切"非法集会"的命令。哪怕只是有几个矿工站在一起抽烟，或者随意聊聊天，他们都会立刻被警察狠揍一顿，有些人还会因此受很严重的伤。有人回忆当时的情景，一位后来成为了警察署长的警员发现了一群工人聚在一起，就对同伴们说："一起去揍那些混蛋。"根据罗宾·格兰的客观讲述，警察们的"傲慢和残暴似乎已经完全超过了维持秩序该有的限度"。

罢工又持续了 3 个月，许多参加罢工的工人们已经穷困不堪，不得不去找一些比原本工资更低、环境更差的工作。巴伦·布朗和矿主们最终赢得了罗斯伯利之争的胜利，不过他们的胜利伴随着工人和工会极大的仇恨，这股仇恨持续激化，并在后来的两年里形成了强大的反叛力量，由此引发的冲突和暴乱几乎席卷了澳大利亚所有的大城市。

澳大利亚的经济在大崩盘之前就已经陷入了危机，虽然问题的根源不是股市。澳大利亚的股市在过去的 55 年里都表现得非常好，长期以来都是牛市，主要是因为上市公司一直都会给投资者发放股利，而且金额之高、吸引力之大足以让投资者们忽视股票价格的异常。

1929 年，澳大利亚面临着和 142 年前在悉尼海湾的杰克逊港被作为殖民地建立起来时几乎一样的困境，资本供应的缺乏，无法满足这个急不可耐想要扩张发展成为一个强大的国家的野心，主要的问题是基础设施建设方面的困难。只要澳大利亚能够通过进出口获得收入，伦敦就会为其提供必需的发展资金，长期以来都是如此。然而，这笔至关重要的资金的供应一直很不稳定。"英国投资者的心理实在很难猜，而且通常都是不太理性的。"经济学家林德赫斯特·吉布林对当时的情况作出了这样的评价。

澳大利亚对英国的依赖是毋庸置疑的：1929 年，澳大利亚 45% 的出口和 41% 的进口业务的对象都是英国。但是现在，超负荷发展的经济已经开始衰退，澳大利亚不仅无法负担现有海外贷款的利息，也没有能力获得新的贷款。从主要出口业务中获得的收入，尤其是羊毛和小麦的出口，也开始暴跌。黄油的价格，以及除了铜之外所有金属的价格，都呈现出了螺旋式的下降。而最终的结果自然就是全国总体收入的全面下降。

20 世纪 20 年代建筑业的急速发展是造成澳大利亚公共财政危机的重要原因，这也给伦敦敲响了警钟。高耸的悉尼海港大桥就是发展过快的公共建设的最典型的标志，还有同样迅速建造起来的悉尼地铁系统、高速公路网络、乡村铁路、内陆的电力供应系统，还有规模庞大的马兰比吉河灌溉工程的首次挖掘作业，都是典型的例子。这些公共建设项目都是靠贷款运行的，而且都是海外贷款。杰克·摩根在伦敦的分公司摩根建富，为澳大利亚联邦政府提供了 7 500 万美元的贷款，期限为 30 年，利率是 5%。这些由伦敦资助的公共建设项目是国家级重点项目，是巩固国家地位的巨大垫脚石，但是它们的成本确实太高了，如果全部都投入实施的话，想要收回成本还需要很多年。

在贫困的战争年代结束后，在 20 世纪 20 年代的较长的一段时间里，澳大利亚人用于生活娱乐方面的消费反而大幅增长。"新的消费热点非常出人意料——汽车、电影、对讲机、无线电、留声机、女士香烟，还有在甜食、服装、舞会和旅游等方面的消费额也出现了增长。"吉布林在对大萧条初期进行研究时，得出了这样的结论。但是美国的大崩盘在海外最先产生的震荡效应，就发生在澳大利亚，使澳大利亚处于更加危险的境地，国民总财富严重缩减，最终下降率达到了 30%。国内生产总值的暴跌伴随着失业率的上升，情况原本就不容乐观，现在更是急转直下。甚至在大崩盘发生之前，就已经有 10% 的男性公民处于失业状态，这个比例远高于其他英属殖民地国家。最重要的是，急速增长的人口为就业问题造成了额外的压力。虽然在澳大利亚不受欢迎，但是许多受到资助的英国移民还是大量涌入澳大利亚，人口总数已经接近 800 万。澳大利亚的当地居民是很早以前就已经就来到此地，有着相当长的历史进程的移民，他们非常仇视近些年的外来者，害怕"这些外来者抢了澳大利亚人的工作"。

斯卡林政府作出承诺，表示即便在经济寒冬中也会保障人民的生活水准，这个承诺使斯卡林大权在握。斯卡林的父亲是一名铁路工人，他是家里 9 个孩子中的一个，这位澳大利亚总理的工人阶级背景，让他对工薪阶层占主要比例的选民有一种天生的同情，而不愿意和地主或雇主站在同一阵营。但是现在斯卡林所处的时机是灾难性的。在他刚宣誓就职两天之后，华尔街的大崩盘就爆发了，这彻底打乱了他的计划。

局势越来越紧张，伦敦的银行家们看着他们借出的贷款账目，决定不再接受像澳大利亚联邦这样的长期客户的主权贷款的续期业务，这些国家贷款通常用于公共事业。因此，斯卡林很快就发现，他管理的这个国家正在逐渐走向破产。原来的主权贷款金额已经全部用完了，所以 20 世纪 20 年代代表澳大利亚经济发展之光的公共建设项目便开始止步于此，越来越多的工程停工了。在澳大利亚充满荣光的新首府堪培拉的建设过程中，大批工人被解雇，施工不得不停止。负责在 7 000 多个城市中发掘并建设新兴城市的联邦首都委员会，也在中途夭折了。

一些陷入绝境的澳大利亚人离开了城市，到丛林地带和偏远乡村去谋生，在这里，他们一般只能找到农场工人、水管工人或者伐木工人这样收入微薄的工作。他们通常都会发现，这些地区在他们到来之前几乎没有什么人。其实到这些经济发展未曾影响到的内陆偏远地区找工作谋生，已经不是什么新鲜事了。"大萧条！"一位林区工人回忆起当时的情形。"在我的印象中，澳大利亚似乎一直都处于经济萧条中。从第一次世界大战结束到 1939 年第二次世界大战开始，我几乎走遍了整个国家去找工作！"随着大批的人长途跋涉到偏远地区找工作，澳大利亚于 1929 年 12 月就开始组织失业救济工作，比其他国家进行得要早很多，但是这只不过是杯水车薪。澳大利亚面临着"高失业率的严重威胁"，在这样一个雇主占据主导地位的社会里，失业引发的动乱已经初露苗头。

　　在整体经济下滑的大环境下，斯卡林领导的工党政府很快就发现，他们根本无法实现当初竞选时的承诺。越来越多的澳大利亚人失去了工作，全国收入总值急剧下跌。但是联邦和各州政府还得继续支付日益沉重的海外贷款的利息。在美国和欧洲发生经济大萧条之前，澳大利亚的形势就已经如同斯卡林所说的那样"异常严峻"了，它是所有英属殖民地国家中债务最多的一个。确实如此，有一些伦敦银行家认定澳大利亚会债务违约——这对于一个主权国家来说无疑是场巨大的灾难。因此英国决定派出一位密使到澳大利亚去拯救其贷款引发的危机。

———————❦———————

　　虽然拥有很多附属国和殖民地，但是英国政府一直都没有真正了解过澳大利亚的国情，不仅只是对其经济事务知之甚少。澳大利亚对于英国来说，是一个非常遥远的、完全不同的甚至有点古怪的地方，这里的人们说话时都带着浓重的鼻音和当地独有的奇怪表情。因为澳大利亚最初是罪犯的流放地，它也是一个相对年轻的国家，再加上承袭了英国但相较次之的文化习俗，所以它算不上是一个非常英国化的国家。盛行板球运动的澳大利亚是英属殖民地国家中的一个，但是它的宗主国英国对它却不甚了解。在英国财政部和英格兰银行看来（这两个机构的观点基本上是一致的），澳大利亚是所有债务国里最让人憎恶的，在公共财政的问题上也是相当顽固，不好应付。

　　甚至有很多学者也不了解澳大利亚的情况。出生于塔斯马尼亚岛的爱德华·尚恩写过一本《澳大利亚经济史》，出版于大萧条刚刚爆发的时期。一位英国评论家看过这本书后感到非常错愕，他评论说："尚恩在书中描写的澳大利亚人对于外国人来说，完全就是怪人。我看了他写给一个美国经济历史学教授的十个短语，只有一个可以被正确理解。怎么可能有任何一个英国的学生会明白'无业游民''流浪汉''不喝酒的人'和'鹦鹉农夫'指的是什么？

4
来自英格兰银行的访客

61

你怎么能指望一个遍地都是酒吧的地方的读者，能够明白'下班'是什么意思？"实际上，尚恩教授是一个颇具开创精神的经济学家和历史学家，他为了反驳评论家的观点，在书里删掉了一些澳大利亚当地的用语。尚恩对澳大利亚早些年的几次经济低潮颇有研究（他本人也亲身经历过），基于这些分析，他很早就预测，过度的公共建设会造成澳大利亚现在这样的情况，带来席卷全国的大萧条。

1930 年 7 月 14 日到达澳大利亚，并在这里逗留了四个月的奥托·尼梅尔爵士，绝对不会知道"无业游民"是什么意思，更不用说"鹦鹉农夫"了。他作为英格兰银行的代表而来，满怀着熟知公共财政事务的优越感。"英国政府认为，对于殖民地居民来说，财政问题太重要了，他们无法独自处理，哪怕是在白人的国家。"一位经济学家这样说道。不管结果会如何，这位来自英格兰银行的特使还是如期抵达了澳大利亚。

奥托爵士，或者也可以称其为"罗托爵士"——一位满怀敌意的政治家，也是英格兰银行推行金本位制的全球大使。在研究金本位制的权威学者西奥多·格里高利教授的陪同下，奥托爵士接受了斯卡林总理的邀请，来到澳大利亚，不过真正促成此行的是澳大利亚一位顽固的资深银行家，苏格兰裔的罗伯特·吉布森爵士。尼梅尔来访的目的，是为了评估澳大利亚当下的经济情况，在他看来，也是为了用他的智慧为英国带来利益。尼梅尔是英格兰银行的一位备受尊敬的传统经济学家，他从蒙塔古·诺曼爵士手中接过了现在的职位。作为一个对经济事务了如指掌的金融家，尼梅尔毫无疑问地把自己当成了管束学校里不听话的男孩的校长（他曾经称呼他的澳大利亚同行们为"殖民地的野蛮人"）。如果英国是澳大利亚的宗主国，那么英格兰银行当然也自认为是澳大利亚总部的银行。乔赛亚·斯坦普爵士是英格兰银行的董事之一，他在可以被看作是"英镑区"的奠基性文件中写道："使用英镑汇兑本位制的主权国家都对英镑的价值有极大的兴趣，必须要和英国合作共同确保英镑价值的有效性。"

"英镑的有效性"——一个有魔力的词语，它涉及的不仅仅是货币政策，同时还是大英帝国主义、爱国主义和稳健财政的综合体现。英格兰银行带头扛起了宣扬金本位制的大旗。乔塞亚爵士说，"英格兰银行绝对有权力和威信，通过影响权威金融家的思考方式在英镑的管理事务上占据领导地位。"斯坦普自己是一个杰出的经济学家，虽然和他的许多同行们不一样，他没有通过牛津或者剑桥的教育背景跻身掌握经济大权的梯队，但是他却总是宣扬自己的财政帝国主义。

斯坦普也是英格兰银行在位多年的行长蒙塔古爵士的坚定支持者。作家J. B. 普莱斯利讽刺性地写道，"英格兰银行自认为是英格那颗跳动的红色心脏，身为英国金融巨头的英格兰银行，是另一个'伦敦之子'。"伦敦金融界确实自视甚高，总是毫不谦虚地以英国经济中流砥柱自居，并进行各种活动。许多时事评论员都持这种观点，比如 A. S. 韦德在他的《现代金融与工业》一书中，就将伦敦形容成了一个"每天都在处理信贷和贸易问题的完美机器"，因此伦敦也把自己当成了全球商业中心。伦敦的各大银行向外国政府提供主权贷款——有几个拉丁美洲国家，其政府所有的财政资金都是从伦敦的银行借来的，它们向富裕的个人客户以及固定的企业客户（特别是那些和他们观念一致的客户经营的企业）提供贷款，还为南非的钻石行业巨头、其他国家的铁路建设集团以及英属殖民地的咖啡和茶叶种植者提供贷款。当然，在澳大利亚，除了政府，伦敦的银行也向牧场主提供贷款。

蒙塔古爵士对于在伦敦取得英国经济圈的主导地位有着极大的热情，他认为自己的任务，就是要通过维护英镑的尊严来维护自己的主导地位。而完成这项事业的关键，就是要设定一个长期的计划，建立一个由各个英属殖民地国家的中央银行和英格兰银行的业务链共同组成的环形模型，即便前者是隶属于后者的机构。最终构成的这个网络的作用——事实上是一种责任，就是联合巩固英镑的稳定。澳大利亚工党政府也正好有自己的中央银行——"澳大利亚银行就相当于英国的英格兰银行"，这场英镑改革运动的主要执旗者金·奥马利在几年前就这么说过。因此在 1930 年，英格兰银行就开始"迫不及待地想要训练殖民地的野蛮人学会财政管理的方法技巧"。

平心而论，以尼梅尔为代表的英国经济学家的优越感，很早以前就在英国产生了，而且出现得有理有据。在过去，澳大利亚银行体系就已经是一座摇摇欲坠的大厦了。长期以来英国财政部都为其殖民地国家制定外汇管理战略，现在也是如此。如果英国政府认为其殖民地国家，特别是像澳大利亚、加拿大和新西兰这样的白人国家，其公共财政资金支出过量，那么就会从伦敦派出代表到这些国家，按照常规为其提供改革建议。面对一些情况，他们给出的建议都是一样的，无非就是降低物价、削减支出，哪怕要冒着减少人口总量的风险。

尼梅尔到澳大利亚时，正是经济危机全面爆发的时期，这场危机影响的不仅是银行业。澳大利亚联邦政府很大程度上依赖的是关税收入，但由于进口业务量的锐减，这部分收入也大幅下降。联邦银行实际上是一个负有公共责任的私有机构。在这里，以罗伯特·吉布森为首的一众银行家们，有着比政府更强大的财政影响力。不可思议的是，掌握着澳大利亚货币发行大权的就是联邦银行——坐落在悉尼的马丁广场，用宏伟的圆柱建立的总部，赋予了它印刷钞票的权力。那么吉布森自然就把自己当作了澳元的看门人，因为如果他自己认为不妥，完全可以拒绝发行更多的货币，可以直接对抗国库部长。这位作风节俭的苏格兰经济学家信奉的是储蓄，而不是支出。吉布森在全国大力推行钱柜——相当于微缩版的银行，目的就是为了鼓励人们节俭。

40 年前几乎身无分文的吉布森从福尔柯克移民到澳大利亚，现在他已经快 70 岁了，这位自认为在国家的货币供应事务中非常有良知的银行家，确实也取得了极大的成就。吉布森自己经营的事业已经让他相当富有了，1924 年他又成为了联邦银行董事会的成员。然而，吉布森并不算是一个经济学家，他对于金钱的那种一丝不苟的态度，更体现出了他是一个自力更生的苏格兰人。像苦行僧一样瘦削窄长的脸和山羊胡，让吉布森看起来和与其志同道合的蒙塔古·诺曼爵士有几分相似。1930年，吉布森已经当了4年联邦银行董事会的主席，用他的铁腕手段管理着这个机构。吉布森赞同推行金本位制——1澳元价值1英镑，支持实施平衡预算，以及所有的稳健财政政策。吉布森很少和经济学家打交道，据说他还经常发表长篇大论声讨他们。对于吉布森来说，货币是一种有形的、实实在在的东西，如果没有先将其储蓄，是不应该随便花费的。因此，他不信任信贷这种产物，也不放心把钱都交给政府。如此一来，在国内缺乏稳定的信贷供应的情况下，澳大利亚政府不得不进行海外借贷。澳大利亚之所以背负这么沉重的债务，很大程度上是这些银行家们，尤其是吉布森对货币供应进行严格控制的结果。在这种荒谬的情形下，无论经济局势是好是坏，澳大利亚国库部长都束手无策，他所做的选择都会受到限制。

虽然各个经济学派的学者都认为，美国、英国和欧洲其他国家为了争取优势地位，展开了激烈的竞争，选择阵营各自为政，这和在政府联合掌权的理念下进行贷款的澳大利亚，情况完全不一样。因为受到的背景的限制比较少，澳大利亚的经济学家们有更大的自由进行合作，针对本国独有的情况和问题，寻找原创性的解决方法。而且比起英国和欧洲的同行们，大多数英属国家的经济学家的背景各异，想法观念也更有趣，他们的出身背景赋予了他们更加广阔的视角。举个例子，生于新西兰的道格拉斯·科普兰是研究澳大拉西亚经济的先驱经济学家之一，他的父亲是一个种植小麦的农民。科普兰最早当过统计员、数学老师和工人教育协会的讲师，这是他研究经济学生涯的开端。巧合的是，在大萧条初期的那几年，科普兰比他的同事们更倾向于尼梅尔的阵营，不过他后来改变了想法，开始在世界范围探索更多不同的观点。

而爱德华·尚恩教授，澳大利亚最重要的经济历史学家之一，很难将他划分到任何一个派别中去。尚恩教授经历过19世纪90年代的经济萧条，在家人的经济支持下完成了大学学业。作为一个研究文艺复兴的学者，尚恩在大学里教授宪政史和哲学,他还是一位激进的自由党领导人的政治秘书。尚恩在伦敦经济学院学习期间结识了萧伯纳和法比恩斯,还有其他一些学术界的领军人物,比如历史学家 G. M. 特里维廉。在读博士期间,他研究的课题是法国的工团主义,他的论文观点与主流政治、社会学和经济学理论相距甚远。尚恩的这些经历,让他一直保持着一个典型的澳大利亚人的特质,他从来都不会忘记,作为一名学者,自己进行学术研究的目的就是为了服务人类。有一位描写尚恩教授的传记作家在他的作品中体现了这样的观点:独立个体对于限制的反抗——是澳大利亚特有的经济问题,也是人类社会的普遍现状。

但是在所有的澳大利亚经济学家中,林德赫斯特·吉布林的背景无疑是最具有传奇性的。大萧条期间,年逾 50 的吉布林已经是剑桥大学国王学院备受尊敬的著名学者了,他还是英式橄榄球的代表人物。当年大学毕业之后,吉布林没有选择进入政府部门当公务员的捷径,而是登上了开往蛮荒之地不列颠哥伦比亚的航船,前去探寻金矿(最终没有成功),在途中,他靠着当伐木工人和卡车司机的收入维持生计。最终吉布林还是回到了伦敦,成为了一名柔术教练,但不久之后他又踏上了去所罗门群岛的旅程。接着,吉布林又在他的家乡塔斯马尼亚岛开辟了一片果园,在经营果园的同时,闲暇时间他还在学校里教数学课,或者去登山测量最高峰的高度。在 1914 年到 1918 年第一次世界大战期间,吉布林奔赴前线浴血奋战——在伊普尔战役、帕斯尚尔战役和索姆河战役中,他受了 3 次伤。虽然吉布林不是一个受过专业教育的经济学家,但是他在各个领域的知识和综合才能,让他对澳大利亚的经济有着深刻透彻的分析。而且他对于那些在实际运用中还未被证实的经济理论,保持高度的怀疑态度。

这些经济学家们都打算看看尼梅尔会给出怎样的意见,奥托爵士的到访立即引发了他们对于解救澳大利亚经济危机的最好方式的激烈辩论。尼梅尔在澳大利亚待得越久,经济学家们的讨论热度就越高,主要是因为这位英国特使的尊贵身份和气质。根据当时一位评论家的描述,尼梅尔总是带着志得意满的自信，享受着"在港口游玩时的尽情纵饮和打高尔夫球的畅快淋漓"。如果尼梅尔在这之后发布的声明得到实施，他肯定会得罪很多人。他不怎么赞同他的澳大利亚同事们的观点及其做出的贡献。"我认为吉布林非常让人失望……"尼梅尔对剑桥大学的这位明星学生这样评价道。此外，在他眼中，科普兰总是胡言乱语，发表一些危言耸听的言论。后来，在凯恩斯的支持下，科普兰得到了剑桥大学的邀请，发表关于澳大利亚经济危机的演说，而凯恩斯一直以来都与尼梅尔不和。

很快，几乎所有的澳大利亚经济学家都被尼梅尔自以为是拯救澳大利亚经济的"万灵药"的态度给激怒了。尼梅尔给出的毫无效果的解决方案遭到了质疑，比如他认为澳大利亚人口过量的观点（澳大利亚的人口总数在之后的半个世纪翻了一倍）。他嘲弄般的建议澳大利亚实行金本位制，并且固执地认为农业行业应该比制造行业雇用更多的劳动力（现在已经是相反的情况）。所以一点也不令人惊讶的是，尼梅尔那种让澳大利亚人非常厌恶的英国人特有的知识优越感，还有所谓的"访问专家"提出的毫无创意的解决方案造成的影响和破坏，让尼梅尔成为了一个华而不实的封面人物。

1930 年 8 月，澳大利亚总理在墨尔本出席了一场以尼梅尔为焦点的会议，考虑到他是个不受欢迎的焦点人物，也可以将其看作英国政府的发言人。总理参会的目的是为了向英国争取更加慷慨的财政预算福利，来缓和澳大利亚日益严重的经济下跌。毕竟斯卡林是作出了挽救经济的承诺的。但是有一片阴云一直笼罩着这次会议，那就是澳大利亚债券的价格——实际上就是政府贷款。债券价值持续下跌，澳大利亚政府的信用状况也开始严重恶化。在资金流量逐渐恶化的压力之下，伦敦的银行家们都很清楚，他们必须要关掉这个水龙头，好控制资本的流出。

伦敦的代表人尼梅尔是一个作风老派的经济学家。在澳大利亚的民选领导人面前，尼梅尔就像面对着大学本科生一样，发表了两个小时言辞激烈的演说。"我认为在座的各位应该都能达成共识，财政支出必须降低。"尼梅尔一边放下他的长手套一边说道，"澳大利亚的预算平衡被打破了，同样还有汇兑平衡，除此之外，澳大利亚在内部和外部都面临着沉重的预期债务和到期债务的危机，"这个来自英格兰银行的男人怒喝道，"澳大利亚的国家信用已经下降到了比其他任何一个英国附属国都要低的程度，甚至比印度还要低。"

在每一次对经济问题的争论中，特别是在和英格兰银行特使的辩论中，斯卡林和其他内阁成员都处于下风。斯卡林总理 14 岁就离开了学校，做过形形色色的工作，比如杂货店收银员、伐木工人、矿井工人和农夫等。和许多工党领导人一样，斯卡林也在工作的同时去夜校学习。对于经济事务，他最多也只有一个基本的了解。所以尼梅尔的正统观点在辩论中就有了明显的优势。尼梅尔提出澳大利亚的生活标准过高的问题，内阁只能委曲求全做出了很大让步，决定选择大多数国家都采用的古典经济学的策略。就像清算主义者提倡的那样，在古典经济学的观念里，经济危机就是整体经济通过排毒达到净化的过程。预算平衡，就意味着在内部债务解决之前，不能再有更多的海外贷款，包括社会服务在内的各项政府支出都要削减，要降低工资水平——事实上，就是所有的支出都要减少。尼梅尔和澳大利亚政府达成的共识，就是《墨尔本协定》。

为了表示对《墨尔本协定》的支持，联邦银行的罗伯特·吉布森运送了大量的黄金到伦敦，作为贸易银行伦敦总部的专项资金——这一举动加剧了澳大利亚的贫困。很快事实就证明了，在经济分崩离析、贫困日益加剧、动乱持续升级的情况下，尼梅尔大力促成的《墨尔本协定》是没有效果的。

尼梅尔代表英格兰银行在澳大利亚旗开得胜之后，便动身前往新西兰。后来在尼梅尔返回英国的路上，他这样评价澳大利亚："这是一个非常奇怪的国家，这里全都是非常奇怪的人和更加奇怪的观念。"如果要说新西兰和澳大利亚有什么区别的话，那就是新西兰的政治家和银行家没有那么强势，但是

新西兰经济衰退的速度几乎和澳大利亚一样。新西兰是除了纽芬兰之外最小的英属殖民地国家，这里的 200 万居民不论是从文化上还是经济上，都和英国有着密切联系。新西兰的货币是以英镑为基准价值的，本国的羊毛、黄油和肉类出口基本上全都是面向英国的，政府的余款也都由英国政府掌控，存入所谓的伦敦平衡账户——其实就是把新西兰的出口收入兑换成英镑，将其永久性地存放在伦敦的银行里产生利息。如果伦敦平衡账户的情况良好，伦敦的银行就会增加资金的流出量，反之就会控制资金流出。新西兰没有中央银行，政府发行的公共债券都是由伦敦的银行安排的，双方共同从中谋利。因此，新西兰政府长期以来都非常依赖伦敦的银行家们，害怕失去他们的支持。

在大萧条时担任新西兰总理的是 74 岁高龄的约瑟夫·沃德爵士。沃德爵士患有严重的糖尿病，再加上年事已高，已经是力有未逮。一位传记作家写道，沃德的演讲就是在"感怀往事"。和那个年代的大多数往届国家总理一样，沃德也没怎么接受过正规的教育。他出生在悬崖边一个常年被海风吹拂的阴冷的小渔村，位于新西兰南岛的最南边，13 岁的时候就辍学了。虽然沃德是新西兰的财政部长兼总理，但是面对国家经济形势的急转直下，他也感到迷惑和无措，尽管他对外界宣称政府已经有了对应的解决方案。沃德很快就被漫画家画成了一个滑稽的、讽刺的形象。最终，在 1930 年 5 月，在他的阁僚施加的压力之下，沃德辞去了总理职位。卸任总理不久之后，他就去世了。

然而，新西兰的经济对于来自海岸线之外的强烈冲击根本无力可挡，继续一步步地"走向毁灭"（go to the dogs），这是当地方言的表述。这是一个骑在羊背上的国家，也是一个活在牛乳下的国家。全国各个城镇的发展主要依赖于新西兰的大型牧场和乳牛场的经营利润。在全球贸易遭到普遍封锁的情况下，新西兰的海外收入缩减，一些大的牲畜屠宰厂生产线上的工人相继失业。伍伦屠宰场的生产效率降低了一半。出口货物的船只在离港时，只装了半满。经过各州的铁路运输线的货物也越来越少。全国的农民合作社的销量，也开始迅速暴跌（零售商供应一切商品，从草种和除草剂，到外套衬衫和长筒胶靴，应有尽有）。乡村酒吧每天卖出的啤酒也越来越少了，城市里的酿酒厂进行了大规模地裁员。

尼梅尔的来访安定了人心，在伦敦和英格兰银行的影响下，新西兰应对大萧条的方法路线就被确定下来了。新西兰新任首相乔治·福布斯，年轻的时候是个有名的英式橄榄球运动员，因为坦率直言，他被人称作"诚实的乔治"。财政部长 W. 唐尼·斯图尔特在 1931 年从福布斯手中接管了国库，并在国内实施尼梅尔提出的紧缩政策。唐尼·斯图尔特是一位能力过人的财政部长，在尼梅尔率领一众伦敦银行家访问新西兰召开帝国会议期间，他得到了伦敦特使的赏识，并且积极采用尼梅尔的建议，模仿英格兰银行，在新西兰开设中央银行。

不过在新西兰的局势得到缓解之前，尼梅尔和格里高利教授就已经前往南美洲去进行下一阶段的任务了。

<hr/>

和新西兰总理约瑟夫·沃德爵士非常像，加拿大总理麦肯齐·金对 1929 年美国股灾过后加拿大股市的第一波震荡并没有特别在意，至少表面上看起来是这样。金的朋友们都叫他莱克斯，他领导的自由党政府与美国进行大量跨境贸易的那些年，加拿大的经济繁荣发展，财政支出也相当可观。金是一名经济学家，在芝加哥大学和哈佛大学学习过。在大学里，金的讲师是清算主义者，他受到这方面的影响，也相信大崩盘之后加拿大出现的经济下滑，只不过是前些年经济高速发展的一个短暂的停歇。在这个全世界发展速度最快的国家里，许多企业几乎连续 10 年都盈利颇丰，人们的生活质量也得到了普遍稳定的提升。并且，金总理接受的是古典经济学家的教育，所以他在财政管理政策上也一直奉行节俭。金和同时期的大多数领导者一样，都非常重视预算平衡。因此即便是在大选的时刻，金也觉得没有必要采取特殊措施，

并且也不需要为了宏观全局中某些小的方面而制定特殊的条款。在对大萧条中最严重的问题之一进行讨论时，金告诉议会他不会为失业救济工作"拨一分钱"。

然而，让金感到难以置信的是，美国竟然在一夜之间让本国的祸水流出国界，而造成这一局面的很大一部分原因，就是加拿大和美国的商业与财政一体化。很快，加拿大的国内生产总值开始骤减。事实上，加拿大和它的邻居美国之间的紧密联系在当时是独一无二的。美国制造的出口商品，差不多有三分之二都被加拿大进口了，而加拿大的许多金融业务都是在纽约进行的，在加拿大没有中央银行的情况下，纽约成为了加拿大储藏黄金的仓库。因此，金应该想到，加拿大国境之外的货币市场的收缩，也会对本国经济造成损害，就像后来局势发展成的那样。在大崩盘的那几个月里，货币供应——其实就是算上政府存款和个人存款后通货的总量，开始逐渐减少，最终缩减了三分之一。而在加拿大股市中，总体股票价值已经下跌超过 80%。

《斯穆特–霍利关税法案》对于金面临的困境没有什么帮助。他已经在 20 世纪 20 年代降低了几次关税，但是现在却不得不重新提高，以应对美国更高的关税税率。"现阶段，我们提高了几种商品的进口关税税率，新的税率水平和加拿大向外国出口商品的关税税率一样。"金用安抚的口吻说道，"但是与此同时，我们也会告诉我们的邻国，在未来，我们将会更愿意在互惠原则的基础之上进行贸易往来。"

在 1930 年的选举中，金的竞争对手，保守党的领导人，百万富翁理查德·贝内特对《斯穆特–霍利关税法案》就没有那么高的容忍度了。"现如今有多少美国工人都在用加拿大人的钱过日子？"贝内特在演讲台前愤然吼道，"我们的人民只有靠救济站施舍的食物吗？我绝不会再求任何一个国家买加拿大制造的商品。我只为你们打响这场（关税）战斗。我会用它们在被封闭的市场里打开一条道路。"贝内特不仅只是决定要在关税问题上予以还击，他还大力支持失业救济工作和政府投资刺激经济的方案。已经被这一连串的事态变化折磨不已，选民们决定冒险试一试是否还有别的出路。被人嘲讽为"5 分钱的金"，最终被保守党以压倒性的优势打败。

此时，作为殖民地母国的英国，也有着自己的烦恼。

5

铁腕大臣

约翰·布朗公司终于接到轮船订单，这对身居苏格兰的内外交困的克莱德班克来说，无疑是个好消息。就在几年前，克莱德河畔一直都是全球最高产的造船中心之一，也是最不像造船城市的地方之一，因为它离海非常远。但是在 20 世纪 20 年代，克莱德河沿岸的人们都在努力争取为数不多的工作机会。德国和法国的造船工人重新崛起，他们建造出的横渡大西洋的客运轮船，获得了蓝丝带奖的殊荣。这艘船就是重 51 000 吨的"不莱梅号"，它在从欧洲到纽约的这条航线上获得了相当丰厚的收益。"不莱梅号"建成于 1929 年 7 月，差不多就在同时，约翰·布朗公司也得到了新的造船订单，最新型的"不莱梅号"打破了英国制造的"毛里塔尼亚号"跨越大西洋最快航行速度的纪录。

冠达邮轮公司的订单让克莱德班克重拾了大西洋客轮的制造工作。更重要的是，克莱德班克是英国劳动力最贫乏的地区之一，轮船的建造工程可以为诗人 W. H. 奥顿笔下的"鹤的湿地"——克莱德河畔的 3 000 多个当地人提供工作机会，既可以有铆钉工，也可以有工匠。接到订单后，约翰·布朗公司立刻就开始采购造船所需的建材，当时这艘正在筹备建设的轮船，用的是代号 534——就是它在后来重振了克莱德河畔的辉煌。

如果要说英国的哪个地方的就业需求最大，肯定就是克莱德班克了。虽然克莱德班克长期以来都是在英国占据主导地位的造船中心,但是造船的利润到工人手上的却寥寥无几。克莱德河畔南边的贫民区,特别是戈贝尔斯和哈切森顿的郊区,应该是英国最声名狼藉的地区,也是全欧洲最压抑和破败的地方之一。1930 年,将近 85 000 人都涌进了这两个地方,他们全都挤在被煤烟熏黑的维多利亚中期的几千座老房子里,在那里,好几个家庭住在一间屋子里,几乎没有隐私可言。"根本就没有环境卫生可言。"当时的一位观察员评论道。在大多数住宅里都能看到工厂烟囱里冒出的浓烟,听到重工业工厂里叮当作响的敲击声。这里人口拥挤的程度比英国南部其他任何地区都高出好几倍。

总而言之,在大萧条爆发初期,在格拉斯哥最贫穷的地区,其惨不忍睹的住房条件,正是英国那些工业精英和中产阶级昧良心的结果,他们占据了伦敦条件更好的乡村地区的资源,比如凯尔文格洛夫和波洛克希尔兹,他们在那些地方建起了宽敞的维多利亚风格的连栋房屋和别墅。虽然这些人在 1914 年到 1918 年第一次世界大战期间获得了相当可观的经营利润,有些人累积的财富甚至更加巨大,但是很少有雇主会想把这些财富多分给工人们一些,来提高他们的工资水平,哪怕这样做是绝对必要的。当然,他们觉得没有义务为工人们提供好的住宿条件,或者是其他任何形式的福利。政府当局并没有冷漠对待戈贝尔斯和哈切森顿的悲惨现状,而是对新的住房建设大力支持,但是他们没有足够的资金来做这件事,所以无法为当地人民的生活质量带来很大的提升。

只有麻木不仁的禁欲主义者才可能在这种环境中生存下来——这里的街道脏乱不堪,这里的年轻人也脏乱不堪。从当时的照片里可以看到,历经磨难的脏黑的脸庞,以及脏兮兮的膝盖和靴子,这就是当时戈贝尔斯的象征。鞋子穿破了,就把硬纸板垫进去;衣服也是你穿完我再穿,有时会用其他衣服的边角料,比如用父亲的严重磨损的旧外套来做衣服。书在当时是奢侈品。因为没有自来水,所以人们通常都在厨房里用锡筒洗澡,这是整栋房子里唯一的大房间。三四个孩子甚至 6 个孩子睡在一张床上也不算奇怪。老鼠非常猖獗，在肮脏的地板上四处乱窜。失业在 20 世纪 20 年代是常事，当家里的男人没了工作，他的妻子就必须得挨饿，这样孩子才能有东西吃。即便如此，他们的食物还是极度缺乏，这是当时的常态。许多在河边长大的孩子从来都没见过水果。因此，在戈贝尔斯地区，居民营养不良的现象非常严重。"佝偻病在当时很普遍，"一个在这里长大的立陶宛犹太人的儿子拉尔夫·格拉斯尔写道，"许多孩子的骨骼和关节都畸形了，还有弓形腿、膝外翻和长短脚的情况。有些人安装了从脚踝到膝盖的铁制假肢，走路时发出叮当的响声，或者是在靴子底部装上铁板——这是为了让较短的或者是弯曲的那条腿，达到和另一条腿同样的高度。这样的情形在我们这里是很常见的。"

20 世纪 20 年代，人口过度拥挤，主要是因为工厂主们为了降低工人薪资，就从爱尔兰海对岸和东欧引入了大量的廉价劳动力——让他们没有想到的是，这一降低劳动成本的策略，导致了克莱德河畔持续酝酿的武装斗争的爆发。那些从其他地方来到克莱德河畔的人，他们的食宿都是最便宜的，当然也都是最差的；再加上没有任何的社会福利，而每个人都想要通过工作养家糊口。只要有任何招聘迹象出现，人们就会跑出家门，聚在一起等待消息。他们可能会坐上几个小时或者几天的冷板凳，甚至会几个星期都没有工作，期待着能够得到一份临时被雇用的工作。格拉斯尔回忆起当时的情形，"在 20 英尺高的大门外，聚集了一大群戴着布帽子、穿着粗布外套和厚重的黑裤子，并且膝盖以下都用线紧紧绑住的人。他们有着突出的下巴和阴沉冷漠的脸，他们将衣领竖起到耳下，把头深深地埋进衣服里，他们缩成一团，只能靠自己遮风御寒，就好像被风暴席卷的山顶上的羊群一样。"无论有没有工作，廉价的酒都是他们的麻醉剂，到处都是呕吐物的街道印证了这一点。克莱德河畔的男人们能从一星期的工钱中拿出一半用来喝酒，把剩下的一半留给妻子，就已经很不错了。

拥挤的人口，脏乱不堪的街道，酷寒的冬天，肆虐的寄生虫，在夜晚的街道上游荡着带着刀的黑帮和喝醉酒的暴徒，英国的这些郊区不可避免地成了滋生不满情绪的温床。在这样不堪的环境中，克莱德班克的居民们既困惑又愤怒，共同的不幸让他们决定联合起来对抗外来人口。随着越来越多的移民涌入，当地居民对外来者的态度更加不满，有时甚至充满恶意，特别是对犹太人以及其他与其有宗教信仰冲突的人，更是毫无宽容心。最重要的是，他们痛恨"资本家阶级"，这一阶级包括地主、大多数的工厂主，当然也包括保守党。

当感觉到威胁时，克莱德河畔的女人们也会变得强硬起来。如果地主们让代理人去驱赶那些没有付房租的租客，女人们就会去扯掉他们的裤子，把这些可恨的闯入者赶走。代理人只能一只手抓着自己的裤子，一只手挡着满嘴咒骂的人们朝他们挥过来的扫帚，夺门而逃。

没有人能逃离这样的贫民窟，过上更好的生活，这样的奇迹几乎没发生过。然而，拉尔夫·格拉斯尔实现了这个奇迹，尽管实现的过程困难重重。格拉斯尔 14 岁时离开了学校，成为了一个"soap boy"，后来又在一家制衣厂当压制工人，在获得牛津大学的奖学金之前，他在夜校学习了很多年。获得牛津大学的入学资格后，格拉斯尔先把他自己仅有的三本书寄了过去，然后再向南骑行 400 英里去学校。

生活在戈贝尔斯的不幸的人们，试图通过迫使雇主们给予他们公平的待遇，来为悲惨的生活寻求出路，因此革命运动的火种开始逐渐点燃。

戈贝尔斯贫民区里的人们的共同绝望，煽动了每一个人的反抗情绪，于是他们开始策划推翻现在不公平的规则，要求酬劳的公平分配。工程师大卫·柯克伍德是其中的一员，他在约翰布朗公司的造船厂工作，正是在这里产生了许多革命者。在大萧条之初，柯克伍德为格拉斯哥的革命运动制造了契机——红色克莱德河畔组织的领导者之一。在此之前，他因为在 1914 年到 1918 年第一次世界大战期间发起了反抗运动，被格拉斯哥政府当局驱逐到了附近的爱丁堡，当时的他已经是当地的英雄人物了。在坐了一段时间冷板凳之后，柯克伍德又回到了格拉斯哥，结果在 1919 年争取 40 个小时工作周的罢工运动"乔治广场之战"中失败，最终被逮捕。柯克伍德很幸运，他因为煽动暴乱的罪名不成立而被无罪释放。1930 年，柯克伍德被选为了登巴顿议会的工党成员，于是他把原本的武装斗争转变成了议会斗争。登巴顿恰好是柯克伍德在克莱德班克的办公旧址所在的选区。柯克伍德给他的自传起名为《反抗的人生》(*My Life of Revolt*)，他把 534 号轮船看作是他的家乡克莱德班克的福祉，并决定要将其充分利用起来。

拥有一双黑色眼睛的热情的工党议员詹姆斯·马克斯顿，是柯克伍德的红色克莱德河畔同伴们的革命理念的代言人。马克斯顿是本地的一位老师，他说他在目睹了他教的这些孩子们的生活充满着不幸与贫穷后，他就开始信奉社会主义（并且也努力让他的家人们选择信仰社会主义）。虽然后来马克斯顿成为了一个极具影响力的演说家，并且还得到了温斯顿·丘吉尔的赞赏，但他仍然继续为解决失业问题而努力，敦促他的同僚斯科特和工党首相拉姆塞·麦克唐纳德采用更加有效的方法促进就业。马克斯顿在那些关乎克莱德班克悲惨现状的重要问题上经常直言不讳，他曾经就因为称一个取消向学校提供免费牛奶的托利党议员为"谋杀者"而被停职。

另一个著名的红色克莱德河畔成员是曼尼·辛威尔，他的父亲是一个波兰犹太移民，一个信奉马赫主义的服装厂工人。在辛威尔刚懂事的时候，他的父亲就开始向他灌输社会主义的理念。辛威尔和柯克伍德都以煽动暴乱的罪名被控告，但和柯克伍德不一样的是，辛威尔曾经被判过刑，在监狱里待了 5 个月。辛威尔也当选了议员，他现在是负责新的工党政府的矿业事务的秘书，他每天的工作就是应付那些当年把他送进监狱的矿主们。

———— ✦ ————

大西洋客轮的建造任务，是格拉斯哥在 1929 年年末遇到的为数不多的好事之一。在一个依赖重工业发展的城市里，大萧条影响的传播速度是相当快的。英国北部的三个机车制造公司，曾经主要为全英国的铁路生产制造蒸汽机车，现在几乎已经完全停工了。格拉斯哥公司建造电车轨道的工厂已经人去楼空。伦敦郊区的大多数煤矿也在一个接一个地关门停工。而英国其他地区的那些长期以来依靠"主要产业"的工厂也都陷入了同样的困境，这些传统的常青树行业，现在都面临着威胁。

主要产业的严重衰退下产生了几百万被称作"棘手的人"的群体——指的是在 20 世纪 20 年代无法找到长期稳定工作的人们。这个词是由剑桥大学著名的经济学家亚瑟·塞西尔·皮古创造的。1929 年英国工党执政之后，长达 9 年的失业问题一直都得不到解决。几乎所有"棘手的人"都曾经在出口导向型的行业工作，比如煤矿、纺织厂、造船厂、钢铁厂和其他一些曾经在英国辉煌一时的重工业行业。正是这些行业让英国成为了全球市场的霸主。但是第一次世界大战对这些行业产生了极大的冲击，它们再也无法恢复曾经的辉煌，至少无法恢复到让英国满意的程度。英国的一些主要出口行业，有些蒙受了相当大的损失，有些已经达到了毁灭性的程度。这些行业的衰退程度，主要取决于它们在经济中的重要程度。煤矿是受影响最严重的行业之一，煤的出口份额在 20 世纪 20 年代下降了三分之一；棉花绝对是损失最惨重的，其出口份额下降了一半。从事这些行业的主要都是一些大规模的工厂主：一般的棉纺织公司都会雇用 100~300 个工人，他们在羊群中不停地忙碌。根据政府的统计，仅仅在煤矿业就有 20 万过剩的劳动力。

因为没有别的出路，所以这些找不到工作的人们在死胡同里迷失了方向。他们拥有的手工技能已经开始慢慢过时，许多人都没有想法和欲望去学习新的技能，更别说搬到其他地方，去找一些更加稳定的工作了。这些失业者们大多都居住在英格兰北部、北威尔士的凯尔特人聚居地和英国边境苏格兰的平原上。政府试图让这些失业者——至少想让其中的一部分人，离开他们所在的以单一工业为主的城镇，去其他一些更有发展前景的地方，在那里他们可以从事一些特别的工作，比如格里姆斯比的渔船码头和港口扩建，水库建设和排水工程建设等。政府的这一措施就是所谓的"产业转移策略"，这是一种为工人们创造工作机会的方案。然而，这一策略却没能成功达到目的。由于种种原因，许多转移者无法适应他们的新工作，最终只能回到家乡。

因此，第一次世界大战后，每一届政府在处理就业问题上的运气都不太好，而且也没有表现出太大的决心。事实上，政府每一次进行大规模的公共建设项目时——比如就像澳大利亚那样的情况，都会因为缺少政治和经济支持而失败。"如果那些已经计划了三四年之久的项目要开始进行了，就得在今天开始运作。"内阁失业问题委员会的前任主席阿尔弗雷德·蒙德爵士非常后悔。蒙德对曾经的一个项目印象深刻，他们想要在东部海岸的福斯河与西部海岸的克莱德河之间开凿运河。和其他许多为了创造就业而开展的公共建设项目一样，这个运河项目也遭到了反对，理由是它太过破费，这种权宜之计是完全没有必要的。一些诋毁者说，失业问题只是暂时的，不需要专门的解决策略，这个问题最终会不复存在。"那是 3 年前的方案，"阿尔弗雷德爵士补充道，"如果当时开始进行，现在这个项目应该已经完成了。它原本可以为 10 万人创造工作机会。"

在 20 世纪 20 年代，这种拖延的风气很普遍。"8 年来，有超过 100 万的英国工人都急需工作，但是却都没有机会。"由前任首相大卫·罗伊德领导的自由党委员会在 1929 年的一份报告中指出，报告的深层目的就是为了提倡开展公共建设，创造就业。这份报告严厉谴责了"人们蒙受苦难，优质资源被浪费和政治家才能被埋没的悲剧"，它提出了实行中心计划的建议——一个让商业社会和伦敦政府都非常反感的计划，即抑制"大机器工业时代"的发展热度。英国的公路系统建设长期以来都没有得到重视，报告中提出，这是开始实施中心计划的一个很好的突破点，可以成为一个贷款驱动型的综合性投资项目。当时一位议员指出，罗马政府对英国的公路建设最不感兴趣，但那已经是 1800 年以前的事了。自由党估计大约有 10 万左右的人——几百万"棘手的人"中的十分之一——可以参与到这项全国范围的建设工程中来，无论是对他们还是对英国来说，都是有利的。

工党财政大臣菲利普·斯诺登是实施中心计划的主要障碍，不仅是这个计划，他几乎拒绝了所有的公共建设项目。根据《曼彻斯特卫报》的描述，斯诺登在工作中"极度严苛"。虽然他所在的工党政府已经认同了公路建设在经济上的合理性和可行性，也认为它可以为英国人创造就业机会，但是这位财政大臣却不这么认为，他屡次回绝了交通大臣哈伯特·莫里森的拨款请求。斯诺登背后的财政部也是一样一毛不拔，他坚持认为用于公共事业的财政支出必须要带来可观的利益回报——最好是在最短时间内获得收益。对于斯诺登来说，检验一个公共建设项目是否值得投资的方法，就是看它是否一定会"在近期"为"高效率的产业"带来利润。总之，这个约克郡人坚信"英国的公路已经是全世界最好的了"。莫里森是一个警察的儿子，他是自学成才的政治家，当时他写了一本书《社会化与交通》，当中提到公路建设项目的经济效益是不言而喻的。然而回报可能产生的比较晚，特别是主干道路的建设。莫里森提出了一个极具先见之明的观点，"不必讨论交通运输量的大规模增长，包括商业和工业运输，只需要想想哪些会需要公路交通，哪些将会持续增长。"他的观念在他的那个时代是非常超前的。

关于公路建设的方案有很多种——主要有公路、桥梁、铁路和下水道的维修——但这些项目都不尽如人意，尤其是和自由党的其他项目比起来，公路建设的计划也是欠考虑的。英国的公路改善建设项目进行得既没有条理，又非常勉强——罗马军团都比英国政府做的好得多，很多像挖掘和石块爆破这样辛苦的工作，都是由囚犯劳工营里那些为了一点点微薄工钱的人来做的。

由于斯诺登一直都对那些明显非常实用的项目持反对态度，所以他取消了另一个大型工程，这项工程原本能够解决几百个家庭，特别是在苏格兰的那些靠一小块田地谋生的人的生计问题。首相内阁的一些成员开始对斯诺登这种毫无同情心的经济管理方式表示不满，尤其是他对格拉斯哥的冷漠置之，格拉斯哥人比约克郡居民的生活更加艰辛。内阁大臣们希望国家的财政支出用在那些在经济衰退中更脆弱的英国人身上。然而，在斯诺登的思想受到传统经济观念的束缚下，他认为国家的财政预算必须处于平衡，否则迟早都会出现不良的后果。斯诺登一直都是这一理念的坚定支持者，他厌恶一切为了促进就业的计划和项目的支出。"让我最无法接受的政府支出，就是解决失业问题花费的成本。"斯诺登在一次演讲中这样说道。和其他许多掌握财政大权的官员一样，斯诺登相信到了年底世界贸易将会恢复以往的发展，英国的进出口贸易也会重现辉煌，但是随后的经济危机的冲击让他们大失所望。

主要的传统行业的日渐衰落，是所有无论实力强大与否的国家全都陷入经济崩溃的结果。德国急于重建饱受战争摧残的经济，成立了煤矿企业联盟，向英国低价出口煤炭。还有法国、意大利和比利时，它们都是威尔士和苏格兰煤矿的长期主要出口国家，现在都根据战争赔款的协定从德国进口低价的煤炭。

第一次世界大战也让棉花产业发生了极大的变化。因为在战争时期无法得到充足的棉花供应，所以一些长期依赖进口的国家开始寻找替代棉花的生产原料，或者自己种植棉花，尤其是印度。让生产和出口棉花的国家感到震惊的是，连日本都突然成为了高质量棉花的主要产地。日本和这些国家站在了同一个起跑线上，到了1929年，日本的棉花工厂都配备了全自动纺织机，其效率远远超过英国的手动纺织机，其生产的棉花占全球棉花出口总量的19%。英国的棉花生产商一直在提醒工会，日本棉花厂的工人工资是英国工人工资的五分之一，所以和日本竞争的唯一办法就是大幅度削减工资。

然而，许多纺织品生产商，比如自力更生的苏格兰人查尔斯·马卡拉爵士，都希望获得比去年更高的经营利润，他们仍然坚信（虽然所有的事实都和他们的期望背道而驰）英国将会再次"在全球棉花贸易市场中获得曾有的辉煌的霸主地位"。而最终的现实证明，查尔斯爵士的预期是毫无希望的。马卡拉是自由教会的执行牧师的儿子，他是一个开明的工厂主，认为"工业发展的和谐只能建立在资本和劳动力形成的社会和谐的前提下"。但不幸的是，在当时的艰难时期，马卡拉对政府政策产生了不小的影响。他在1929年去世，英国工业在此关键发展时期失去了一个重要人物。

各种委员会每周都会在怀特霍尔召开会议，讨论如何使三大产业——棉花、铁矿和钢材，恢复曾经的荣耀。或者简单来说，会议的目的是"推荐一切适用的、具有可行性的方法来改善某一产业在全球市场中的发展状况"。但是一份关于钢铁行业的研究报告却揭露了一个无情的现实，得出了"毁灭性"的结论，这是一位看过了报告细节的政府高级官员透露出的信息，但后来它被秘密隐藏了。因此，英国政府将拯救失业人群于水火之中寄希望于这些主流产业的愿望，还是被现实击碎了。

这些行业陷入了被动的发展状态，工厂主们难辞其咎。他们所在的行业在近几十年一直处于不断的发展变化之中，特别是在技术和核心竞争力方面，但是他们却一直沿用 19 世纪过时的组织和管理方法。他们没有投资现代机器设备，而且出于对自己的工厂的保护，他们浪费了一个又一个与其他工厂合并的机会，没能实现使其产品更具有国际竞争力的规模经济。而在这些工厂主看来，这个世界还是和原来一样，只需要新一轮的经济发展周期，就可以让英国重新回到经济霸主的地位。

工厂主们共同的计划，就是竭尽全力降低成本。雇主们一提到降低成本，就不可避免要说到工资。"如果我们的竞争对手国家提高了产量，占领了市场，"矿业协会的副主席亚当·尼莫爵士说道，"那是因为英国煤矿的经营成本太高了。"尼莫认为解决办法就是降低工人的工资。但是要降低到什么程度呢？如果要达到竞争对手国家的普遍工资水平，比如像德国接近贫困线的水平，那么英国矿工的工资就得减少一半，甚至降低到原来的四分之一。

降薪将成为工厂主们在大萧条期间进行工资谈判的主旋律，其实在 20 世纪 20 年代就已经是这个走向了。这种目光短浅的策略开始逐渐引发工人们的憎恶和混乱，这种超出他们控制的压迫和剥削让其深受其害。1926 年大罢工失败的耻辱，使得矿工们不仅要承受工资的大幅削减，还要承受更长的工作时间。"矿工们每天都要面对本来不该由他们承担的风险，只是为了开采出更多的煤炭，能够让他们至少拿到最低工资。"国家失业工人运动的领导者沃尔·汉宁顿说道。他后来在《贫困地区的问题》一书中最客观地描述了英国大萧条期间的失业状况。

汉宁顿是一个砌砖工的儿子，20 世纪 20 年代，他曾经因为组织多次罢工运动和反抗示威而几次进出监狱。他结识了几百名矿工，知道他们在罢工抗议中的胜算并不大。当你处于劣势时，抱怨是划不来的，就像很多矿工那样："他们从惨痛的经历中了解到，如果他们跑到矿厂的办公室里，向老板抱怨他们的工资不应该给这么低，那么管理层很快就会找理由解雇他们。"矿工们对失业的恐惧让他们缄口不言，哪怕在他们真正需要向煤矿公司的减薪政策表示抗议的时候，他们依然保持沉默。

但是也有例外，比如在温特沃斯剑桥郡的菲兹威廉姆斯，在大罢工期间，矿主们为工人提供食物并款待他们，而当时在英国，矿主们普遍都被看作是最冷漠无情的雇主，可能只有敦提的黄麻种植园主的残酷程度能与之相比了。顽固、刻板、目光短浅，英国的矿主们在提高生产效率上没有任何富有见地的想法，新的工党政府也已经很快意识到了这一点。比如，在对煤炭出口贸易的未来发展形势进行讨论时，矿工联盟的谈判者愚蠢地向各个部长表示，如果恢复七小时工作制（1926 年大罢工时这一制度被取消），每吨煤将会增加两先令的成本并且减少 20% 的工资。因此七小时工作制完全是荒谬的。成本必须降到最低。

曼尼·辛威尔非常享受他作为矿业部长所拥有的政治地位，他认为，英国的矿主们都在逃避现实。辛威尔说，"荷兰和德国产出的煤比英国的煤更好并且更便宜。"他说的的确没错，大多数英国的矿主都没有用他们的经营利润进行技术投资，所以英国煤矿的生产效率确实相当低下。辛威尔敦促英国的矿主们到欧洲去"实地考察学习"，但矿主们拒绝这样做，于是辛威尔独自一人前往欧洲其他国家，去证实他的观点。

虽然英国的矿主们仍然坚信，煤矿行业的复苏一定建立在降低成本的基础上，但是却发现，他们的产品正在迅速贬值——煤已经不再是主要燃料。世界各国的商船队，包括英国建造的船只，比如毛里坦尼亚号，其巨大发动机都已经开始使用其他能源来替代煤了。20 世纪 20 年代末期，石油已经替代煤成为了主流能源，全世界有 30% 的轮船都使用石油作为驱动燃料，而在 1914 年只有 2.6% 的轮船使用石油。

尽管现实已经摆在眼前，拉姆齐·麦克唐纳首相仍然固执地相信传统行业会回春，坚持认为传统行业会带领英国安然度过"经济风暴"。在 1929 年的竞选中，工党呈现出一种富有同情心的党派形象，表示要纠正保守党犯下的错误，并且要用"济贫法"拯救成千上万的失业者，就像他们在普选宣言中所说的那样。不仅如此，"许多乡村地区都被忽视了"，"数百万计的乡村居民都食不果腹、衣不蔽体"。为了纠正这些错误，工党政府将推行一系列的公共建设项目，主要是"新的公路和桥梁改建"。工党竞选宣言的主旨，就是通过一切促进出口贸易的办法，"使陷入绝境的英国工业复苏"。因此，在海外贸易增长的刺激下，造船和航运将会迎来发展高峰。如果上述方案都没有效果，那么就帮助英国人移民到其他地区，当然，对于那些"想要在新大陆寻找机遇的人"，必须要先对他们进行"培训和帮助"。实际上，"新大陆"指的就是像加拿大、澳大利亚和新西兰这些失业率已经非常高的国家。

在大多数选民眼中，麦克唐纳是他们的救星。他是一个贫穷的苏格兰女裁缝的私生子，是创立工党的三大元勋之一。他的悠然自得的形象和能言善辩的口才，让唐纳德说服了工会，甚至还赢得了克莱德河畔选民的支持，虽然他作出的承诺还有所保留，但确实深得民心。对于企业和公司而言，尤其是伦敦的一些显要人物，比如爱德华·格伦菲尔，他们虽然对工党有所忌惮，但是也都愿意为其提供帮助。

多年以来，英格兰银行通过兼并和合理化改革，试图重振传统行业，特别是棉花和钢铁。蒙塔古·诺曼爵士最关心的不是失业问题，而是地方银行，因为它们已经向工厂提供了高额的贷款，所以他担心地方银行是否还能够巩固英镑的稳定。蒙塔古爵士一直都活在对银行破产的恐惧之中，许多地方银行的资金都投入了本地的工业企业，他担心这些资金会随着工业的衰落而有去无回。

大崩盘的爆发让传统行业的失业救济问题成为了当务之急。在 1930 年 2 月初，工党政府上台 1 个月之后，伦敦的贵族们聚集在铁路工人联合会的前任领导者吉米·托马斯在威斯敏斯特的办公室里会面。出席这次集会的还有蒙塔古爵士、爱德华·格伦菲尔、莱奈尔·罗斯柴尔德、查尔斯·汉布罗和其他商业银行的高层人员，他们被邀请来此共同商讨应对当前局势的方案，此时托马斯刚刚在棉花产业中心曼彻斯特做完一场慷慨激昂的演讲。在演讲的尾声，托马斯开始畅所欲言，他说："英国的主要产业必须要从根本上改变，必须实现现代化，以此获得价格优势，从而提高国际竞争力。"他的言论听起来似乎表明了，伦敦已经准备通过投资来拯救困境中的传统行业。托马斯说："根据建议提出者的观点，对于那些提出方案进行改革的行业来说，遵从这一原则将会获得最大限度的体恤，伦敦各界也会通力合作寻求解决之道，为工业复苏筹措资金。"可事实却完全不是这样。除了格伦菲尔和其他一两个人，伦敦的其他要员都对此事相当冷漠，不愿意插手工业发展的问题。他们是债主，不是投资者。总而言之，这些商业银行家们在托马斯所说的这笔生意中看不到什么回报。而格伦菲尔则将其视为"拯救现状"的社会责任。

鉴于摩根建富公司的发展史，它愿意比其他人，也就是它的大多数竞争同行，做得更多。虽然摩根建富是一家美国银行，但摩根集团实际上是在伦敦起家的，早在一个世纪之前，一个叫做乔治·皮博迪的美国移民在伦敦设立了一个商业银行，摩根集团就是从此时开始扎根于英国的。后来皮博迪又雇用了另一个移民，并让他成为了合伙人，他就是杰克·摩根的祖父。他们的生意越做越大，开始向美国的公司提供贷款，与伦敦的那些历史更久的老牌商业银行抗衡，比如巴林银行、布朗银行、希普利银行等。只要银行里有存款，他们就会和各个工厂、企业进行业务往来，比如美国的麦克科米克收割机制造公司。"不久后，摩根就获得了麦克科米克公司的收割机在英国、新西兰和澳大利亚的专利权，他甚至还在农业展会上展示麦克科米克的各种农业器具装备。"摩根建富的传记作者凯斯林·伯克在书中写道。摩根银行乐于和工业企业合作，在这一领域承接了大量的业务，这使它在伦敦的其他银行中独树一帜。举个例子，J. S. 摩根公司曾经资助托马斯·爱迪生在英国创办了他的爱迪生电灯公司。杰克·摩根的父亲朱尼厄斯曾经想要利用国际商船垄断航运业。同样地，在美国，J. P. 摩根公司也喜欢在整个行业中扮演重要角色，而不仅仅是把钱借给这些公司。因此，摩根集团已经为企业兼并铺好了道路，尽管与被兼并的公司都曾经是竞争关系，但是通过兼并，它们将会成为强大的、半垄断性共同体，对市场产生巨大的影响力。摩根集团买下了苏格兰裔的企业大亨安德鲁·卡内基的公司，成立了实力强劲的美国钢铁公司。在当时，摩根集团对大型企业的重组可能开始对银行业务造成损害，并且还遭到了各界的指责，认为摩根集团对美国工业的控制过强。但是到了20世纪20年代，摩根集团的这种激进主义却又被认为是对美国有益的行为。

鉴于摩根集团光荣并且悠久的发展历史，爱德华·格伦菲尔成为了银行家工业发展公司的董事会主席。简单来说，这个机构存在的目的，就是发现陷入危机的需要被拯救的企业，并且想办法重振其发展。但是这并不是伦敦银行界擅长做的事，银行家工业发展公司最终还是让人失望了。确实，它创立的初衷"收购濒危企业"，听起来就像一个笑话。于是伦敦的银行家们还是回归了债主的角色。

<hr>

"咚，咚，咚，咚——下午 3 点半，跛脚的财政大臣挂着橡胶拐杖，撞击地板发出的声响异常清晰，3 点 46 分，他正在发表财政预算案演词。"《时代》杂志在 1930 年 4 月刊中这样写道。

这是英国在关键时期的一份预算案，正值大萧条开始 7 个月之后。工党政府已经执政接近一年了，从只拿薪水的执政党变成了真正的实干家，迫切想要知道税收和福利问题在未来的走向。在麦克唐纳的政府之外，没有人知道菲利普·斯诺登会说些什么，他比任何一个内阁大臣得到的爱戴和憎恨都要多，当然这完全取决于你所处的阵营。

斯诺登是一个卫理公会派教徒，也是一个禁酒主义者，年轻的时候从自行车上摔下来造成的脊髓损伤使他常年疼痛不已。和其他许多执掌财政大权的官员一样，斯诺登长期以来都奉行紧缩的经济政策，他喜欢称之为"稳健的财政政策"。在斯诺登的果决之下，拉姆齐·麦克唐纳给予了他坚定的支持。事实上，稳健的财政政策就意味着，如果有可能的话，政府在每一年花的钱都不应该超过当年的收入。但是，作为工党政府早期的财政大臣，在英国失业率居高不下的时期，斯诺登能做的只是财政收支管理，对于如何减少国家债务，他也在寻找方法。他从一个银行经理的角度看待自己的工作："按照我的理解，财政大臣的职责就是拒绝他的同僚提出的一切财政开支要求，当他无法再拒绝的时候，那就做出最低接受限度的让步。"斯诺登是约克郡一个纺织工的儿子，他曾经是一名税务官员，所以他对债务非常厌恶。年轻的时候，他总会想方设法尽可能的节约。受到出身背景的影响，斯诺登总会把公共建设项目的支出看成是一种浪费。他曾经称公共事业的拥护者阿尔弗雷德·蒙德爵士是一个"像女佣一样的经济学家"，总幻想"英国人可以靠帮彼此洗衣服过活"。斯诺登认为，花在解决就业问题上的钱"从经济学角度来看完全是浪费"。后来的一任财政大臣罗伊·詹金斯形容斯诺登是一个"具有很大影响力，且不好相处又严苛古板的财政部领头人"。

斯诺登的妻子埃塞尔是一个美丽动人的女教师，也是一名社会主义者、女权主义者，还是禁酒运动的发起者，她对她的丈夫充满信心，正看着他拖着沉重的脚步走进威斯敏斯特官。出席会议的还有许多产业精英，包括全世界最出名的船舶行业巨头罗德·吉尔森特，英国皇家邮政和白星航运公司的董事会主席，还有蒙塔古·诺曼爵士，都在其中。蒙塔古爵士和财政大臣在工作上有密切的合作关系，斯诺登似乎也非常尊敬这位英格兰银行行长。"他就像是从中世纪的英俊朝臣的肖像画中走出来的人物一样。"斯诺登这样赞美蒙塔古爵士，"我与诺曼先生（当时对他的称呼）相识时间不长，但是他的外表和肢体显现出的是他最善良的品质和最仁慈的内心，能够见识他的美好品德是我的荣幸。"

斯诺登坐在前任财政大臣丘吉尔正对面喝着水，丘吉尔喝着威士忌加苏打水，斯诺登没有花太长时间去总结大崩盘对经济造成的冲击。虽然它仅仅发生在 6 个月前，但斯诺登说，经济已经陷入困局。公共财政出现严重赤字，斯诺登明确表示，他要想办法弥补亏空，一分钱也不能少。"只要我还在财政部，就一定会让这个国家通过正当的方式找到出路。"斯诺登大声说道。他坚持自己的要求，对中等收入人群征收的税率提高 2.5%，然后再拿那些"饱食终日无所事事的富人"开刀。斯诺登经常这样描述这些富人：从此以后政府应该向每个死去的人征收占其财产一半的遗产税，不管他们的财产是继承得来的还是自己挣得的。"多收点！"保守党坐席上的人也喊道。许多保守党议员也都受到了斯诺登的影响。

面对困境，斯诺登采取了果断的行动来应对。如果他的方案能够起到作用，那么在他的任期内应该就不会再有任何公共建设项目了。虽然工党选举的海报还贴在英国的大街小巷，上面写着："工厂关门了！但是投票箱是打开的。为了你的利益，请投工党一票。"斯诺登可能并没有看到过这个海报。

6

法西斯的兴起

1931 年初夏，麦克米兰报告已经快要完成了。在长达 18 个月的激烈争辩之后，委员会最终为公共财政状况做出了悲观的总结。委员会主席修·麦克米兰是一位来自格拉斯哥的法官，他的工作主要就是受理这类重大调查。他很清楚，这份报告会引起极大的争议。

财政大臣斯诺登要求麦克米兰制定方案，寻找国家财政和民间金融（主要是指银行和信贷）的最佳治理方法，这在很大程度上是为大崩盘爆发初期的经济发展寻找出路。除了一些专业的经济学家，比如最出名的凯恩斯，麦克米兰报告的大部分都是由他组织编写的，委员会成员还包括来自拉扎兹银行的银行家罗伯特·布兰德（他是凯恩斯阵营中的一员）、前任财政大臣雷金纳德·麦克凯纳（他对凯恩斯的反清算主义观点也开始逐渐有了越来越多的赞同）、3 个工业家、工党议员厄尼·比文、几个财政部前任官员，还有 J. 沃顿·纽博德。在任期的最后几年里，多面手麦克米兰主导调查了许多精神失常案件、煤矿纠纷和造船等案件。然而，编写麦克米兰报告是让他记忆最深刻的工作之一。

来自华尔街的第一次震荡，昭示了英国在全球资本流动中面对突发危机所表现出的脆弱性，因此委员会从 1929 年年末就一直在对这一问题进行反复考虑。斯诺登的预算案实施了几个月之后，经济形势就开始显著恶化，失业率迅速上升，并且在失业问题最严重的地区，暴乱也在持续升级。随着各种事件的爆发，很明显可以看出，斯诺登的预算案是无法挽救持续恶化的经济现状的。公共财政开始崩溃，伦敦的金融市场也随之逐渐分崩离析。这个曾经自诩"完美机器"的英国金融中心，欠下的债务已经是英格兰银行黄金储备量的 4~5 倍了——金本位制是支撑大多数国家的通货价值稳定的重要支柱，如此债台高筑对于金本位制的捍卫者英国来说，是非常危险的。实际的情况可能更加不乐观。伦敦的海外收入正在急剧下降。海外投资的股利、隐性收入、各种费用和其他的现金流，以及一切支撑金本位制的收入，全都出现了无可遏制的严重下滑。

蒙塔古·诺曼爵士是伦敦城里最忧心忡忡的一个人。他尤其担心德国的动荡局势。因为蒙塔古爵士鼓励很多伦敦银行，包括摩根建富，向他们的老对头提供大额贷款，拯救那些国家的财政和经济。一些伦敦的金融机构向德国提供了数额不小的贷款，希望他们能按期履行还款义务，但现在却面临着债务违约的风险。

德国总理海因里奇·布吕宁是一个 44 岁的单身汉，他是天主教中央党的领导人。第一次世界大战期间，布吕宁在丙机关炮队服役，是一名功勋卓著的陆军中尉。1930 年，在几个对国家政治有着举重若轻的控制力量的陆军上将的支持下，戴着眼镜、热血而又激进的布吕宁夺得了政权。执政后，布吕宁接手了大崩盘导致的"烂摊子"。虽然伦敦是德国的重要债主，但德国欠下美国的债务更多，美国已经不再向其提供贷款了。事实上，在大崩盘发生之后，华尔街的一些银行都开始担忧它们自己的储备金数额，并给德国下了九十天偿还贷款的最后通牒。这些在 20 世纪 20 年代中期大量涌入世界各国寻找有利可图的投资机会的美国商人们，现在都开始一门心思地忙着拯救他们自己的生意了。

这场由德国引发的强加于欧洲各国的战争结束后，德国得到了一定程度的恢复。著名的德国经济学家古斯塔夫·施特雷泽曼警示美国银行家，德国是靠着短期信贷存活下来的——说白了其实就是日复一日的以贷还贷，以此来偿还国内和海外的债务。"实际上，德国就像在火山口上跳舞。"施特雷泽曼说道。不过不久后美国的突然撤资倒是加剧了布吕宁的烦恼。到1930年，德国马克在其他国家的银行家眼中已经一文不值，德国已经很难用它获得海外投资和贷款，连支付政府人员工资都很难实现了。

布吕宁一直都被84岁的总统保罗·凡·兴登堡强压一头。留着浓密胡须的兴登堡是一个作风传统的普鲁士陆军上将，他喜欢穿全套制服，戴有尖刺的头盔。兴登堡对经济学知之甚少，再加上已经接近耄耋之年，这位年迈的陆军上将把克勒克俭当作恢复德国经济稳定的序曲。虽然兴登堡并没有把这场经济危机太放在眼里，但是他还是希望危机的爆发可以阻止一个区区奥地利陆军下士领导的纳粹分子所引发的政变。这个遭人鄙视的陆军下士就是阿道夫·希特勒。希特勒是无可争辩的头号法西斯分子，在大多数英语书籍和文献的描述中，希特勒是一个具有威胁性的人物，还算不上危险分子，但是老上将兴登堡不希望纳粹分子获得比现在更大的权力。或许兴登堡更担心的是共产主义的崛起，因为他认为这比希特勒集团的扩张似乎更具有威胁性。

初任总理的布吕宁发布了提高税率和削减开支的节约计划，这和斯诺登的理念如出一辙。布吕宁是一个受过相关教育的经济学家，他的主要目标就是保持德国马克的实力，让德国能够尽快清偿国际债务。德国的大多数海外贷款都是用于战后重建，但是其中也有一部分是赔偿款，是对德国挑起第一次世界大战的经济惩罚。稳健的马克是布吕宁的策略中最重要的一部分，因为马克的价值越高，它能够偿还的债务金额就越高。

然而，充满分歧的国会拒绝通过总理的方案，而且要求总理必须通过1930年的普选。普选的结果让欧洲各国政府都感到震惊。虽然布吕宁又一次成功赢得竞选，但是由于新政府的复杂性，这只是一次技术上的成功。纳粹党在竞选中获得了18%的选票——这是他们在两年前选票数量的9倍，同时，共产党的支持率也提高了三分之一。这些反对党第一次作为真正的政治团体，而不是像过街老鼠一样被驱赶的乌合之众，他们和其他大的党派相抗衡。为了保证经济政策能够顺利实施，布吕宁不得不和他们进行谈判。

布吕宁想尽了一切办法阻止纳粹党发展壮大。在一项政令中，布吕宁列出了一大串反法西斯分子的措施法令，比如对"任何诽谤政府官员的人"处以 3 个月的监禁（诋毁政府当局是希特勒一有机会就会去做的事情），一直到1932 年 1 月 2 日之前，禁止所有的政治集会，还禁止在家门前穿着纳粹党制服，禁止售卖枪支、棍棒以及一切钝器，因为这些都有可能成为纳粹分子的武器。但是希特勒的纳粹党团体有一种相当自大狂妄的特质。普选中一鸣惊人之后，他们进行了非常精明的宣传活动，利用大萧条不断扩大的消极影响来造势。在其他不满的选民中，纳粹党赢得了偏远地区贫困人群的支持，那里是受到大萧条影响最严重的地区，当地人大多都是中产阶级。

希特勒领导下的纳粹党在国会获得席位后，踏上了有着钢铁和玻璃建造而成的宏伟屋顶的国会大厦的台阶，他们应该就是大萧条对德国人的生活产生巨大影响的最直观的证据。在大崩盘发生之前，德国大约有 125 万失业人口；一年以后，随着美元的撤离，失业人口上升至 400 万；到了 1931 年，失业人口飙升至 850 万。这种灾难，正是孕育像希特勒的纳粹党这样的激进党派的温床。

在大环境还没有严重恶化时，希特勒很有可能不会取得成功。墨索里尼曾经就被当作是穷苦大众的代表，1923 年，他因为在慕尼黑最大的啤酒花园发表了关于"国家社会主义革命"的荒唐宣言而被判入狱。"所以大萧条是纳粹党能够崛起的重要原因。"《时代》杂志这样总结道。但是随着失业率的不断上升，德国人尤其是年轻人的发展前景急剧恶化，希特勒开始被看作经济发展的先知，而不仅仅是纳粹党的领导者，因为毕竟，他预测到了这场席卷了全国的经济危机。"阿道夫·希特勒给了成千上万的德国年轻人一个逃离现实的机会。"《时代》杂志在对德国的报道中这样写道，"希特勒主义者们有统一的制服，有军乐队，有喝不完的免费啤酒，他们举行的公众集会人声鼎沸。"纳粹党成了代表希望的政党，比布吕宁朴素刻板的天主教中央党有更大的吸引力。"毫无疑问，纳粹党是大萧条时期的代表党派，"经济学家巴里·艾肯格林和彼得·特敏解释道，"20 世纪 20 年代时他们还是边缘组织，随着经济形势恶化，在 1930 年的普选中纳粹党赢得了优势。"

纳粹成员们棕色衬衫上的令他们引以为傲的万字符，不久将成为在欧洲最广为人知的符号。

———❧❧———

贝尼托·墨索里尼是意大利法西斯独裁者，但他不仅是受到德国纳粹影响的模仿者。希特勒认为，他不但能够拯救崩溃的经济，还能够反抗布尔什维克分子。法西斯主义对于那些有军装情结的人有更大的吸引力，而墨索里尼正是最大限度地利用了人们的这一特点。长筒军靴和马裤增添了刺激性、希望和团结感，对于那些上过战场，渴望那种曾经将他们紧紧捆绑在一起的纪律和同志之谊的人来说，他们是坚决不能容忍他们的异议者的。希特勒从墨索里尼身上学到了很多。

墨索里尼是一个鼓吹者和机会主义者，他最早是社会党机关报《前进报》的主编。他是一个有多面性的人，既是工团主义者、无政府主义者、反布尔什维克主义者、反对君主制度者，同时也是出版行业的大亨。在大崩盘发生前 7 年，墨索里尼成为了意大利总理，并且很快发现了自己的极端爱国主义情节和实施极权政治的能力。"以国家利益为最高利益，不可违背国家利益，不得逾越国家利益。"墨索里尼曾经在演讲中大声疾呼。人民的角色退化成了机器人，他们只需要"相信、服从和战斗"。

这种思想竟然在某种宣传方式下起到了作用。1929 年，在墨索里尼建立的以与工业密切合作为基础的"社团国家"制度之下，意大利的经济呈现出开始复苏的表象。雇主们的支持是墨索里尼当权的重要原因，他也会适时地对他们表示感激。意大利政府为保护本国工业免于国际竞争，甚至会买下本国制造的大多数产品，哪怕这些产品的价格普遍比竞争对手国家要高。

即便是现在，也很难对法西斯主义做出明确的界定，它在全世界范围内激发了太多的模仿者。作为政府权力机构，它并没有为大萧条提出明确的解决方案——大多数意大利人并没有从中受益。让人最不能容忍的是墨索里尼的黑衫党对异己分子的严酷打压。但是，意大利人依旧说，法西斯政党"让火车能够准点出发"。

和意大利法西斯党与本国工业建立合作关系，恢复意大利战后破败的经济一样，德国纳粹也将其势力深入到了经济发展计划中，想要以此帮助德国脱离被他们称为"华尔街大萧条"所带来的危机。德国纳粹的经济计划的口号是"面包和自由"，实际上它就是一场革命。希特勒想要彻底瓦解现有的经济制度，用一种严酷的铁腕政策来代替。虽然当时它并没有被称作铁腕政策，但是这项经济计划的各种特点都揭示了它的严苛性。德国政府将会制定并实施新的经济制度。纳粹党承诺，新的经济制度将会在混乱的形势中创造出稳定的局面。

希特勒对经济的了解并不多，但是他最了解选民们想要的是什么，他们想要的是经济的复苏和繁荣。在希特勒的集团里有不少得力的顾问，比如德国资深银行家亚马尔·沙赫特，他也是蒙塔古·诺曼爵士的朋友。也确实是在他这位英国朋友的帮助之下，德国从英国借到了 1.3 亿英镑。纳粹党的经济复苏计划，就是建立在海外贷款和政府支出基础上的。他们忽视了德国不堪重负的财政状况，在一些大型工程项目的建设上投入了大量资金——桥梁、铁路、公共建筑和高速公路——都是能够激发民族自豪感的工程项目。纳粹党当然不是清算主义者，他们倡导的是一些实施起来非常艰难的经济策略，哪怕这会让人民承受痛苦。他们拯救德国于危机之中的方法，就是靠一系列的公共财政投资项目，这是被英国财政大臣斯诺登视为浪费资金的行为。

希特勒还有着能言善辩的过人天赋。就连像乔希亚·斯坦普爵士这样经验丰富的经济学家，在 20 世纪 30 年代和希特勒进行过一次会面后，都会惊叹于希特勒对于经济学的独到见解。对希特勒的能力产生深刻印象的，还有亨利·福特。汽车巨头亨利·福特是一个犹太人，20 世纪初期，他曾经出版过一本长达 4 卷的畅销著作《国际犹太势力》（*The International Jew*），在这本书中，他谴责了这个试图通过协调合作并垄断现金流来控制世界的民族。这正是对纳粹党宣扬的民族言论的完美回应，福特预测纳粹党"不是通过领土掠夺，不是通过军事侵略，也不是通过政府镇压，而是通过对商业和货币体系的控制"，来实现他们罪恶的目的。纳粹党自然允许了福特的这本书出版面世，它被印刷了将近 30 个版次，序言对福特为纳粹的崇高事业所做出的"伟大贡献"表示了赞扬。纳粹党对犹太人进行逮捕和镇压的提案，对德国人来说还是一个新的议题，所以这一提案很难在国会获得支持票。

被希特勒毒蛇般的目光紧紧盯着，布吕宁感到芒刺在背。普选之后，他的任务比以前更加艰难了。受到古典经济学的教条学说的影响，布吕宁对于债务有很大的恐惧，他仍然认为德国还需要经历很长一段节约开支的艰难时期。在布吕宁看来，不出意外的话，这应该是从海外债主那里重新获得信用的唯一方法，毕竟那些借钱给德国的外国银行是德国实现经济复苏的关键。

尽管困难重重，但布吕宁在一开始还是做得非常出色的，使德国偿还了大量的海外债务，还通过谈判协商对一些债务进行了冻结处理，也就是暂时停止偿还债务。对于大多数德国人来说，最糟糕的是要以大幅度降低他们的物质生活水平为代价来维持马克的高价值。布吕宁支撑德国货币的唯一方法，就是抑制重工业的发展。由此导致了一连串的连锁反应——工资降低，失业率上升，经济萎缩，不满情绪不断攀升。

海外资本市场也被纳粹党在选举中的突然得势吓到了，这让布吕宁的工作增加了不少难度。在 1930 年 9 月 15 日至 11 月 10 日期间，大量的海外存款从柏林的银行撤走。对于一个急需要海外资本来刺激经济复苏的国家来说，这无疑是一场可怕的灾难。因为德国无法依靠自身产生充足的收入，所以这部分海外资本"对德国私营经济的发展和对德国资产变现的能力同样至关重要"。正如我们了解到的那样，尽管大崩盘减少了海外投资的数量，但德国经济还是可以通过海外贷款（主要是来自英国的贷款）来实现经济复苏，它未来的命运如何，就取决于它是否能吸引到充足的资金。德国是一个风险很大的市场，因此，国外银行长期以来向其工业机构、城市和地方政府收取的贷款利率就更高。但是现在，按照普遍的国际标准来衡量，他们的贷款利率已经高得离谱了。纳粹党在选举中大获成功的几个月之内，德国的货币市场中的基本利率从 4.7% 升至 7.1%，这是纽约货币市场中的普通利率的 2 倍。

不仅仅是海外资本从德国的金融市场流走。因为害怕这些穿着制服的、激进的新党派执掌政权，德国的富人们开始把他们的身家财产大批地送出德国。

就像被困在袋子里不停挣扎的鹰一样，1931 年的夏天，布吕宁手中的绳索也开始越套越紧了。他多次下调政府公职人员的工资，削减各个城市和乡镇的财政拨款，降低工资和物价水平。所有的这一切都正中纳粹党下怀。他们一边嘲笑总理的政策，一边继续宣扬他们的口号"面包和自由"。

安斯塔特信贷银行（Credit Anstalt）坐落在一个有着巨大门柱的大楼里，这不是一家普通的银行，这是一家奥地利银行，是罗斯柴尔德家族欧洲业务的控股公司，也是奥地利工业企业的主要债主。它是奥地利银行业的代表，拥有巨额的储备金和坚不可摧的安全性，欧洲有一半的银行都是它的分支机构。的确如此，安斯塔特信贷银行是奥地利资本主义的典型象征，它成为了奥地利的社会主义者最痛恨的对象，他们谴责它"通过对奥地利的资本控制"实现垄断，用资本主义的双脚践踏这个国家的制造工业"。

摩根财团与安斯塔特信贷银行坚不可摧的安全性有着直接的利益关系。

如果没有摩根银行，那么杰克·摩根为奥地利筹集的巨额贷款就危险了。在英格兰银行和纽约的美联储的合作中，伦敦和纽约的银行分支机构负责筹集贷款，用于帮助奥地利的战后重建。摩根建富银行在伦敦有它的联合组织，J. P. 摩根公司在纽约也有其私人财团，他们整合了用于战后重建的资金——这在当时可不是一件容易的事。可能只有摩根财团才有能力完成这项工作；得到这两大银行财团的许可至关重要，因为他们筹集的债券等资本全都在几分钟内被各个国家超额认购。

但是现在的局势发生了变化。安斯塔特信贷银行向一个受到经济危机影响的工业部门借出了大量的资金，但是债务方可能没有能力偿还。安斯塔特信贷银行还被一个长期亏损的抵押贷款机构 Vienna Bodenkreditanstalt 拖了后腿，奥地利政府要求安斯塔特信贷银行必须对这个机构进行庇护，这严重损害了安斯塔特的资本结构。安斯塔特信贷银行主要依靠的是债务人支付的利息，但是债务人的偿债能力越来越弱，银行收回的本息越来越少，于是不得不向伦敦的银行，包括英格兰银行，还有一些纽约银行的贷款业务来维持经营。因为察觉到了危机，警惕的海外储户在初夏的时候就开始从安斯塔特信贷银行提走了存款。因为有些储户已经在去年法国 Oustric 银行的破产中引火烧身，所以他们不想再重蹈覆辙。

事态的变化也让罗斯柴尔德家族忧心忡忡，他们不得不向政府求助。政府的回应是从巴黎的资本市场寻求更多的资金援助，巴黎是奥地利多年来的主要贷款来源。然而，出于对资本市场中微妙的政治氛围的警觉，法国政府立刻同意向奥地利提供资助，但提出了一个令其无法接受的条件——奥地利必须放弃和德国结成关税联盟的计划。

《斯穆特–霍利关税法案》颁布之后不久，在全球贸易普遍衰退的情况下，奥地利构想出了一个计划——关税联盟，目的是为联盟国家的制造商提供一个受到保障的市场环境。因为担心德国经济的恢复和重新崛起，法国对这个计划非常忌惮。在过去的 60 年里，法国受到了两次由德国发起的战争的侵害，所以它更希望德国保持现在的经济疲弱状态。法国政府的领导人是后来和纳粹党同流合污的投机主义者皮埃尔·拉瓦尔，他已经警告布吕宁，让他尽力敦促美国总统胡佛同意终止德国的战后赔款条约。无论如何，法国已经更平稳地度过了大崩盘带来的冲击，即便奥利地的银行破产，拉瓦尔也看不到法国经济会因此受到什么威胁，哪怕破产的是安斯塔特信贷银行。法国的工厂仍然在全负荷运转，失业人数也很少。因此，拥有充足黄金储备的法国没有向奥地利伸出援手。

在伦敦，蒙塔古爵士为安斯塔特信贷银行做了他力所能及的事——从英格兰银行为其提取了紧急贷款。事实上，英格兰银行行长也有他自己的烦恼。蒙塔古爵士不久前才参与了对拉扎兹银行的合作资助，拉扎兹银行是伦敦的几大著名银行之一，它在布鲁塞尔的分支机构发生了一起重大的舞弊案，因此背负了 715 万英镑的债务——是它总资产价值的 5.5 倍。此时正值奥地利银行业危机的顶峰，也是英镑的紧张局势不断升级的时刻，拉扎兹银行如果在此时破产，那么不会有比这更糟糕的了。蒙塔古爵士担心，拉扎兹银行的破产可能会让伦敦的一些金融机构走上像奥地利银行一样的绝路，这将会极大地削弱他的信用，他的主要职责就是维护英镑和金本位制的稳定。而维护金本位制必须为了国家荣誉"苦战到底"，蒙塔古爵士在针线街上历史悠久的英格兰银行里这样写道。因此一大笔贷款（其中很大一部分是来自税务局的贡献）在人们为其担忧、焦虑的一周里，静静地流入了拉扎兹银行的账户，拯救了和安斯塔特信贷银行陷入同样困境的拉扎兹银行。这个任务圆满地完成了。而外界甚至连伦敦都对这次拯救拉扎兹银行的行动一无所知；关于这次紧急事件的唯一记录，就是英格兰银行的年鉴里隐藏的内部记载。蒙塔古爵士从来没有透露过相关内幕，但事实上，他撒谎了。当被问及拉扎兹银行濒临破产的传言时，蒙塔古爵士总是坚持说这些传言"没有任何真凭实据"，这是一个中央银行的行长为了维护英镑的公信力而不得不说的谎言。

法兰西银行现在和美国共享全世界最多的黄金储量，它认为英国的经济实力已经处于长期衰退的状态，金本位制已经开始摇摇欲坠，各国不得不就这一问题进行持续协商，而伦敦一旦出现任何银行破产的蛛丝马迹，就会让英格兰银行行长在这场谈判中居于下风。"英国发现他们在谈判中处于劣势，"1931 年年初，一位法国政治家向一个德国大使透露这一信息，"大英帝国正在逐渐分崩离析，英格兰对自己恢复经济发展的能力的信心也慢慢消失了，英国人也没有了努力的勇气和决心。"

对拉扎兹银行的救援也是关乎蒙塔古爵士名誉的一件事。银行破产很快就会变成国家公诉案件——演变成对国家产生不良影响的不光彩事件，诺曼人知道，法国的银行系统在大萧条中能够安然应对。法国甚至还能告诉美国如何运行国家银行网络。经济历史学家皮埃尔·维拉指出："银行系统作为一个整体，具有很强的流动性。"和美国银行不一样的是，法国的银行管理层拥有无懈可击的责任感，他们对用于投资的大部分客户的存款非常谨慎，他们不会投资股票和企业债券，而会选择长期政府债券，比如国库券和黄金。所以这些投资价值不会随着股市的崩溃而骤降。

然而，就连英格兰银行的干预也很难拯救斯塔特信贷银行。如果法国能够提供帮助，再加上其他国家中央银行对奥地利银行系统提供的贷款支持，斯塔特信贷银行应该可以得以保全，避开最坏的结果。奥地利有一千多万的人口，不算是一个很大的国家。在审慎的调整性干预之下，也并不能确保银行有充足的存款和储备金。《经济学人》的一位柏林记者不理解，既然都有可能受到灾难性的牵连，为什么各国政府和金融机构都不对斯塔特信贷银行施以援手。"从一开始就很清楚……这样的银行破产，将会带来最严重的结果，但是如果消防员及时到场救援，火势本可以早些控制住的。"这位记者写道，"就是因为各国迟迟不肯向斯塔特信贷银行提供有效的援助，拖延了几周之后，这场火才会越烧越旺。"

1931 年 5 月 11 日，奥地利实力最强的金融机构宣布其因无力偿付债务而破产倒闭。随着更多的细节流出，斯塔特信贷银行的内幕情况让人惊骇不已。

其超过一半的股本都和银行的储备金一起消失殆尽了。显然斯塔特信贷银行已经无法被挽救,破产基本上已成定局。因为担心资金流出,奥地利银行立刻结清了它们的海外账户,把资金全部转回国内。同样地,它们的同行也不得不撤资以求自保。整个欧洲的银行急切地用各种方法保护其资产的安全性。除了银行,国外的储户也都大规模地从奥地利和欧洲的银行取走存款,尽管有些已经来不及了。为了支撑公共财政,惊慌失措的奥地利政府阻断了实体黄金以及一切外汇的交易活动,为本国银行系统封锁住了 3 亿英镑的海外存款。

与此同时,目光锐利的银行家卡尔·多纳尔正在对其国家的一个最大的公司的账户进行操作,解决他的困境。达纳特银行的主管多纳尔警觉的发现,银行最大的客户,一位来自不莱梅的纺织制造商诺德沃尔在他的账簿里造假。这让多纳尔吃惊不小,因为诺德沃尔公司是全世界最大的纺织公司之一。虽然诺德沃尔因其用奇低无比的工资雇用移民而声名狼藉,但是他的工厂仍然有可观的利润。多纳尔继续深入调查,他发现诺德沃尔公司的实际所有者,是出了名的奢靡的劳森家族,随着全球贸易的衰退,诺德沃尔公司蒙受了极大的损失,而他们长期从公司账户里提取大量资金,同时又掩盖巨额亏空。多纳尔对账簿分析得越深入,就越发担忧。在他看来,经济形势已经非常严峻,这家公司已经处于破产边缘了。多纳尔知道,如果诺德沃尔公司破产,达纳特银行一定逃躲不了干系,这是有着金字招牌的全国第四大银行,他不敢想象达纳特银行惹上麻烦会有什么可怕的后果。

收好所有的账簿,多纳尔立刻回到了柏林,他打算策划出方案解决这次危机。而他引发的这一系列事件最终扳倒了布吕宁政府,为希特勒登上权力顶峰铺平了道路。

多纳尔到达纳特银行的董事会主席雅各布·戈德施密特在柏林的办公室去拜访他时,此时的戈德施密特正在努力取悦诺德沃尔公司的老板卡尔·劳森。多纳尔找了个理由让主席先生抽出几分钟的时间，焦虑不已的他要向戈德施密特解释当下面临的困境。戈德施密特惊呆了："诺德沃尔完了，达纳特银行完了，我也就完了。"在银行界已经摸爬滚打了 30 年，戈德施密特很明白，如果最大的债务人破产了，银行也无法幸存。事实上，戈德施密特正是这个"麻烦"的始作俑者。在他担任达纳特银行主席期间，违背了银行业大多数的金科玉律。达纳特银行过分依赖单一客户，它从储备金中拿出很大一部分用作利息，但是它根本无法承担支付给客户的利息率。

现在戈德施密特也不得不用一些欺诈的手段了。他花了 300 万马克的大手笔，买进了达纳特公司的股票，想要以此来吸引人们投资。但是在银行界，戈德施密特不是个受欢迎的人物，因为他的竞争策略和宣传方式过于激进，为他招致不少憎恨，尤其是在阶级意识非常强的柏林，他在人们眼中就是一个来自中低阶层的、白手起家的暴发户。出于自负和仇视，戈德施密特拒绝向外界披露达纳特银行的真实信息，以此来维持他的骗局，在持续了好几周后，信息最终泄露，随后其他高级银行家都不愿意向达纳特银行提供援助了。仅仅在 5 月，达纳特银行的亏损额差不多是其存款总额的 40%。7 月 10 日，达纳特银行倒闭。它的破产毫无疑问助长了纳粹党对一个本该为德国经济困境负责的民族的敌对。

最近发生的这次欧洲重要金融机构的破产事件，对蒙塔古爵士、财政大臣斯诺登和整个英国经济来说，又是一次巨大打击。达纳特银行的金库里，还存放着英格兰银行宝贵的 6 000 万英镑储备金。

达纳特银行破产后的第二天，德国经济社会的另一大支柱德雷斯顿银行，也对外披露了它面临的困境，越来越多的惊慌的投资者从该银行提款，使其存款数额骤减。在德国，几乎就在同时，国家和个人的黄金储备都开始外流，因为害怕黄金的价值下跌，所以投资者们都争相将其转移到更安全的地方。每一个把资金放在德国的人（海外资本几乎要占德国所有银行存款总额的一半）都想赶紧把钱带走。美国对德国货币信心的崩塌，带来的后果是灾难性的：仅仅是纽约的银行就持有价值 5 亿美元的德国货币。"在一家银行引发的危机中，还潜藏着动摇德国最大金融机构的更大危机。"一位权威学者这样写道。

德国的债务违约已经是无可避免了。

———————✦———————

杰克·摩根对柏林的突发情况火冒三丈。他利用自己的声望和名誉帮助德国重振旗鼓，但是他感觉摩根银行被欺骗了。毕竟，杰克·摩根是以胡佛总统任命的特使身份去处理德国的赔款条约事宜，并代表布吕宁总理对谈判进行干预。真正激起杰克·摩根的愤怒的是，德国国家银行行长汉斯·卢瑟正在伦敦寻求紧急贷款帮助他的祖国渡过难关的时候，德国的富人们却纷纷把财产从德国转移出境。摩根从纽约发来的电报里写道，"这正是让德国人明白此时此境正是他们已经不能再被纵容的时候。"

许多在德国有贷款业务的美国银行也都是一样的想法，它们都果断拒绝对德国政府施以援手。凯斯林·伯克指出，德国的海外长期债务中，有 40%都来自美国银行；在美国银行大量破产倒闭的时候，这部分贷款是支撑美国的重要资金。只要德国的富人一转移他们的资金，他们就是在玷污摩根银行的声誉。然而，在德国人最需要帮助的时候，也不能弃之不顾。如果德国真的没有钱来偿还债务的话，伦敦的各大承兑行的业务都会受到威胁，英镑也会因此受到威胁，因为英镑的稳定性是建立在流入伦敦的外国通货的稳定性之上的。

面对货币体系将要崩溃的局面——一个从 20 世纪 20 年代初期物价飞涨、通货膨胀开始，就一直缠绕在所有德国人心头的恐惧感，布吕宁别无选择，只能颁布紧急法令，要求所有银行停业。1931 年 7 月 14 日和 15 日这两天，全德国没有一家银行开门营业。紧接着，走投无路的布吕宁只能强行通过一系列组织资金外流的政策措施。外汇交易受到了严格限制，就连采购所必需的生产材料和食物也受到了控制。德国银行里的海外存款全都被冻结。贴现率——短期借款的基本利率——从 7% 翻倍增长到了 15%，目的就是为了把外国人的钱留在德国。当然，这也让德国人的贷款成本高到无法承受。所有银行都处于一种非正式的严密监督制度之下，它们被要求按时上报资产的流动状况、资金储备情况、债务总量和衡量偿债能力的指标。银行的资金储备下降到了惊人的程度，大概只占总资产的 3%，它们不得不用布吕宁根本负担不起的高额政府注资，来填补储备金的不足。最终，布吕宁从那些拒不服从的银行行长中，拔掉了一半的"眼中钉"，还强迫其他银行与达纳特银行形成联盟，来拯救已经奄奄一息的达纳特银行。

阿道夫·希特勒冷眼看着这一切，他知道让他大展身手的时刻正在一天天逼近。

———❖———

7 月 13 日，在德国深陷经济危机时发布的麦克米兰报告中说，在欧洲同时突然发生的这么多危机和灾难，算是不幸的机缘巧合。它揭露了英国公共财政中的巨大裂痕，以及黄金储备的严重缺乏。两天之后，英格兰银行金库里的黄金开始流失殆尽。

7

蒙塔古爵士的噩梦

美国联邦储备委员会主席乔治·哈里森向蒙塔古·诺曼爵士发出了一封言简意赅的电报。"我们对当下英镑汇兑业务的突然缩减感到非常惊讶。"哈里森在电报中的陈述依旧保持着他一贯的得体，"阁下是否可以对此解释一二？"

此时的英格兰银行行长很难对此做出回应。"此次事件发生突然，并且难以预料。"他只能这样回电。

但实际上，这并不是完全无法预料到的事件。蒙塔古爵士比任何人都清楚，英国的存款储备金持续处于过低的水平。而且，在伦敦的货币市场中，也出现了资金枯竭的可怕迹象。大批的英镑存款都在德国、奥地利和欧洲中部的破产银行被冻结了。英格兰银行的外国客户，包括银行和个人储户，都绷紧了神经，他们开始把钱全都从银行取出来，以求自保。英格兰银行发生了这样的情况，英国媒体纷纷报道其客户"惊慌失措地取款"，然而事实并非如此；相反地，他们的行为是对英镑出现的问题的理性回应。麦克米兰报告已经披露了公共财政中 2.54 亿英镑的短期赤字，一个在脆弱的全球资本市场中值得关注的数字。麦克米兰报告"第一次反映了英国作为全球短期债务人的真实经济情况，并表示在伦敦现在的外部短期债务水平之下，英格兰银行的储备金是不充足的"。简单来说，英国欠下的海外债务可能很难全部按期偿还了。

金本位制的捍卫者也开始违背它自己的原则了。

————◆————

在这个异常潮湿的夏天里，英国内阁一半的大臣都外出度假了，包括英国首相拉姆塞·麦克唐纳，他去了洛西茅斯的一个渔村，修缮他的苏格兰宅邸。菲利普·斯诺登仍然一丝不苟地坚守岗位，不过他是带病工作，他的身体状况的确一直欠佳。斯诺登正在为了英国急剧恶化的经济状况制定新的财政预算案，这位财政大臣的压力非同小可。在伦敦，斯诺登听到了来自各界铺天盖地的声音，都要求他重新发布一份新的稳健财政的文件，并在文件中表明英国经济已经得到了稳定力量的控制，处于良性状态。总而言之，清算主义者、实业家、除了"社会主义者"之外的大多数政治家，以及其他一些团体中有着正确思维的成员，都支持遵守财政管理的传统原则的责任预算。

一位伊顿学派的老学者杰弗里·道森在《泰晤士报》发表专栏文章，时不时就会对预算失衡和过高的企业所得税进行谴责，纳税人们总是说英国的企业所得税是"全世界最高的"，事实上确实可能如此。还有一位控诉者是罗伯特·霍恩爵士。罗伯特爵士喜欢宣扬他的传统理念和他最热衷的话题，他声称"工业发展承担的费用太高，缺乏成本竞争力，这大大降低了工业企业生产高性价比产品的能力"，他还说政府收取这些费用就是一种"极尽铺张浪费的、难上加难的政治方案"，而政府并没有意识到这代表着什么。

企业所得税确实是《泰晤士报》的读者关心的重要议题。议员沃尔特·朗西曼曾经是贸易委员会主席，他的家族在纽卡斯尔经营着摩尔航运公司。1931 年年初，朗西曼写了一封联名信，寄给了《泰晤士报》的主编，他在信中要求政府减税，不再向对工薪阶层征税，而是以企业利润为课税对象——这一政策可以让普通工薪族的生活不再那么艰难。"目前的税收制度，让工业扩张和发展必需的资本受到了削弱。"朗西曼警告政府。他提出的解决方案，就是对政府部门随处可见的"支出浪费和人员冗余"进行大刀阔斧的改革。朗西曼预测，"此方案一旦实施，将会立刻刺激工业发展，并且重建人们对制造业和贸易的希望与信心，同时也会让我们国家的工业企业吸纳更多的失业人员，填补岗位空缺。"

事实证明，朗西曼的想法可能是对的。沉重的税负是商业发展的重大障碍，对个人征收过高税率也会阻碍经济的发展，因为人们的消费能力会因此被削弱。然而，在外界眼中，议员和航运大亨这两个身份是很难做到平衡的。朗西曼的父亲是泰恩河最大的航运公司的老板，同时也是墨索里尼的狂热崇拜者。和其他许多企业主一样，他后来也声称，应该采用"墨索里尼式"的镇压政策来处理罢工事件。"墨索里尼式"的镇压政策，就是对那些"胆敢"因为工资过低而罢工抗议的顽固分子施以严酷手段。

《泰晤士报》明显处在它的老板伊顿学派的美裔老牌学者约翰·雅各布·阿斯托的影响和控制之下，他的大多数朋友都是军队的领导层或者伦敦的精英阶层。阿斯托是汉布罗斯银行的董事。《泰晤士报》的总编和老板都对稳健的财政方案有极大的热情，在这一点上，两人的观点完全一致。道森的手下不得不按照他的要求发表社论，他们对于道森对报道的过度干涉越来越不满。"不平衡的财政预算不仅仅是国家名誉的丧失，也是国家的灾难。"其中一位作者在1931年年初就发表过这样的文章。

让阿斯托和他的朋友们最焦虑的是失业保险的高昂成本，现在已经是3年前的3倍多了。在政府的大多数部门层级里，人人都认为情况已经失控，失业问题已经成为了影响公共财政稳定性的严重威胁——总而言之，在财政政策的制定与实施过程中，这是一个相当可怕的问题。几乎所有的失业保险都是政府用贷款来支撑的，而不是从那些在职的人身上取得的税收收入。然而在当时的情况下，主要依靠贷款来进行失业救济，也是完全不够的。

除此之外，在中产阶级、贵族和上层阶级，还有给《泰晤士报》来信的读者之中，很多人都对失业保险的问题有所怀疑，怀疑者中当然少不了总编道森，他们认为失业救济金可能被贪污滥用了。根据各自不同的情况，有些人可以得到失业救济金，有些人则没有这种福利，但是救济金的支付体系却非常混乱。举个例子，一位对失业救济金存在的问题感到惊讶的政府精算师指出，一个煤矿平舱工人每周可能工作 2~3 天，每天的工时非常长，日工资应该是 5~7 英镑，那么他就可以在没有工作的时候领取救济金。然而，一个职业足球运动员，每周工作几个小时，日工资超过 6 英镑，在另外不工作的 4 天里也可以领到救济金。同样地，在身上挂广告牌走街串巷做宣传的人，可能只会领到一天的工资，另外四天的收入则是以"基金"的形式获得。还有一些"女孩和妇女"，在周末客流量大的时候到商店当售货员，平时她们不上班，但也可以领取失业救济金，这笔钱比她们做日常家务的收入还要高。这位政府精算师认为，失业救济金正在让国家财富一点点的流失，《泰晤士报》也持同样的观点。"到目前为止，这项财政政策最不应该实施的理由，就是它太不光彩，根本无法解决失业保险的真正问题。"《泰晤士报》这样报道。他们没有注意到，失业救济金让成千上万的人免于挨饿，更不用说他们的家人了。《泰晤士报》说失业救济金是对公共财政日益增长的"威胁"，这部分的财政支出理所当然应该得到补偿，因为必须保持收支平衡。

在关于失业救济金问题的辩论中，斯诺登没有过多地参与，他没有时间来做这些嘴上功夫。随着大萧条的影响逐步加深，梅纳德·凯恩斯对于斯诺登的"无能"大为恼火。在凯恩斯眼中，英国本质上仍然是一个富有的国家，只不过此时正在遭受暂时的困难，只需要一点天分和想象力，就能够扭转现在的局面。他在 1930 年写道，"全球经济情况仍然像以前一样足以保证每个人享有高质量的生活水平，但是现在我们陷入了巨大的混乱之中，在精妙机器的控制之下犯下大错，这个机器的运行原理我们还不够了解。"因为缺乏刺激经济发展的有效政策，凯恩斯预测，这场全球性的危机"可能会持续几年，并且对所有国家的物质财富与社会稳定造成难以估量的巨大破坏"。《泰晤士报》适时地在报道中引用了凯恩斯的观点，毕竟这样一位杰出经济学家的意见是很难被忽视的——但是那些与稳健财政和平衡预算的基本原则相悖的观点，通常都被隐藏在了隐蔽的角落。

斯诺登制定了受到保守党推崇的稳定的财政预算，虽然这和工人阶层出身的他的观念不符。2月份的时候，斯诺登暗示要减少失业救济金的发放，并公开表示要减免对工业企业的税收，结果超过21名左派共产党议员威胁说要脱党，以此表示对斯诺登政策的不满。"我严正声明，国家面临的形势已经相当危急，任何严厉措施，即便遭到反对，也必须立刻执行。"这是斯诺登在议会大厦发表演讲时的坚定言辞，是财政大臣一贯的强硬作风。这个"干瘪瘦小的约克郡人"认为，增加失业保险的成本会威胁到平衡预算的根本原则，美国的《时代》杂志就是用这样不恭敬的字眼来形容斯诺登的。

在40年的从政生涯中，斯诺登的唯一目的就是"改善劳苦大众的生活"，所以他制定这样的政策并不令人感到惊讶，对此不满的议员们称财政大臣是工党的"叛徒"。工党政府还面临着另外一种危险：党内武装力量，尤其是红色克莱德河畔，正在逐渐和政府背道而驰，他们认为政府开始和冷酷的工厂主们站在了同一阵营，比如兰开夏郡的棉花制造商，前不久将几千名要求涨工资的工人拒之门外。其他一些大型工业企业也开始对工会采取越来越强硬的手段。

在斯诺登发表悲观演讲5个月之后，现在英国面临的形势更加严峻。财政大臣知道，整个世界都在等着看他接下来要采取什么行动，财政部和蒙塔古爵士都不断地提醒他，只要有任何迹象表明政府背离了审慎财政的基本原则，就会使英镑陷入更深的危机之中。诺曼一直都不肯让斯诺登过多的离开他的掌控。英格兰银行行长对他的工作职责有着非常精准的描述。他曾经写道，"在中央银行工作，你应该表现得像一个好妻子——应该默默无闻地把家务操持得井井有条；也应该做好准备随时为外部的事务提供帮助和建议；应该要善于劝诱，有时候甚至还得多唠叨几句；但是最重要的是，你必须要知道，一切都是政府说了算。"在艰难时期，蒙塔古爵士的"劝诱"和"唠叨"

应该比"帮助"和"建议"要多，但是行长先生很清楚，他想要的预算案是银行家期望出台的预算案，是能够改善伦敦这台"完美机器"恶化情况的预算案。

杰克·摩根想要的，也是这样的预算案。7 月 26 日，杰克·摩根在伦敦和蒙塔古爵士会面，共同探讨为阻止黄金流失造成英镑外流的紧急贷款问题。财政部希望英格兰银行开出 2 500 万英镑的紧急贷款。和这本书中提到的所有数字一样，在今天看来，这也是相当大的一笔资金，但是比起公共财政收入总额，这也不算是天文数字。在那个时候，2 500 万英镑可以解决英国经济状况摇摇欲坠的生死难题。杰克对蒙塔古爵士说，只要英国"能够出台一些恢复经济稳定的计划"，他就可以从美国筹集到这笔紧急贷款。事实上，这种计划就意味着紧缩的财政政策，它可以让伦敦政府满意，但是也会不可避免地激化失业问题。英国政府保证了这一点，美国立刻就在资本市场中筹集到了两笔紧急贷款，都是 2 500 万英镑：一笔来自纽约联邦储备银行；另一笔来自法兰西银行。在安斯塔特信贷银行破产的影响下，这两大机构开始倾向于共同合作。

———————————⟨∞⟩———————————

此时的斯诺登失去了一个关键的盟友。几个月以来，他一直和蒙塔古爵士保持着联系，讨论从根本上影响财政政策的黄金储备问题，而这位英格兰行长突然就倒下了。7 月 29 日，在蒙塔古爵士管理英镑的这 20 年来遇到的最大危机中，他因为过度劳累而卧病在床。可能是为了保持体面，行长先生的病情被封锁了，没有向外界公布，直到两周之后，英格兰银行才发表声明，向公众告知蒙塔古爵士"最近数月以来一直深受疾病折磨"，"根据医嘱，目前他不得不停止一切工作，到国外休养，等待恢复"。在那段时间，蒙塔古爵士完全脱手了英格兰银行的大小事务。其实那时候他已经登上约克公爵夫人号，去往加拿大了。"我的身体状况已经不同往日了，我觉得自己真的需要休息一下了。"蒙塔古爵士在登船之前对记者说，"为了解决英国现在的问题，我已经操了太多心了。"

蒙塔古爵士一直都很容易激动，年轻的时候，他曾经向瑞士心理医生卡尔·荣格进行过咨询治疗。医生对他的诊断结果是全身麻痹性精神失常，可能活不过两年。蒙塔古爵士具有一种开拓精神，他扮演了几十年的英国中央银行行长的重要角色。1907年，蒙塔古爵士最初是英格兰银行的董事，当时英镑还是全球的主要货币，在第一次世界大战中，为了战争的最终胜利，他负责为同盟国安排贷款，提供财政支持。在第一次世界大战结束后的几次经济危机中，蒙塔古爵士努力维护英镑的稳定。1925年，他多次劝说丘吉尔在英国恢复金本位制。毫不夸张地说，蒙塔古爵士将他的职业生涯全部都奉献给了英国的经济体系。但是现在，蒙塔古爵士已经确信伦敦正在衰退，而且他最重视的金本位制也受到了威胁，这位维护金本位制的大佬迫于压力也只能收手了。

接替蒙塔古爵士的是英格兰银行代理行长厄内斯特·哈维爵士，此时他面临着金本位制即将瓦解的局面。全世界都在争相以官方价格向英格兰银行购买黄金。买家们不相信英镑的法定汇价只有4.8665美元，他们想要购买黄金，尽管其价格上涨已久。大多数国家的货币都遵循金本位制，其基本原则是以黄金价格来表示固定数量的货币价值。这意味着只要买家手中有通货，英格兰银行就必须为他们准备黄金。

虽然厄内斯特爵士是针线街上英格兰银行的忠诚拥护者，但在出任代理行长之前，他一直都没有受到任何关注。哈维是一个牧师的儿子，他在英格兰银行里连升数级，这样快速的晋升在当时很少见。他是英格兰银行唯一的二把手，是银行董事会主席；董事会其他成员都是政治家、私人银行家或者是有财政金融专长的贵族，有些的确是这方面的专家，有些则不然。哈维长期以来都是蒙塔古爵士的得力助手，因为行长经常长时间在外，所以他承担了大量单调的银行经营性的事务。哈维是一个老派的英国银行家，他坚定拥护金本位制和平衡预算的基本准则，但是那时他还没有成为英格兰银行的代理行长。

在海外市场即将关闭的那个晚上，厄内斯特爵士以最快的速度和英格兰银行的官员们一起检查了一遍账目。他们发现了令人震惊的结果：包括黄金和外汇在内的储备金，在过去两个月里急剧减少，并且金库里几乎没剩下什么钱了。更糟糕的事情即将发生。另一份报告——梅委员会对财政支出进行调查后撰写的报告，在 7 月的最后一天发布了。比起麦克米兰报告，这份报告更加确定了英国现在所处的悲观局势，根据其计算结果，下一年的财政赤字将达到 1.2 亿英镑。《泰晤士报》的议会记者在报道中写道，"这份报告是乔治·梅和他的同事们通过调查分析对未来做出的预测，他们称，在国家经济面临这样严峻的形势时，他们不会做任何隐瞒。"

乔治爵士的父亲是一个食品和红酒供应商。16 岁的时候，他在保诚保险公司当职员。1931 年，他升职成为一名秘书，并在财政大臣的任命下帮助政府寻找可以省钱的方法。梅的委员会职责是"向财政大臣呈现具有可行性和合理性的财政支出削减办法，以及公共服务效率的降低会带来怎样的后续影响"。这个任务由梅来完成再合适不过了。他不仅能力过人、工作勤勉，他还拥有和财政大臣一样的财政管理观念。

梅一丝不苟地履行了职责，在报告中，他建议降低警察、教师和 1925 年以前进入军队的军人的工资，更不必说政府在公共建设项目和社会服务上的投资了，这些支出都要削减。他还提出了第二个建议。因为根据以往的经验，公共建设项目和社会服务"不是最重要的"。公共建设的支持者们最重视的道路建设资金，被单独指出是为了支持一项"华而不实的大项目"所造成的"国家财政的负担"。因此，那些"华而不实的大项目"都被驳回了，尤其是伦敦的一些建设项目，比如查令十字站新大桥的建设、伦敦大象城堡的道路建设和伦敦交通的改善计划，报告中说："我们无法负担这种项目的支出"。

工党政府里人心惶惶，而《泰晤士报》的编辑部和来信读者们却欢欣鼓舞，他们一直要求政府实施"紧缩政策"，削减主要用于失业保险的社会服务开支。总体来说，三分之二的开支都可以从失业者身上省下来，虽然这样可能会让伦敦多一些逍遥法外的逃犯。梅委员会中的工党成员强烈反对乔治爵士在报告中的建议，他们完全不能接受这种让劳动者，特别是失业者，来承受经济危机的冲击并做出牺牲的观念。他们要求向富人征收应急税。《泰晤士报》妖魔化了工党成员提出的这种大胆建议，对此持异议者经常拿来引用："事实上，少数派们的建议和常见的社会主义者要求提高富人的征税水平的想法如出一辙，这是他们眼中'节省'的方法，在他们的谬论中，富人是可以被分隔开的群体，可以被单独征税，这不会对任何人造成损害，除了这些富人自己。"简而言之，这些少数派的报告完全是"谬论"。就在当月，报告统计出了英国的失业总人数。

正如预期的那样，财政大臣斯诺登很快就认同了梅的报告，并成立"经济委员会"，在这些问题上作出艰难决定。委员会成员包括斯诺登本人、英国首相麦克唐纳、威望很高的外交大臣亚瑟·汉德森，还有前任铁路工会秘书长、前任掌玺大臣吉米·托马斯，他好酒贪杯，喜欢做激进的演讲。委员会在 8 月 25 日召开了第一次会议，当时麦克唐纳刚刚度假回来，但是货币市场并不会按照政治家们的时间表来运行。揭露悲观经济形势的报告一经公布，黄金便会又一次开始大量外流。还不到两个星期，蒙塔古爵士和杰克·摩根筹集的 5 000 万英镑应急款项就已经流失了四分之一。在这样的情况下，基本上不可能再筹集到更多贷款了。整个英国的经济已经是命悬一线。

———— ❧ ————

杰克·摩根现在是英国政府唯一能够求助的人了。毕竟 J. P. 摩根公司已经为意大利、德国和奥地利提供了用于战后重建的贷款。现在英国也成了求救名单里的一个，英国政府只希望杰克·摩根能够像拯救那些国家一样，拯救英国于水火之中。

7

蒙塔古爵士的噩梦

113

幸运的是，在之后的十多天里，资本的大量外流情况已经有所好转，财政大臣开始寄希望于扭转金本位制崩溃的命运。与此同时，由摩根、斯诺登和其他政府要员、财政部以及英格兰银行组成的团体，进行了持续的商议，共同探讨另外一笔贷款的相关细节。此时，内阁正激烈反对削减失业救济金开支的计划。

资本外流突然之间又死灰复燃，这一次外流的数量甚至比以往更多。上一次的资本外流应该是由外界流传的不利言论引发的。"伦敦银行可能会中止支付款项"这样的标题出现在日内瓦的报纸上，类似的报道也是铺天盖地。媒体普遍作出假设，称德国银行的停业会让英国陷入危机，事实上也确实如此，因为英国有大量的资金都被冻结在德国银行的金库。在这个关头，比利时、瑞士、荷兰、瑞典以及其他国家的银行家们都争先恐后地离开了伦敦，并取出了他们的存款以确保资金的流动性。投机者感觉到有利可图，便对英镑采取了以邻为壑的投机策略。他们在英格兰银行的窗口排着队，向人们展示着英镑和供不应求的黄金。

8 月 11 日星期二，英国首相麦克唐纳不得不结束他在洛西茅斯的假期，搭乘火车赶回伦敦，其他几位内阁大臣也都从英国各地陆续回到伦敦。和所有的责任人一样，麦克唐纳也面临着他职业生涯中最大的一次危机。简单来说，现在的情况就是钱正在从英国大量流失。金融专家洛希安勋爵对他的同僚透露过，英镑随时都有可能从英国外流。

要应对这场危机，首先最重要的一步，就是加强财政防御能力。现在不适合进行长期的经济改革，这种改革原本应该在更早的时候开展。为了响应首相的提议，8 月 13 日，英格兰银行立刻向美联储请求获得紧急贷款。美联储主席乔治·哈里森也很快给出了回应，表示同意提供援助，向英格兰银行代理行长哈维保证，美国可以为英国筹集 5 000 万英镑的贷款，在巴黎应该也可以筹集到这个数额，不过英国要保证其经济政策行之有效并且能得到议会的支持。通过恰当的渠道，英国财政部和 J. P. 摩根公司进行了正式接触，

J. P. 摩根公司成为了英国在纽约的代理人。

从严格意义上来说，在美国的银行界，哈里森的声望和地位要高于杰克·摩根，和哈里森一样，杰克·摩根也认为，除非斯诺登的预算案能够将开支降到最低，否则根本没有希望筹集到贷款。所以，他必须要现实一些；无论对错，这都是作为债主的基本要求。如果债权人担心钱刚刚到英格兰银行的保险柜里，就立刻外流了——现在全世界的银行体系，这个严重衰退的行业，都知道英国银行的储备金大量流失，那么连 J. P. 摩根公司也不可能像变戏法似的得到这么大一笔钱借给英国政府。所以现在需要的是英国政府的一份声明，要向全球货币市场保证，英镑能够恢复稳定，而这份声明应该以"稳健财政预算案"的形式呈现出来。简单来说，提高税收、降低政府支出这些政策必须实行。现在已经来不及找到更好的解决办法了。

工党政府内部的核心集团还是笼罩着恐惧的氛围，高层官员们在星期天晚上召开会议，一杯接一杯地喝茶提神，讨论应对局势的方案。麦克唐纳和斯诺登已经向在野党成员简要说明了情况，他们都曾要求过比斯诺登暗示的财政支出力度更大的削减。有一个明显的困难，就是如何让议会的工党成员接受这项政策。势力强大的外交大臣亚瑟·汉德森是一个格拉斯哥棉纺工人的儿子；曼尼·辛威尔曾经是一名机械师；还有很多工党成员曾经做过卡车司机和商店售货员之类形形色色的工作。他们都很清楚，内阁之外的议员，比如像红色克莱德河畔成员詹姆斯·马克斯顿和大卫·柯克伍德，都在等着看他们是不是会违背良心。他们还知道，最重要的工会机构，英国工会联盟（TUC）肯定会反对政府削减财政支出，如果他们要申请失业保险，就更不会同意了。事实上，英国工会联盟已经让有工作的人代替失业者做出牺牲了。但是现在，失业保险和失业救济金是斯诺登和麦克唐纳首相坚决要大幅削减开支的领域。

时间过得很快，爱德华·格伦菲尔向纽约的 J. P. 摩根公司发去电报，此时 J. P. 摩根公司的老板不在，由资深合伙人托马斯·莱蒙特代行其职责，在合伙人的日常会议中主持大局。格伦菲尔发来的电报措辞谨慎，描述了大西洋对岸的情况。

　　和政府当局进行接触之后，我们获知，如果英国政府不能做出关于平衡预算的令人满意的声明，那么基本上没有可能在纽约找到银行愿意为其提供 5~10 年的贷款。如果英国政府做出了这份声明，并且对未来的承诺能够让你满意，那么是否有可能筹集到 2.5 亿美元的贷款？这是英国政府带给你的私密消息，如果对方问起，我需要给出你的意见。

　　纽约银行已经从秘密情报中得知，英国的应急贷款正在迅速地流失。如果一早就知道这件事，纽约银行应该不可能为英国提供贷款，更不用说 2.5 亿美元的巨额贷款了。英国有超过 60% 的紧急贷款在一个月内蒸发得无影无踪。并且，英格兰银行金库现存的黄金储备，只够维持 4% 的常规业务，南非和澳大利亚也不再向英国贡献黄金了，这使得局势更加不容乐观。

　　英国首相和他的政府，以及英格兰银行和摩根财团，都感觉到压力重重。现在内阁每天召开一次会议，为了削减财政开支的问题而争论不休，每一次麦克唐纳和斯诺登要进行哪方面的支出削减——这里砍掉 100 万英镑，那里砍掉 100 万英镑——首相都会通过格伦菲尔把相关消息传到纽约，而麦克唐纳传话都是在内阁大臣不知道的情况下进行的。作为内阁中最通晓经济事务的一位成员，在斯诺登主导的每一次会议上，不允许任何反对的声音存在。"斯诺登的想法是没人能改变的。"曼尼·辛威尔在回忆录中写道。最终，财政大臣披荆斩棘，为英国省下了 700 万英镑的开支，形成了足以让人们对英国财政恢复信心的稳健预算案。《泰晤士报》对这一欢欣鼓舞的成果发表了热情洋溢的赞颂："每个人都希望麦克唐纳先生和斯诺登先生能够在这场战斗中英勇取胜，因为他们知道，这是结束危机的唯一必经之路。"至少《泰晤士报》一直都对他们表示支持的立场。

麦克唐纳和斯诺登削减财政支出的具体细节已经被美联储知晓了。哈里森是一名专业律师，此时的他对于如何修复美国迅速衰退的经济也是无计可施，除了静观其变，期待着情况能够好转之外，他同时也对英国政府大感失望，希望英国政府的财政削减力度能够更大一些。J. P. 摩根公司的合伙人也是一样的看法，他们质疑英国政府是否已经尽了最大的努力，并立刻向格伦菲尔发了电报。因为不想表现出"不合时宜的气馁"，他们继续责令英国政府延长紧缩的财政管理政策。他们说："银行长期以来都在巨大的恐惧中观望，恐惧的根源就是当前政府对稳健财政政策的持续忽视，政府需要做的还有很多，仅仅是出台一份三方领导的联合声明，向投资者和银行界保证其修正案会得到实施，让他们相信政府有能力获得大量的海外贷款，这是远远不够的。"

而事实是，毫不夸张地说，这已经足够了。美国经济也正在迅速陷入泥潭，它正逐渐被银行系统的崩溃给拖垮，明明也是自身难保，但 J. P. 摩根公司的合伙人仍然觉得，他们对英国无法实行稳健财政政策的责难是合理的。他们期望的是哪种程度的财政削减呢？是完全不发放失业救济金吗？正因为 J. P. 摩根公司是在这种情况下唯一能够帮助英国筹到钱的公司，他们才能够加深对一个主权国家的控制，干涉其处理内部事务的权力。

在一个星期天，J. P. 摩根公司的合伙人在长岛的一个私密地点会面，等待着英国正式提出贷款请求。格伦菲尔在发来的几封电报中已经说得很明白了，如果他们不提供帮助的话，工党政府很快就会垮台。英国政府的命运就寄托在了这家华尔街银行的身上。

麦克唐纳等着电话，他的政治命运也是悬而未决，J. P. 摩根公司的合伙人正在讨论救援英国的方案。他们筹办过无数次的贷款业务，但这一次是最困难的。对于银行家来说，比起风险，他们更希望得到确定性，尤其是这次接手的主权贷款业务，牵涉甚广，与之相关的各方都和 J. P. 摩根公司有长期的合作关系，而合作关系是建立在信用和声誉的基础上的，这两点是在银行界最被看重的。然而，J. P. 摩根公司的合伙人还没有看到英国的紧缩财政政策。事实上，工党都没有达成一致通过此政策，更不用提议会了。所有的合伙人都在等着伦敦发表意见，他们只能等英格兰银行确保能够出台"稳健财政"的文件之后，才能提供贷款。

J. P. 摩根公司的合伙人在计划筹谋；而另一边，工党政府因为内部的紧张氛围，开始逐渐分裂。外交大臣汉德森不能容忍向他的选区的人们背后捅刀的财政预算案。汉德森曾经做过棉纺工人、铸铁工人、机车学徒、翻砂工人，还是个热血不求回报的工会成员，"亚瑟大叔"在他将近 30 年的政治生涯中，一直不断地为了让贫苦人民过上更好的生活而努力。此时的汉德森已经是 68 岁高龄，哪怕是削减 10% 的失业救济金他都不能容忍，还有很多人仍然生活在水深火热之中，为了养家糊口艰难地谋生。他可以对其他经济领域 5 600 万英镑的开支缩减睁一只眼闭一只眼，但是绝对不允许打失业保险的主意。所以汉德森坚决反对紧缩的财政政策，他告诉同僚，他绝不会支持一个加剧人民贫困的政府。对于首相来说，这是一种可怕的背叛。因为汉德森一直以来都是他最忠实的支持者。

就在英国政府内部的意见产生极大分歧的时候，一封来自爱德华·格伦菲尔的措辞严谨且具有外交意味的信件，成为了各持己见的各个派别的"调解者"。虽然格伦菲尔在礼仪方面非常刻板，但他绝对是思虑周全的楷模，在银行业摸爬滚打了 30 多年，他能够自如应对和英国政府有关的事务。他的父亲是亨利·里弗斯代尔·格伦菲尔，老格伦菲尔是一名议员，也是英格兰银行的董事，格伦菲尔和他的父亲一样，拥有议员和英格兰银行董事这两个身份。格伦菲尔当了四分之一个世纪的董事，但是却没有执行过什么复杂任务。根据他在电报中传达的 J. P. 摩根公司合伙人的意见，已经确定纽约方面可以筹集 1 亿美元 ~1.5 亿美元的短期贷款给英国，剩下的部分将在以后继续筹集。

麦克唐纳松了一口气，看样子这笔拯救英镑和金本位制的救命钱可以到位了。这也正是《泰晤士报》希望看到的。"英镑是国际融资贸易主要的金融媒介，再加上英镑的国际声誉，让拯救英镑成为全世界关注的热点问题。"一篇极具爱国热情的社论写道。此外社论中还提到，政府只有几个小时的时间拯救英国货币。"每个国家都希望英国能够稳定，也迫切希望维持住这种稳定，因为英国世世代代都是存放海外资本的金融中心……"《泰晤士报》最关心的就是"英国信贷"问题，而时不时就会有人散布谣言，说在一夜之间，家庭主妇们就得花 1 先令去买原本价值 6 便士的蔬菜，英国应该废除金本位制了。

不过，有正式合同和其他文件确定的财政贷款，要等到议会通过适当的立法确定预算削减之后，才能真正生效。在一篇讲述世界各国因英镑衰落而感到恐惧的文章中，杰克·摩根提出了这样的问题："我们认为目前在考虑之中的方案需要英格兰银行提供支持，因此伦敦要恢复人们对英国经济重回巅峰的信心，还有很长一段路要走，这样的想法是对的吗？"杰出的银行家杰克·摩根的问题其实是，债权国是否会向英国要回他们的钱。如果英镑崩溃，英国无力偿还贷款，那么这对 J. P. 摩根公司来说无疑是场灾难，更别提它自己的名誉了。但是"考虑之中的方案"——财政开支的减少，又会夺走英国庞大的失业人口的希望，这当然无法得到工党政府全体成员的支持。虽然内阁以多出 10% 的支持率的微弱优势，通过了削减失业救济支出的政策，但是这一决策让政府被分裂成了两个阵营。红色克莱德河畔组织坚决不同意通过这项政策。

在最后一次努力试图说服反对的大臣之后，筋疲力尽的拉姆塞·麦克唐纳终于承认了自己的失败。深夜，他来到了白金汉宫，时刻关注着局势的国王乔治五世正在等着他。国王从他在巴尔莫勒尔堡的苏格兰座椅上起身，登上了前往伦敦的特别专列，带去的不仅是国王的庄严，还有对大臣们的支持。国王在尤斯顿火车站接见了英格兰银行派来的代表乔西亚·斯坦普爵士，在去往白金汉宫之前，国王和乔西亚爵士进行了几分钟的谈话，简单聊了聊当下的形势。几近绝望的首相别无选择，只能提出辞呈。比麦克唐纳更加慎重的国

7
蒙塔古爵士的噩梦

119

王，建议他的首相再多考虑一段时间，随后便去和其他党派领导者会面。

第二天，8 月 24 日，麦克唐纳辞去了首相的职位，工党政府成为了三党联合执政的政府。这确实带来了理想的结果。红色克莱德河畔组织和其他一些激进的工人阶级武装组织纷纷下台（《泰晤士报》松了一口气，它曾经谴责过这些组织的"无知的偏见"），J.P. 摩根公司的合伙人总算给出了答案，他们向新政府保证，他们将会筹集 1.5 亿美元的短期贷款，以国库券的形式由英格兰银行发行。这事实上是一种过渡性贷款，新政府希望依靠这笔贷款让英国重新获得对黄金的控制。"多亏了联合政府，" 8 月 25 日麦克唐纳在议会中说道，"这个政府可以让 1 英镑价值 20 先令。"

《泰晤士报》立刻在文章中用航海来作比喻："如果你知道英国的信贷和英国人民的生活曾经差点就要像遇到海难的船只一样毁于一旦，那么此刻你一定会感到狂喜，虽然这片海依然波涛汹涌，但是有一支可靠的船队留下了一条救生船。"这正是伦敦现在的完美写照。要让英国这艘大船重新漂浮起来，贷款成本还是很高的。美国的银行家不愿意卷入英国的危险局势中，除非回报率超过风险，4.5% 的贷款利率就是他们开出的条件。纽约的合伙人在电报中说明了情况，这让首相和财政大臣有些退缩。"在我们国家的银行界，没有哪一个金融机构期望真的能从英国财政部的长期或者短期票据中得到什么佣金或利息。" J.P. 摩根公司解释道。事实上，美国银行为英国筹集贷款，完全是出于一种"共同支持英镑"的义务。

贷款事宜必须在胡佛总统那里报备清楚，这让胡佛陷入了进退两难的困境。胡佛总统不想袖手旁观，眼睁睁地看着英镑崩溃，因为这会危及到美元的稳定性，但他同时也害怕面临政治风险。在美国银行也一个接一个破产倒闭的情形下，它们仍然为英国筹集了 1.5 亿美元的贷款。美国银行最早开始出现大规模破产是在田纳西州的纳什维尔，这发生在一年前（1930 年 11 月），然后开始向美国南部蔓延。1931 年，超过 2 294 家各种类型的银行金融机构相继关门。报纸上都是困惑的人们聚集在银行大门外等待的照片，他们在想自己的钱究竟还能不能拿回来。1931 年 3 月 20 日，一家纽约报纸发布了这样一张照片：一个戴着尖顶帽，解开了束腰衣的纽扣的鲁莽的警察，站在名气响亮的世界外汇银行门口维持秩序，有 3 个衣着得体的人正试图通过窗户窥探里面的情况。总统告诉摩根的合伙人托马斯·莱蒙特，因为他"为了使用可变现资产帮助英国银行和政府解决问题，而任由美国本土银行相继破产，给储户造成了巨大损失"，媒体是不会放过他的，所以他只能现实一点。虽然知道会造成这种结果，胡佛总统还是同意援助英国——英国对此非常感激，这笔贷款照借不误。美国在这一事件中也并没有太得不偿失。

J. P. 摩根公司所做的比它承诺得更好，它几乎动用了所有可用的关系渠道，包括"新闻界的朋友"，J. P. 摩根公司的合伙人终于筹集到了 2 亿美元。8 月 28 日，杰克·摩根在伦敦签署了文件，要求纽约银行调拨这笔贷款。当这一切尘埃落定，纽约方面告诉格伦菲尔，他们在贷款业务中从没遇到过这么艰难的情况，甚至为墨索里尼的法西斯政府筹钱都比这要顺利。

向银行表达不满的工人运动也平息下来了。《每日先驱报》上发表了一篇谴责纽约银行家对斯诺登的财政预算过分干涉的文章。在一场颇具阴谋论倾向的运动中，这篇文章立刻成为了运动领导者发起抗议的凭证，并在之后的几年里被左翼分子所接受并重视，他们将其视为这个美国最富有的人和他的合伙人冷酷无情的证据。这就是后来为人们所知的"银行家的敲诈"。

其实这些都是真的。如果不是 J. P. 摩根公司的合伙人说服各方，令其相信英国政府能够削减财政开支，J. P. 摩根公司根本不可能援助英国。这并非经济层面的原因，因为鲜少有债主懂得经济；他们只想确保自己的钱是安全的。然而，左翼分子永远也不会明白这一点，因为他们根本就不了解全球货币市场的运作规律。但他们推崇的那篇文章依然在流传。

斯诺登应对大萧条的策略完全是错误的。但是红色克莱德河畔和其他一些缺乏知识的传统经济学的反对者，通过直觉无意间发现的解决方法，也的确是更好的方法。简单来说，他们的方案就是让人们重新获得工作机会，不论是通过公共建设项目还是其他途径，都可以创造更多的工作岗位，这样一来，人们的收入和消费能力就会提高，就能够刺激经济的发展。善于雄辩的左翼工党成员詹姆斯·马克斯顿认为，鉴于英国实际的财富水平，执着于平衡财政是"无关紧要的小事"。这位曾经当过老师的工党议员在他的巴尔黑德的家中说，和人有关的因素——最贫苦和最无助的人的命运，在不同意见派别的辩论中，总是被忽视的一点，《泰晤士报》的一篇文章中记录了马克斯顿的话。"我唯一看到的巨大危机，是要决定应该让富人出钱还是穷人出钱。"他说，"我的态度很明确，任何团体组织，无论会施加何种影响，以何种手段从工资低得可怜的工人、失业的男人和女人、只能依靠养老金度日的老年人、寡妇和孤儿的口袋里拿走一便士，或者以任何形式剥夺孩子们受教育和享受医疗的机会，我都会和他们斗争到底。我不相信经济的发展有必要以剥夺人们的生存权利为代价。"

在当时，从英国的基本财富中拿出一部分作为经济发展的预支费用，这样的观念是非常普遍的。从理论上来说，这一观念和梅纳德·凯恩斯的观点非常接近。至少在当时，它得到了广泛的推崇。很多年以后，人们才开始认识到，"稳健财政"并不是只有这一条路，还可以有其他的选择。

但毋庸置疑的是，危机爆发的导火索就是对货币采用固定汇率的金本位制过于僵化。金本位制是适合于战前特殊时期的货币体制，这一时期的国家和私人投资者都比较相信黄金赋予货币的价值。然而，随着大量的英镑储蓄被困在欧洲，英国经济的脆弱性逐渐显露，股市急剧下跌，大银行相继破产，全球贸易全面衰退，此时像英镑这种货币的真实价值已经不再具有确定性。而整个金本位制体系都建立在这种不可信的价值的基础上。在躁动不安的氛围中，每一次银行破产，哪怕是银行破产的谣言，都会引发黄金争夺的风潮。所有的国家都在为了黄金相互竞争。所以，金本位制不再是强有力的、恒久不变的制度，而是已经变成了通过全球货币市场的流通渠道传递紧张和不安的导体了。蒙塔古爵士认为，金本位制已经无法再继续维护货币市场的稳定，它正在朝着完全相反的方向发展。

最终，英国得到了贷款，J. P. 摩根公司得到了贷款利息。"我希望大家都能看到纽约和美国其他银行家从始至终提供给我们的巨大帮助，以及他们表现出的善意。"麦克唐纳首相在一次座无虚席的议会全体会议上说道，"如果没有借到这笔钱，英镑将会一蹶不振。今天 1 英镑还值 20 先令，明天可能就只值 10 先令了。英镑将会失控般地贬值。我不是在危言耸听，我是在陈述事实。"

<hr />

英国以前就是一个高税负的国家，英国人终于逃离了关税税率相当沉重的财政预算。左翼分子对于向最低收入人群征税感到尤为愤怒。《时代》杂志写道，一个养着两个孩子的单亲父亲，领着 823 英镑的微薄薪水，而这样的收入却有 20% 都要拿来交税，如果在美国，他需要交的税甚至连 1 美元都不到。甚至连拿 309 英镑的最低工资的人，也必须要交税。事实上，经济已经被税收抽干了。令人尊敬的伦敦主教亚瑟·英格拉姆告诉记者，他每年要交 11 000 英镑的税，这一数额是他行政收入的三分之二——这还是在预算案颁布之前。

斯诺登对于实施这个不受欢迎的任务丝毫没有感到歉疚。"时间不多了，所以最好快一点。"他对那些反对征收啤酒税的议员们说，"提高对啤酒的征税额度从明天开始生效。"（英国爱喝啤酒的人和这些议员们一样，都不会接受他的提议，因为虽然税率高，但是政府征收的啤酒税税额却开始降低，这证明了税率定的太高也没用，政府实际收到的税款可能会更低，还不如把税率定在一个负担得起的合理的水平。）

熬过这场演讲，斯诺登感觉精力几乎耗尽，财政大臣最终来了一个戏剧性的结尾。议会成员全都被斯诺登震惊到了，他唱了一首他家乡的赞美歌，引用了已故 20 多年的阿尔杰农·查尔斯·斯温伯恩创作的《英格兰颂》。

我们所有的过去都在赞美着未来，

莎士比亚的声音和尼尔森的手，

米尔顿的信仰和渥兹华斯对我们选择的这片自由之地的信念，

我们将见证，在和她对立的世界里，

英格兰仍然屹立不倒。

持反对意见的议员大多数都是苏格兰人，斯诺登唱出这首震惊四座的赞歌时，他们一脸邪恶地坐在那里看着，反对党坐席里的保守党和自由党一直以来都在秘密参与预算案的制定——此时的他们正欢呼雀跃。所以，工人阶级感觉自己被工党政府抛弃了，这一点也就不足为奇。

从大体上看，大型企业都支持斯诺登的税收政策，它们是最不足为患的。它们主要的不满在于，这些政策的力度还不够大。"英国工业联盟已经连续多年敦促每一届政府进行大幅度的财政开支缩减。"这个组织在发表的社论中说道。"现在，经济发展中最重要、最紧迫的必须要解决的问题是政策和观念的改变。我们必须克制自己的欲望，尽快找到通向理想国的捷径，并对现在我们能够负担的生活水平感到满足。"

伦敦实际上已经选择了和财政大臣站在同一阵营，特别是当斯诺登在电台广播节目中讲述政策合理性的几天之后。斯诺登解释道："伦敦是世界贸易资本集散中心，因为英镑被视为和黄金等价。"他继续说："任何会让其他国家对英镑的信心产生动摇的事情，都会让外国人把钱从伦敦撤走。"斯诺登和支持他的议员们齐心协力，向人们宣传 20 世纪 20 年代初德国马克崩溃后的可怕结果，尽管德国的危机是发生在无政府状态下，和英国的情况完全不一样。"要是我们舍弃了金本位制，舍弃了工资、养老金和所有收入，我们也会走上这样一条路，而且到何种程度才会停止还很难说。"斯诺登越说越起劲，他描述出了工业一片混乱，失业大肆泛滥，英镑失去价值，英国经济走向末路的景象。

《泰晤士报》也写了类似的文章，称赞财政大臣的"英雄事迹"，但一边又说"工党成员缴纳的直接税税款只占相当少的一部分"是一件不可思议的事情。除了直接税，"新的税负还涉及啤酒、娱乐业、烟草——都是生活的边角料，而不是必需品"。（根据当月的报纸报道，失业人口比去年增长了70万。）

不只有《泰晤士报》全心全意支持新的预算案。还有很多英国人也都支持这项吝啬的法案。国王说，他从王室专款中得到的年收入将会少5万英镑，还有威尔士王子，他捐出了1万英镑用于公共财政——《泰晤士报》对此非常赞赏，希望他们的行为"至少能够建立起国家履行职权的必要尊严，能够改善王室仆人们的生活水平"。受到国王和威尔士王子的激励，税务局门口排起了队，全都是自愿提前交税的人。菲利普·杰克森先生是丹卡斯特的糖果商人，"为了帮忙减轻国家的债务负担"，他向斯诺登开了一张1000英镑的支票。斯诺登满怀感激地收下支票，钱存入银行后，财政大臣向杰克森先生写了回信："您为国家送上了这样一份礼物，请允许我向您的爱国主义精神表达我的谢意和赞赏。"一位从布里斯托来的妇女，70岁的沃尔特·霍迪诺特夫人向财政大臣归还了她的养老金存折，她告诉记者，因为她想要"尽自己的一份力量"。还有一位保守党议员决定在"当下的危机时期"放弃自己的工资。

但是左翼分子仍然对首相满怀愤怒，给他贴上了背叛的标签，不接受他给出的任何理由。后来麦克唐纳给他的同僚苏格兰人曼尼·辛威尔写了一封信："我们现在正处于经济危机爆发的边缘，如果不尽快处理好，那就不是减少10%的失业保险开支的问题了，到时候，整个经济系统都会陷入混乱无序的状态，这将会对整个工人阶层产生最可怕的影响。"首相总是竭力维护三党联合执政的政府结构，尽量避免造成"毁灭性的灾难"。

---·◇◇◇·---

预算案发布的时候，正好赶上皇家海军的大西洋舰队在准备航行实战演习的航线时，在苏格兰邻近因弗戈登的克罗默蒂海湾抛锚搁浅。军舰上差不多有 12 000 多名海军都要接受降薪的决定。但这不是他们期望的结果。一点也不奇怪，斯诺登只告诉了海军部他在海军支出上的预算规模，然后就让他们自己决定如何分配这笔预算。海军上将在这个错误的决定面前妥协了，降低了现役人员（比如见习军官）的薪水，并且还把新兵们原本就非常微薄的工资削减了四分之一，还包括一些级别更低的海员。受到最大冲击的是海军的骨干，那些参加过第一次世界大战的长期服役的老兵，他们的薪水降低到了每天 3 先令。新兵的工资减少了 9 便士，每天只能拿到 2 先令。一位海军说："降薪对我们这些在船上的人来说没什么，但是对我们的妻子有很大影响，付完房租之后，就只剩下 1 英镑了。"

军舰海军上将的日工资是 8 英镑，现在也要"为了国王和英镑做出牺牲"，接受降薪，但是一些低级别的军官却无法坦然接受这样的"牺牲"，他们对此相当愤怒。《罗德尼》杂志曾经报道过，当左舷班的船员请事假上岸时，其中一些爱尔兰水兵会聚集在餐厅里，发起"红旗运动"，这让他们的长官们惊恐不已。第二天是右舷班上岸，又有一大群水兵在餐厅举行群众集会，在酒吧里聚众抗议，或者是在其他的临时地点，有些水兵还打破了窗户。

忧心忡忡的海军总司令，海军少将威尔弗雷德·汤姆金森，立即下令让"勇者号"战舰起锚，前往大西洋航线，希望能够阻断尚在萌芽之中的反抗苗头。但让他不敢相信的是，勇者号的船员们拒绝让战舰起航。当长官们前去履职起航战舰的时候，一群强壮结实的水兵挡住了他们的去路。"不好意思，长官，您不能过去，"这群反叛者的发言人向他们的上级说道，"如果您升起一个锚，我们就降下另一个。"在这种特殊的情形之下，审时度势比有勇无谋要好得多，所以长官们离开了。看着勇者号的锚留在了船上，这些工资最低的皇家海军的水兵们发出的欢呼声响彻了整个海湾，他们唱起了歌。

我们人多力量大，人多力量大，人多力量大，

人越多力量越大，

我们就会更加快乐；

你的朋友就是我的朋友，

我的朋友就是你的朋友……

这一事件的直接结果就是大西洋的军事演习被取消，各军舰都被命令回到各自的母港，但是水兵们的暴动仍然在持续扩散。在离海岸更远一些的地方，位于福斯湾的罗塞斯，水兵们也在表达着他们的不满。面对群情激愤的局面，海军长官们出门都得带着韦伯利左轮手枪防身了。

媒体在报道中将这次海军的反抗运动称为"因弗戈登暴乱"，虽然《每日先驱报》是无产阶级报刊，却也在谴责水兵们失去了对国王的忠诚。夸大其词的报道铺天盖地，这倒让那些还在英国投资的人开始警觉了。英国的武装力量正在和政府公开对抗！虽然并不是那种意义上的对抗，但是这场"暴乱"已经足够摧毁外界对英镑的最后一点信心，因为人们会认为，英国社会的组织结构已经开始分崩离析。让斯诺登感到恐惧的是，新一轮的黄金外流又开始了。身陷重重困境的财政大臣此刻感觉，无论他做出怎样的努力，英镑危机都会爆发。在接下来的3天里，又有3 300万英镑的储备金从英格兰银行的金库里消失。因为海军的"暴乱"，J. P. 摩根公司的合伙人和英国的债主们坚持实行的降薪措施，恰好起到了反作用。他们在无意之中加速了英镑毁灭的进程。

9月21日，在首相的指示之下，英格兰银行不再向个体客户提供黄金，哪怕他们有现金也不行。这意味着英国已经不再以每盎司4.8665美元的价格

向任何个体客户出售黄金，这原本是由英格兰银行定下的乐观估值的官方价格。英国已经正式放弃了金本位制，虽然宣称这是"暂时的"。6 年来，英镑第一次成为了汇率浮动的货币；英镑不再以黄金为指标拥有固定价值，英镑的价值现在很大程度上取决于市场状况。英国放弃金本位制后，其他国家也纷纷紧随其后。不久之后，35 个国家在大萧条的余波中废除了金本位制。

斯诺登带着一脸的憔悴回到了议会大厦，他向议员们解释了最近发生的这一系列灾难。从斯诺登执掌英国财政以来，就没有遇到过一件好事。他在座无虚席的会议厅里发表了一番演讲，"这种结果是我们不愿意看到的。从某种程度上来说，这种结果是相当惨重的，但这并不是灾难性的、毁灭性的结果。英镑不会走上和马克或者法郎一样的道路。"这和斯诺登在金本位制废除之前预测的可能出现的可怕结果是完全不一样的。如同财政大臣脚边的宠物狗一样，《泰晤士报》的观点也发生了 180 度的大转弯，表示出了完全的赞同。看起来似乎金本位制不是最关键的，关键是看究竟是谁废除了金本位制。

有些人认为废除金本位制是一件值得高兴的好事。加拿大裔的比弗布鲁克勋爵是《每日快报》的老板，他对这样的结果感到很满意："我们放弃了金本位制，永远不再恢复金本位制，金本位制的结束就是贸易真正复兴的开始。"不喜欢抛头露面的杰克·摩根被记者团团围住，他也表示，贸易的复兴是经济复兴的重要基础，"在我看来，废除金本位制是联合政府的工作任务中第二个必经的阶段，而第一必经的阶段是平衡预算。政府完成这些任务之时，就是英国贸易开始复苏的时刻。"

杰克·摩根说的没错，英镑的价值正在衰退。在纽约，1 英镑的价值一度低至 3.75 美元，后来反弹回升至 4.3 美元，这在某种程度上是华尔街出于对盟友的同情而不愿意攻击英镑的结果，当然，也有可能是因为害怕摩根集团会因英镑贬值而遭受损失。重要的是，政府对于英镑被草率地大肆卖空的担心暂时减轻了；在英国废除金本位制之前，麦克唐纳对这一决策进行了多次严厉的警告和提醒，才使英镑没有走向马克和法郎那样的结局。同时，英格兰银行的乔西亚·斯坦普爵士却希望能够恢复金本位制，他代表了官方的普遍观点。"如果你相信英国以后会恢复金本位制，那么一切都将会好转。"他自我安慰道。"但是如果你惊慌失措，急着卖空你手上的英镑，那么英镑最终肯定会贬值。"联合政府已经尽了最大努力，用废除金本位制的结果来达到威慑的目的。现在，很明显一切都走上正轨了。

在关于金本位制的激烈辩论中，有一点却是达成了共识的，那就是贸易复兴的重要性。报业大亨比弗布鲁克、银行家摩根、铁腕财政大臣斯诺登、随和的麦克唐纳，甚至是激进的克莱德班克人——全都认为，经济要实现复兴，就要有更多的黄金出售到国外。

然而不幸的是，事情却往相反的方向发展。

8

❦

巨船沉没

汽笛声响起，一天的工作结束，克莱德班克的希望之船534号轮船上的3 800名造船工人，他们像平常一样，放下了手中的工具回到各自的家中。然而和平常不一样的是，这一次他们不会再回来了。从动工开始到现在已经快一年了，但这艘巨轮的建造工程在克莱德河畔的布朗船厂里却突然被中止。冠达邮轮公司的总经理，仪表堂堂的苏格兰人托马斯·贝尔爵士，由于大萧条这一不可抗因素，不得不叫停了这项工程。534号轮船是为了大西洋航线的繁荣贸易而设计建造的，但现在，全国贸易都在快速衰退。冠达邮轮公司需要的是一艘能够运载4 000名乘客的大型客轮，但是当时有很多运行中的小型轮船都一直在赔钱，原本预定的乘客都待在岸上了，订座的人也越来越少。商人、电影明星、贵族和皇室成员都不再像以前那样经常外出旅行了，他们的旅行也不会像大崩盘之前那样豪华铺张。订低价船票来美国的移民也不再受到欢迎，因为这里的失业率已经高的吓人了。冠达邮轮公司委托布朗船厂建造的其他轮船中，有一艘美丽的阿基塔尼亚号，它被常客们称为"船中美人"，在大西洋航线上，已经有很长一段时间没有载过像原来那么多的乘客了。同样地，英美合资的红星航运公司的大部分轮船，包括在安特卫普的贝尔吉兰德号，乘客数量也大幅下降——只有大萧条之前载客量的三十分之一。

534 号轮船停工，并不完全是因为大萧条，还有其他政治和经济层面的原因。比起 20 世纪 20 年代，法国、意大利和德国轮船因为蓝丝带奖而获得了更多的业务。法国航运公司的诺曼底号不久就要下水航行了。冠达邮轮公司在 534 号轮船上投入的成本可能太高了。但是停止建造的主要原因，毋庸置疑还是迅速衰落的经济形势。和竞争对手白星航运公司以及其他一些商业轮船公司一样，冠达邮轮最大的收入来源是货运，而不是客运，虽然他们的乘客都相当富有。因为货运量的大幅减少，冠达邮轮的货轮都在亏损。

1931 年圣诞节之前，534 号轮船被丢弃在工厂的院子里，变成了一堆逐渐生锈的废铁——这艘被遗弃的船原本应该成为商业船队中的一艘新旗舰，成为英国第一艘长度超过 1 000 英尺的巨轮。更重要的是，534 号轮船的所有建造工人立刻失去了工作，只能靠救济金度日，而克莱德班克其他很多工作岗位都有空缺。当年从格拉斯哥起航的为数不多的轮船中，有一艘"南皇后号"，这是一艘长度仅有 260 英尺的旧式蒸汽轮船，在泰晤士河上为伦敦和东北铁路公司往来载客，并不是跨越大西洋的远洋航行。克莱德河上的蒸汽船说明了一个真相：轮船的建造工程已经走上末路。不是只有船上的建造工人——那些用一块块金属板和一颗颗铆钉建起一艘船的人失去了工作，还有所有船下的商人们、轮船的油漆匠、工匠、电工、水管工、家具商，以及所有和这艘巨轮的建造息息相关的人，不论他们是在格拉斯哥还是其他地方，都有可能因此而失业。很快，"不再招工"的海报贴满了克莱德班克的大街小巷。奥顿笔下的"鹤的湿地"成为了一片空虚之地。

英国其他的造船公司也遇到了麻烦。贝尔法斯特的哈兰德沃尔夫公司曾经为凯尔森特勋爵的白星航运公司建造了 70 多艘轮船，现在却一个订单都没有了。它为白星航运公司建造的最后一艘轮船"海洋号"，也是 1 000 英尺长的大型轮船，它在大崩盘之后也被废弃了。海洋号被拆解建成了一艘小型轮船"大不列颠号"。在泰恩河畔——英国东北海岸的一个有着百年历史的造船中心，小造船厂一个接一个地关门，大的造船厂为了抢夺生意，竞争异常激烈。

　　泰恩河畔的人们都以造船为生。在过去的一个世纪里，一大批各种型号和用途的船只都是在泰恩河建成起航的，包括"毛里塔尼亚号"（杰克·摩根乘坐的穿越大西洋的邮轮），以及油轮、货轮、战船、渡轮和沿海船舶。这里只有一家造船公司，就是泰恩河南岸杰罗的帕尔马斯船厂，它一手包办了将近 900 艘轮船的建造工程，它是从 8 年前建造一艘铁桨驳船开始起家的。大多数生活在这个噪音刺耳的杰罗的居民，世世代代都非常支持造船事业。在一些特殊时期，比如战时，杰罗的男人们，有时候还包括女人，都参与过英国最大战船的建造工程。但是现在，那些叮当作响的敲击碰撞声渐渐平息了下来，因为造船订单都被取消了，人们也因此失去了工作。造船厂附近的帕尔马斯钢铁厂在 1931 年关门停工，在建造完英美石油公司的"埃帕雷奇号"油轮之后，帕尔马斯船厂就没有接到过新订单了。再也不会有任何轮船的建造订单了，在"毁灭者公爵夫人号"建成的几个月之后，连建造战船的订单也没有了。

　　再往东部海岸更远的地方，桑德兰的造船厂的境况也不怎么好。1929 年，格雷船厂建成了它的第 1 000 艘船，然而第二年就关了门。当地人还时不时地聚集在船厂，希望能够找到一些边边角角的工作。附近的造船厂也都办不下去了，比如普利斯特曼船厂，再也没有重新开工的机会了；还有一些造船厂连续 5 年都没有造出一艘船。很早之前，英国的造船业就已经出现了 90%的恐怖下跌，这给那些利润来源主要依靠造船的主要大型产业（尤其是煤矿和钢铁）带来了灾难性的后果。

　　现在出现了一种奇怪的现象。不再有新的船只建成离港，反倒是有不少船又开了回来。各个河岸和海港都被各种各样的船只塞满了。它们在河边抛锚停靠，不再返回到原来的地方去。很快，英国的各大河流海域都变成了没有货船也没有客轮的幽灵航道了，停在港口的船随着水流轻轻摇动，在系船柱旁开始慢慢生锈。这种景象不仅在英国出现，从密西西比到横滨的各大港口、河流、湖泊和水湾也都在上演这样的景象。船只都停靠在港口，船员们结清薪水后都下了船。岸上也没有工作机会，没有货物需要搬了。每个国家的商船队都受到了全球贸易航线逐渐瘫痪的影响，甚至是英国太平洋航运公司的"太平洋女皇号"，也已经有十八天没有走从利物浦到智利瓦尔帕莱索的航线了，因为没有乘客和货物，它也只能被停在港口。

———————❧———————

造成全球航运和造船行业巨大衰落的罪魁祸首，就是美国的保护主义政策，具体来说就是因为《斯穆特-霍利关税法案》把关税税率提得太高。虽然我们已经知道，在 1929 年以前，美国保护本国制造的产品（尤其是农产品）免于国外市场竞争的策略就已经提上议程了，但是其倡议者犹他州议员利德·斯穆特和国会议员查尔斯·霍利这种惩罚性的、充满敌意的政策是出人意料的，而且人们也没想到这项政策会在大崩盘爆发之前就在参议院通过了。这项政策在立法之后的几个月就已经渗透到了美国和世界各国的贸易联系之中。虽然学者们还在争论着《斯穆特-霍利关税法案》造成的破坏程度，但是在人们看来，它就是一系列错误的源头，使得美国国内的危机，即美国股市大崩盘，演变成了全球性的灾难。

把完税进口商品的关税提高到一个相当高的水平的政策，在半个世纪里为美国本土市场筑起了一道封锁线。鉴于税率的提升幅度很高，美国国内的产品确实免去了很多竞争。用百分比来表示关税占进口商品的价值，化学制品的关税上升到了 36%，糖类产品的关税上升到了 77%，农产品关税上升到 35%，棉花上升至 46%，羊毛和丝织品上升至 60%。这些数字都还算是比较保守的，因为关税和货币计量有关，有时候一吨进口商品都要收高额的关税。随着全球贸易的衰退，进入美国仓库的进口商品的数量在减少，价值也在降低，而税率依然没变；海关收到的关税总额并没有出现补偿性减少。所以进口商品的关税占商品价值总额的比率近乎翻了 1 倍，达到了 60%。《斯穆特-

霍利关税法案》正在扼杀全世界最大的生意，就是全球商品贸易。

证据无可辩驳。从总体上看，欧洲的贸易量从大崩盘发生一年之后下降了18%。在1931年到1932年间，又下降了三分之一。在此之后的3~5年，贸易量一直持续下降，各个国家下降的幅度都不同。用美元计量作为指标来衡量，从1929年到1934年，全球贸易总量骤降三分之二。没有任何一种出口货物能够从这场灾难中幸免。食品、牲畜、原材料、日用消费品、汽车和其他所有产品——进出口数量全都急剧下跌。

没有了买家，价格不可避免要降低。农业类的商品价格下降得尤其厉害。光是在第一年，小麦的全球平均价格就下降了19%，棉花价格下降了27%，羊毛价格下降了42%，丝织品价格下降30%，咖啡价格下降43%，铜制品价格下降26%。同样不可避免的是，大多数产品的产量也因为需求减少而大幅降低。从1930年到1933年，欧洲的工业总产值（包括英国）平均每年下降了15%；全球工业总产值下降了三分之一。从实现工业化以来，这是经济增长第一次随着全球经济的衰退而出现全线崩溃，就好像失去了动力的火车一样。让各个国家能够超乎想象的实现互通有无的全球商品贸易，正在逐渐衰竭。

造成这些问题的关键，就是《斯穆特-霍利关税法案》在全球引发的贸易保护主义风潮。因为害怕全球最大的经济体会关闭其进出口贸易市场，所以其他国家都纷纷树立起了自己的贸易壁垒。在这股贸易保护的风潮中，明智的建议被人无视。就在大崩盘发生后的几天，英国贸易委员会主席韦利·格雷厄姆在国际联盟的会议上呼吁所有国家在两年时间里暂时取消关税，给彼此一个深思熟虑的机会。很明显，格雷厄姆看到了关税大战可能带来的结果。取消关税可以让各国在这次全球性的恐慌中得到喘息的机会，从而制定贸易驱动型的"关税降低策略"。然而，各国都紧随着《斯穆特-霍利关税法案》的脚步，普遍都做出了和投票人的需求完全不同的反应。比如澳大利亚就立刻提高了一大批进口商品的关税。很快，超过六十个国家都通过了它们报复性的、损人利己的保护性政策，以此来对抗国外进口商品。用不了多久，一座座"死亡之墙"（经济层面的）就会树立在各国边境之间了。

不同的国家实施不同的政策，但是最终都得到的是相同的结果。在欧洲，作为先驱者的法国，要求本国进口商购买政府拟定的限制名单上的特定商品。随着贸易壁垒越来越宽、越来越高，在欧洲，个人、企业和国家之间长期以来的友好互惠、利益共赢的贸易往来全都被阻断了，取而代之的是为了达到两国之间严格的进出口平衡而进行的刻板的双边贸易。有些双边贸易活动实际上就变成了讨价还价的交易，就像是中世纪的那种古老的贸易形式。这场风暴的始作俑者美国，一直需要硬通货来支撑其金本位制，并且拒绝接受其他国家用任何实物商品来还债。

在一场贸易保护的战争中，没有哪个国家能置身事外。比如荷兰，其经济发展在很大程度上都依赖于跨国贸易，它想要打开国门做生意，但是最终却不得不屈服，也通过了一些贸易保护法案，比如有一条政策就规定，商人必须在每袋进口谷物中加入本国的产品。"简而言之，欧洲所有国家的政府都开始控制海外贸易，"权威著作《欧洲经济发展史》（*Economic History of Europe*）中写道，"这种状态让人回想起了第一次世界大战的时候，好像很多人都在预期一场新的末日之战。"

在遥远的新西兰，一个被贸易拯救的国家，这里发生的一切，看起来真的就像一场末日之战。虽然新西兰和纽约的贸易往来非常少，但《斯穆特-霍利关税法案》对其也是一种打击，美国把这个只有 150 万人的小国家看成了对美国农民的巨大威胁。一夜之间，新西兰的羊毛、黄油、肉类、皮毛、皮革甚至是洋葱的出口，全都被美国拒之门外，尽管这些产品等待出口的数量非常少。新西兰对美国进口洋葱征收的关税非常低，每吨只要 30 先令，而《斯穆特-霍利关税法案》对新西兰却毫不留情，出口到美国的洋葱，征收的关税是每吨 9 英镑。新西兰商业界的领导者们既震惊又愤怒，他们要求政府向美国予以还击，出台政策提高一切美国进口商品的关税，包括木材、纸、机械、石油，还有亨利·福特的 T 型汽车。

因此，《斯穆特-霍利关税法案》也让美国后院起火。1932 年 9 月底，《纽约时报》发表的一篇社论，为美国向德国的出口额降低 70% 而感到惋惜——德国曾经是美国的第三大出口国。这篇社论的主题旨在说明贸易壁垒对美国的损害。然而，文章通篇都在指责其他国家设下的关税壁垒，丝毫没有提到美国。《纽约时报》认为，应该由美国的主要贸易合作伙伴降低它们的关税壁垒，来刺激贸易的发展，而不是由美国来降低关税壁垒。如果德国的新总理，无助的弗兰兹·凡·帕朋读了这篇社论，他肯定不会采纳这个提议。相反地，他只会把德国的进口关税调到一个"极其高的水平"。

贸易壁垒造成的损害都堆积在了美国农民的身上——他们本应该是关税法案的保护对象。最为讽刺的是，霍利本人就是在农场长大的，而农产品出口受到了最严重的冲击，尤其是小麦、棉花、烟草和木材。小麦出口量下降了一半。因为收入大幅减少，很多农民不得已欠了乡村银行的贷款。在其他地方，因为需求大幅下降，所以对应的产品价格也跟着下跌。不久之后，运输小麦的成本居然是小麦市场价格的数倍。在加拿大的卡尔加里，种植小麦的农民得知了一个令他们绝望的消息，现在每吨木屑的价格比小麦要高。在大西洋对岸，依靠种植和出口糖类作物的夏威夷岛的经济也崩溃了，有四分之一的人失去了他们的工作。

美国贸易受到的冲击无可避免地波及了美国工业的发展，不久之后，商业企业也开始相继破产，甚至比银行破产的速度更快。根据破产企业的编年录记载，差不多有四万多家相关企业在 1932 年破产倒闭。其中大部分是小公司——家族式企业，但是大公司同样损失惨重。曾经在咆哮的 20 世纪 20 年代让投资者们为之疯狂的重工业，现在也已经在垂死边缘了。钢铁产量下降到了不可思议的水平，只有 12% 的生产力得到了运行。建筑行业的产值在 1931 年仍然保持在 48%，但不管怎么说这一年的情况确实不好。铁路运输装载是贸易活动中的重要环节，其业务量下降到了 70%。汽车的产值更是下跌了一半。

曾经盛极一时的纽约证券交易所，如今也逃不过国内和国际贸易衰退造成的影响。在大崩盘中整个市场一落千丈，但纽交所还是偶尔会因为一些虚假的股价回升而重新燃起不可能的"希望"，1932 年 7 月 8 日，道琼斯指数收于41.22 点。道琼斯指数长期以来都是股市的风向标，大崩盘发生后，它从最高顶点暴跌 89%——这是它从 19 世纪迄今为止的最低纪录，至少还需要 20 年才能恢复到 1929 年的水平。总之，那些听信了理查德·惠特尼副总统在声明中信心满满地说他们的投资可以继续持有的人们，现在都充满恐惧地看着他们只有初始价值 11% 的投资组合。"所有在 1929 年中期购买股票并还持有的人，会发现他们根本没有翻本的机会了。"一位经济历史学家这样说道。

大崩盘发生之前，堪萨斯州的威奇托市怎么也不可能成为美国的飞机制造业的中心城市。不过这座城市的确会用"航空之都"这样的标签来进行自我宣传。但也没有人会对此有疑义，因为在咆哮的 20 世纪 20 年代，至少有 29 个飞机制造公司都是在这里建立的。"如果你有很多钱，那么航空是值得你投资的行业。"一位威奇托本地的航空历史学家沃特·豪斯回忆道。飞机的私人销售急速增长，这些买飞机的人都受到了先锋飞行员的英勇事迹的激励，比如查尔斯·林伯格，他是航空行业的英雄人物，也是 J. P. 摩根公司的优先名单上享有特权的投资者之一。一些初创的航空公司在大崩盘之前的黄金时期都取得了巨大成功，比如格鲁曼航空公司、塞维尔斯基航空公司、柯蒂斯·莱特公司、菲尔柴尔德公司、北美航空公司、洛克希德公司和诺斯罗普公司等，其中大多数公司制造的飞机都是海军陆战队的战机。

而现在，大多数航空公司的经营状况都已经一落千丈。第一个倒闭的是威奇托最大的飞机制造商旅行航空公司。旅行航空公司曾经有过一天超过 3架飞机的销售纪录，但没过几个月，就在大崩盘发生的那几天里，因为订单大幅减少而不得不减产。随后，其他不少飞机制造商也都因为资金供应不足，而一个接一个地破产倒闭，发动机制造商和其他零部件供应商也都跟着倒了霉。根据当地历史学家的记录，甚至在 1930 年年底之前，倒闭的公司就已经有很多了，包括联合航空公司、航空资本制造公司、波尔比航空公司、大陆航空公司、威奇托依姆布鲁姆航空公司、诺尔航空公司、金属航空公司、C.M. 穆尔金斯航空公司、欧凯航空公司、波耶发动机制造公司、奎克航空发动机制造公司、罗伊登航空公司、红鸟航空公司、赛尔夫航空公司、斯威夫特航空公司、瓦诺斯航空公司、威奇托航空制造公司和黄色航空运输公司。其他的公司虽然还在挣扎求生，但最终还是无法避免走向倒闭的命运。20 世纪 30 年代早期，威奇托又有一大批破产的航空公司，包括埃斯航空、巴克利航空、希尔顿航空、杰伊霍克航空、李航空、李尔航空、穆尼航空、罗伊登航空、萨利凡航空、沃特金斯航空和斯通螺旋桨制造公司。"当时所有的大楼里都是空空荡荡的。"一位曾经修建机身的焊接工回忆道。

亨利·福特在航空业投入不小，他的投资收益也因为航空业的衰落而受到很大的损失。福特最初进入航空业是应美国政府的要求，目的是为了第一次世界大战生产发动机，但是由福特公司设计生产的最为出名的 12 座的"天鹅号"却面临着销量骤减的局面。一年之内，美国航空业的大多数领头企业都退出了市场，老板们用尽一切方法补救也没能起死回生。克莱德·塞斯纳和他的儿子埃尔顿靠着生产一次性的比赛飞机保住了他们的斯蒂尔曼公司，虽然公司已经全面停产，但是至少保留下了公司员工。

无论工厂制造的是飞机、汽车，还是其他什么产品，哪怕是收音机，都比其他耐用消费品更能抵御大萧条的冲击——这些产品的产量骤减，使政府的各项税收收入也随之大幅降低。华盛顿地区已经不再向企业利润和员工工资征税，目的是为了通过减轻税负来支持经济发展。出口收入的缩减也让华盛顿失去了大量能够巩固美元价值的外汇。

虽然斯穆特议员是否参观过克莱斯勒公司的工厂我们不得而知，但是如果他去看过，一定会了解到很多东西。因为占总销量 14% 的海外市场被阻塞，所以克莱斯勒停止了出口产品的生产。结果，克莱斯勒由 3 800 多个经销商组成的海外销售网络受到了极大的冲击，销量、利润和人员都在迅速流失，这无疑是政府盲目推崇的《斯穆特-霍利关税法案》造成的直接影响。20 世纪 30 年代初期，克莱斯勒的出口销售额缩减了不只一半，订单越来越少，总公司解雇了大批美国工厂里的生产装配工人。

但是这个把自己的名字写在克莱斯勒大厦上的男人，却想要在危机中勇闯出一条道路。在公司高级管理层的协助之下，沃尔特·克莱斯勒设计出了普利茅斯，或许它就是专门为大萧条而生的一款汽车。虽然价格低廉，但是电子燃油表的精致和液动冲击器的舒适，让它成为了一辆品味不俗的汽车。在大多数汽车制造商面对危机茫然无措、毫无头绪，只想着节省各项成本支出的时候，克莱斯勒构想出了极具吸引力的新车型普利茅斯，在 1931 年 7 月汽车行业陷入谷底的时候一经推出面市，就成了扭转克莱斯勒命运的救星。普利茅斯车型采用全新的发动机安装体系，它是一款成功的轿车。克莱斯勒拥有绝佳的销售才能，他将那些哪怕在经济陷入低潮时，也热衷于追求先进科技的顾客作为普利茅斯系列车型的宣传对象。普利茅斯开始从通用汽车的雪佛兰和福特汽车手中夺取了大量的市场份额。克莱斯勒用了这样的宣传标语："在我看来，没有使用浮动能源发动机支架的汽车都是过时的。"不久之后，克莱斯勒公司又重新雇用了之前被解雇的工人，在底特律的普利茅斯工厂里每天生产出 800 台汽车。两年内，克莱斯勒公司的销售总量又恢复到了大萧条之前的水平，而通用汽车公司花了 4 年时间才达到这一水平，更不用说福特公司了，克莱斯勒比它成功恢复大萧条前的销量早了 17 年。20 世纪 30 年代中期，克莱斯勒公司取代了福特公司，成为了美国汽车市场中的第二大制造商。

但是就连克莱斯勒公司也无法逾越关税壁垒，和美国其他的制造商一样，它的出口销量仍然低得令人堪忧。当然，《斯穆特-霍利关税法案》不应该为大萧条负全部的责任，但是毫无疑问，它的确助长了大萧条的肆虐发展。贸易壁垒是无视经济发展规律的畸形产物，它对美国和全世界的经济都造成了严重破坏。

或许在大萧条初期，最让人感到困惑的，就是几乎没有人知道究竟发生了什么——当然，无视经济学家们的反对意见，签署了《斯穆特-霍利关税法案》的胡佛总统很清楚美国的处境，他带头降低了美国的关税——不仅是为了给各国做出表率，也是为了美国自身。胡佛仍然坚持认为，在这场全球性的危机中，欧洲难辞其咎。他认为 1931 年奥地利和德国银行的破产造成的危害是最大的，金本位制的瓦解也是造成危机的祸根。虽然胡佛对颁布《斯穆特-霍利关税法案》感到内疚，但是他并没有将其当作危机的根源。

美国的普通民众也和总统一样感到非常迷惑。"在那个时候，基本上所有人都不了解究竟是什么原因引发了大萧条。"一位历史学家说道。毕竟，在当年的股票热潮中，并不是每个美国人都是股市狂热的追逐者，和财政部长安德鲁·梅隆等人一样，许多有影响力的重要人物都认为，并非人人都清楚大萧条的来龙去脉。在全国 1.23 亿的总人口中，即便是在股市繁荣期的顶点，投机者也大概不超过 90 万人，股票交易者不超过 150 万人。所以也不能说华尔街股市的崩溃是造成国家经济崩溃的唯一原因。

美国国会对此也不甚理解。包括英国在内的许多欧洲国家，在大萧条时向美国请求免除它们的长期战争债务，它们声称，全球贸易的衰退对欧洲各国的出口收入造成了严重冲击，它们已经无力承担还款，但是好战的美国国会议员立刻拒绝了欧洲的请求。胡佛对于欧洲国家的请求有些动摇，但当时极力促成《斯穆特-霍利关税法案》通过的议员们，现在开始请求胡佛实施更加严格的贸易政策。如果世界各国能够通力合作，就有可能停止或者在一定程度上缓和这场危机对各国经济的损害，但是美国的偏狭和僵化是合作的巨大障碍。

在鲜少能够看清全局的人中，有一个看似最不可能的人——年迈的孤立主义支持者威廉·博拉参议员，他也是在爱达荷州的农场出生长大的。尽管博拉从来都没有离开过美国，但他被认为是研究外交关系的权威。和斯穆特参议员一样，博拉也坚决反对国际联盟和一切需要美国在本国以外进行活动的组织。然而，即便是这样一个推崇沙文主义的典型人物，在面对美国经济困境时，也没有无视真正的现状："对经济法规政策的干涉带来的结果和我们每一个人都息息相关：混乱无序的货币体系；封闭的市场；一年一年衰退的贸易和商业；上百万艘搁浅在港口的轮船；还有被叫停的造船工程。这些全都是实实在在的可怕后果。如果要拯救文明，那么市场必须恢复秩序，货币体系必须重建，贸易和商业必须重新复苏。"不论博拉本人的信仰和理念是怎样的，至少他很清楚贸易的规则，知道问题的真正核心在哪里。

正如同博拉所说的，现在美国和其他各国的贸易总额只有大萧条那一年的 18%。换句话说，美国同其他国家的商业交易活动下降了 82%。

———————⟨∞⟩———————

出于合理的利己主义，在这样的危机下，英国有权采取一些特别对策。联合政府中的一些人，包括首相拉塞姆·麦克唐纳，都对这场末日决战充满恐惧。斯诺登受了不少折磨之后，离开了内阁，在 1931 年进入了上议院，成为了伊克恩肖子爵斯诺登，1932 年上任的新财政大臣是内维尔·张伯伦，他出生于伯明翰的一个政治和商业世家，此时他的首要任务就是挽回英国在商业贸易中的严重损失。和父亲约瑟夫爵士一样，张伯伦也主张明智的保护性政策。在过去的几百年里，英国几乎一直都是一个低关税国家，新任财政大臣认为，现在它必须要改变政策了。"如果我们不能顾及帝国的利益，那就要站在整个欧洲大陆的高度来看待问题。"在大崩盘发生前，张伯伦这样说道。而现在，他非常确定，必须要从大英帝国的利益出发来看待问题了。于是在 1932 年 2 月，在张伯伦口中的"生命中最重要的一天"里，他一边对外实行对英国本地产品的保护政策，一边又制定了 10% 的统一关税制度。和前任财政大臣斯诺登不一样，张伯伦至少还有他的计划，他想要建立以英国为中心的"英镑区"，简而言之，就是建立帝国关税特惠制度。

废除金本位制让英国走到了现在这样的局面。英格兰银行的储备金数量仍然岌岌可危，伦敦必须要减少海外贷款业务了，于是政府颁布了限制所有非英国本土贷款业务的禁令。英国需要英镑，在英国联合政府看来，想要在斯穆特-霍利时代得到英镑，最好的方法是和其他使用英镑的国家进行贸易往来，最好是英属国家。所以英镑区就应运而生了——这是大萧条的另一个产物。还在和清算主义者作斗争的梅纳德·凯恩斯，对于英镑区的概念非常感兴趣，可能是因为实在没有更好的办法了吧。其实他曾经就向工党政府提过建议，在英国废除金本位制之后，建立一个英镑联盟。

英镑联盟是由几个和英国有密切贸易往来的国家和地区组成，不仅仅有英属国家。英镑区曾经至少存在了半个世纪。根据当时的研究学者说，英镑联盟的成员主要分为三个主要类别。第一类是用通货建立联系的国家，这些国家持有官方的国际资产，比如英镑结存或者是英镑证券。这一类的国家主要有爱尔兰、暹罗（泰国）等英属殖民地，这些国家都和英国有长期的不同程度的贸易往来历史。第二类则是和英国有着紧密商业往来的国家和地区：英属马来群岛、丹麦、埃及、爱沙尼亚、中国的香港、印度、缅甸、伊拉克、拉脱维亚、立陶宛、新西兰、葡萄牙和南非。这些国家和地区都有数量可观的英镑储备，可以随意交换其他国家的货币。第三类是希望用本国货币换取英镑的国家——阿根廷、芬兰、挪威、瑞典，它们同时还持有黄金和其他货币储备，也有一定的英镑储备。

这是一个由各种不同的国家和地区组成的联盟，你很难对英镑区做出一个精准的定义，你可以说它是一个用贸易、货币、感情或者同时用这三者将各个国家和地区与英国维系起来的组织。如果某个国家在英国筹集资金——有些毫无远见的英属国家，比如澳大利亚，就把伦敦当成了它们透支贷款的提款银行——这类国家自然就会被纳入英镑联盟。这些国家因为债务违约而成为了英镑联盟的成员。澳大利亚至少有 54% 的对外贸易都是和其母国英国发生的，经济发展尚在襁褓之中的新西兰和英国的贸易往来占到 86%。除了加入英镑联盟，这些国家别无选择。因为对英国极度依赖，它们把本国货币和英镑紧紧绑在一起，把部分或者是本国所有的储备金兑换成英镑存在伦敦的银行，这既满足了英格兰银行的利益，也让身体恢复健康的蒙塔古·诺曼爵士感到如释重负。"这些国家都是最应该加入英国新体系的成员，因为它们对英国有着很强的依赖，依赖英国的贸易、信贷，或者两者兼而有之。"英格兰银行的一位顾问亨利·克雷这样说道。他非常支持帝国独立的贸易体系，他认为废除金本位制使英镑区的本质显现了出来。

管理英镑区的职责，英国自然是当仁不让。一位研究殖民地的历史学家说："虽然英国已经是一个成功的超级大国，但它仍然迫切地希望维持它在英镑区财政的高度统治权。关税和贸易都是可以谈判协商的事情，但是英国总是理所当然地认为，财政问题非常重要，不能留给殖民地让它们自己管理，哪怕是白人殖民地国家。"殖民地国家政府总会抱怨唐宁街的独裁专政。奥托·尼梅尔爵士在访问澳大利亚时说，"基本上英国每一届政府对待帝国的殖民地都是一种家长式的作风，它们最基本的职能就是生产食物和原材料并提供给英国，而英国则会向它们提供制造品。"

英格兰银行的乔西亚·斯坦普爵士对此做出了简明扼要的解读。斯坦普对所有重要人物的观点都了如指掌，他将这些观点进行总结和整理，就形成了英镑区成立的基本文件，即各个国家"必须联合英国一起成为英镑价值有效性的管理人"。在这份协约中，毫无疑问，每个英属国家的中央银行只拥有形式上的独立性罢了。协约要求英属国家的银行在伦敦银行存入大量储备金，从而达到刺激英镑的目的。简单来说，英格兰银行想要的就是各国为共同维持英镑价值而进行的透明合作，特别是在英国取消了金本位制，英镑自由流通的情况下；它不希望有任何"暗中行动"危及英镑的浮动价值。我们都知道斯坦普坚持认为，英格兰银行不应该扮演独裁者的角色，但它仍然赋予了自己领导权，并想方设法通过建议顾问、人事任命和其他手段，用自己的思考方式去影响其他国家的财政金融事务。这听起来似乎很合理——很明显英格兰银行就是履行联盟内的领导职责——这就是"当代经济帝国主义"的明显特征。尼梅尔说:"针线街上的老妇人（即英格兰银行）就像一位母亲,而她不愿意看着自己的孩子长大。"

1932年7月,张伯伦和一半的内阁成员一起前往加拿大,为帝国关税特惠制度做下一步的准备——将共同互惠体系正规化,从而有利于英属国家之间的商品贸易。在进行了大量的干预和谈判之后——有些国家的领导人一开始对此并不关心,于是英国得到了它想要的贸易保护。当张伯伦返回英国之后,英国生产的陶器、餐具、打字机、毛织品、棉织品、纸张、手套、瓶子、相机、电子产品、收音机零件和其他许多产品,都被50%的关税保护起来了。很快,英国的大多数产业都处于贸易保护之下,这让美国国会大为恼火,美国仍然想要和英属国家进行贸易往来,并认为它自己也拥有贸易保护的权利。只用了几个月的时间,英镑联盟的成员国家就无法再进口任何其他国家制造的产品了——无论是汽车还是其他产品,只能从英国进口。

———————————∞———————————

可是就算是帝国特惠关税制度,或者是其他仓促实施的贸易协定,都无法真正拯救全球商业贸易,因为破坏已经造成了。

随着货运数量的骤减,拥有世界上规模最大的商船队的英国,遭受到的冲击最为严重。"很明显,航运业这次遭遇的危机是前所未有的。"白星航运公司的艾森顿勋爵说道。他是一位在海洋航运业呼风唤雨的贵族,在白星航运公司破产后接手了相关事务。政府对航运业的衰退一直不作为,它的意图很明显,就是想要让还没有破产的企业互相竞争,直到留下最终的胜利者,这是一种"残酷的政策"。艾森顿认为必须要做点什么,比如意大利的航运公司,墨索里尼就出台了大力发展航运业的政策。但是最终什么都没有做成,泰恩河和英国的其他航道都成为了轮船的墓地。

白星航运公司破产后，原本向哈兰德沃尔夫公司下的造船订单也都取消了，这在英国掀起了一阵恐慌。白星航运公司的破产是大崩盘发生以来第一次、也是最大的一次商业破产事件，人们对此感到非常沮丧和惊慌，因为白星航运公司的董事长凯森特勋爵，一直以来都被看作是英国航运业的领袖人物。

凯森特勋爵不仅是一个商业巨擘，他本人也非常高大，他身高 6.58 英尺，总是打扮得像一个船长。凯森特喜欢考究的衣着，包括硬衣领、镶嵌着钻石的领带和丝质的帽子。在大崩盘还没有发生的时候，在收购白星航运公司两年以前，凯森特创立了皇家邮政轮船公司，并将其变成了世界上规模最大的商船队，这是一支国家的私有海军，让其他有航运业的国家相当羡慕。凯森特对于自己所付出的努力，无论如何都必须要看到回报。经营白星航运公司时，他没有工资、股利，甚至没有从利润里拿到哪怕 1% 的分红，虽然一般的经营者都会拿走这部分的收入。然而凯森特的收入是根据公司总收入的固定比率确定的，是以总量为基础，而不是以盈利为基础。事实上，他获得的收入相当可观。即便是对一位贵族而言，他得到的回报数额也是相当惊人的。

凯森特的贪婪并没有遭到诟病，因为他通过这种交叉持股的方式，成为了一个实现了 260 万吨运输量的海军上将，包括在全世界范围内运送的邮件、货物和乘客，而且客轮大多都是相当奢华的高级邮轮。虽然凯森特的船队发展得非常迅速，但它主要依靠的都是以固定利率公司债券的形式借来的贷款，这种融资方式遭到了伦敦一些银行的质疑。公司债券是无担保的债券，其安全性完全依赖于发行者的信用，而没有切实的担保，所以安全性得不到有效的保障。伦敦一些银行的担忧是正确的。在当时的背景下，白星航运公司在华尔街爆发危机之前就已经在持续亏损了，而大崩盘直接揭开了它的骗局。白星航运公司的股票和华尔街的股票一样开始暴跌，白星航运公司表示，这在一定程度上是因为它在重工业的投资遇到了麻烦，而不是航运业本身的问题。不管是什么原因，英国的个人投资者和小规模投资者都成了白星航运公司破产影响最大的受害者，他们损失了大部分的投资。从政府的角度来看，更重要的是，凯森特的航运帝国已经无力偿还之前向财政部借的造船工程的贷款了。因此，蒙塔古·诺曼爵士立刻安排了英格兰银行的审计人员去审查白星航运公司的账簿。他们很快就发现，凯森特粉饰了公司的财务状况，伪造出了比现实情况好得多的财务报表。人们猜想，这个航运业的巨人的最终命运，将会和克莱伦斯·哈特利的公司一样。

因为白星航运公司是公开持股公司，所以英国政府别无选择，只能向其发起刑事诉讼，这在当时成为了轰动一时的事件，充分印证了响亮的名头对于投资者具有多么大的欺骗性。根据公司的档案记载，白星航运公司的高额股利不是从现时盈余中提取出来的，而是在第一次世界大战期间，它和政府签订的造船合同为它带来了极高的反常的利润，分配给股东的股利就来自于这部分存入银行的盈利。凯森特在第一次世界大战中大发横财。这个全世界规模最大的商船队的财务状况也存在着极大的漏洞；凯森特的大多数轮船都被抵押用于偿还银行贷款。英国皇室的私人海军就这样沉没了。

和伦敦有史以来的作风不一样，以往英国政府总会想方设法掩盖内部丑闻，但这一次，凯森特却因为以集资为目的，伪造虚假的财务信息而遭到了指控。对于一个英国航运业的领军人物，一个由维多利亚女王亲自授勋的勋爵来说，他的这种行为无疑是令人发指的。凯森特被送往 Wormwood Scrubs 监狱服刑，这是英国最恐怖的监狱之一。凯森特的刑期原本应该更长——毕竟哈特利都判了 14 年监禁和 2 年的苦役，但是，可能凯森特为英格兰教堂捐赠的善款和其他一些善行让法官心软了。一本杂志描述了凯森特入狱时的场景，"'海上拿破仑'（媒体给凯森特起的绰号）体面尽失地走进一座可以远远看到铁路和 200 英亩萧瑟空旷土地的被煤烟熏黑了的建筑里"。即便是在入狱这样令人感到耻辱的时刻，凯森特仍然从容冷静。这位失去了尊严和体面的航运巨头对他身边的看守说："尊敬的先生，我这就和你们走。"然而，他并没有准备好像普通犯人一样，坦然接受他在 Wormwood Scrubs 监狱的待遇。虽然凯森特和他的狱友住一样的牢房，但他的餐食都是由监狱外的亲信送来的。

凯森特勋爵正在监狱里忍受着煎熬，他的航运帝国开始分崩离析。1931年，他正式宣布破产。这支强大的商船队最终彻底瓦解，许多私人航运公司也都被英国航运业的大亨们瓜分收入囊中了——白星航运公司就是这样被艾森顿勋爵接手的。

英国的航运公司原本可以做更多的努力，让它们从大萧条的侵袭中幸免于难。大多数航运公司都是由英国贵族实际控制的，也有一些完全是自力更生的，并且几十年都保持着这种独立性，它们的动力来自于有着广阔发展前景的世界舞台，也来自于它们的爱国主义精神。航运巨头们相信，他们在帝国扮演着相当重要的角色。他们大多拥有惊人的财富和影响力，在政府部门担任重要职务，并且是银行董事会的主席，和伦敦金融界有着密切的联系。他们的出身背景、思想观念和性格品质，都对帝国有一种控制性，他们不愿意失去这些让自己处于支配地位的东西，哪怕是这种失去合理并且必要的。和意大利、德国、日本、美国的商船队不一样，这些国家的商船通常都会通过合作结成同盟，形成规模较大的船队，以此获得更大的生存概率，而大多数英国航运公司的老板都不愿意走别人走的路子，依靠着比其他国家更大更好的船和更强的自负心态，不断地发动战争。半岛东方航运公司是少数能够维持不亏损的航运公司之一，它长期控制着英国到印度、远东地区和澳大利亚的航线。其他几个航运大亨也在大萧条中幸存了下来，他们的航运公司也都得以保全。

其他领域的商业帝国，甚至是整个行业，都开始逐渐崩溃，尤其是重工业。虽然其中有一些企业在大崩盘之前就境况艰难，但是在特殊时期它们反而生存了下来，其中就有威廉·比尔德摩尔二世，即后来的因弗奈恩勋爵在格拉斯哥规模扩张的越来越大的制造工厂。比尔德摩尔二世是一个冶金专家、化学家和数学家，这个胡子浓密的商业大亨出生于一个企业工程师的家庭，在 20 世纪 20 年代，他收购了一大批钢铁厂和煤矿，还有造船厂。20 世纪 20

年代末期，他甚至开始尝试建造飞机、汽车和摩托车。在大萧条之前，因弗奈恩的筹资活动延伸到了相当大的范围；在大崩盘发生后，他手中的这个由各种工厂、企业合并而成的庞然大物很快就遇到了麻烦。因为缺乏足够的资金（或许其实是因为缺乏恰当的管理），因弗奈恩的商业集团开始逐渐衰落，直到 20 世纪 20 年代中期，全部化为乌有。

苏格兰的大企业遭受了相当严重的损失，相反地，一些小公司因为有充足的灵活性，所以没有受太大影响。或许是因为生产成本低廉，不像一些制造行业动辄就是上千英镑，所以食品和饮料行业生存了下来，甚至发展得越来越好。沿着克莱德班克的造船厂那条路一直往前走有几家店铺，比如城市面包店（事实上是一家咖啡店）成为了当时最有价值的品牌之一。即便如此，贸易衰退仍然让苏格兰遭受了严重的冲击，这里的人们都开始跨过边境逃往英格兰或者其他任何他们能去的地方。作家乔治·马尔肯姆·汤姆森悲观地说，他的祖国"黯然失色"，苏格兰人民变成了"濒临灭绝的民族"。

———————————— ∞ ————————————

经济的混乱失序让英国曾经引以为傲的航船都搁浅在了港口，这是一个由来已久的问题，它彻底了改变了这个世界。

胡格利河是英属国家的河流里最脏的河流之一，它在印度的加尔各答有 20 英里的支流，缓慢地流经黑暗的、散发着恶臭的荒芜之地和泥泞的沼泽，河两岸的黄麻工厂的废弃物全都被倒入河水中。在河流的弯道处，两岸挤满了各种工厂。在泰河边的敦提做过贸易生意的苏格兰人，在胡格利河畔建立了黄麻工厂，黄麻产业成为了胡格利地区的主要产业。20 世纪 30 年代早期，从比尔拉普尔、河对岸豪拉的工业重镇，再到加尔各答、巴利、巴拉克普尔和其他一些地方，全都建满了工厂。大多数黄麻工人都是被丰厚的薪水诱骗到这个城市来的，结果却住在覆盖了几英里的贫民窟的洞穴里。在这里，几乎每一寸空间都住满了人。这里潮湿无比，充满腐臭的气味，环境极度恶劣，因为英国没有为这个有 60 万人口的城市设计并建造合理的排水系统。加尔各答向英国提示过多次这里恶劣的生存条件，拉迪亚德·吉布林在《双城记》里有这样的描写：

这里有霍乱，有飓风，有乌鸦的啼叫，

来来往往；

这里的商人交易着靛蓝和茶叶、兽皮和酥油……

　　印度被卷入大萧条的旋涡后，就像是丢弃英国商品的垃圾场。在其他行业中，黄麻工厂的盈利是最多的，它扭转了印度贸易衰退的局面。胡格利河上的船队停靠在码头，船上装满了黄麻——全世界最便宜的包装材料，它们被运往世界各地，大多数出口到了英国。大萧条期间，加尔各答向英国的出口额增长了 375%，这让苏格兰东部的港口城市敦提感到出乎意料。胡格利很快就取代了这个苏格兰的城市，成为了全球黄麻制造中心，虽然这是在英国的种植和生产人员的帮助下实现的。戈登·斯图尔特在《黄麻与帝国》一书中写道，加尔各答的黄麻工厂里，差不多有九百多个高级工人都是从敦提来的。事实的确如此，在加尔各答有一场年度的盛事，至少是当地移民的盛事，就是苏格兰的圣安德鲁日，在这一天，当地工厂里的苏格兰人都会按照惯例，喝着进口的威士忌庆祝节日。

　　胡格利的黄麻正在逐渐侵蚀敦提黄麻巨头们的利润，并慢慢威胁到他们日渐衰退的势力，敦提黄麻巨头们的生意面临着"完全消亡"的危险。他们向两个不同政治派别的议员呼吁，要求抵制加尔各答向英国倾销过剩的黄麻，其中有部分代表，比如伦敦的保守党议员弗洛伦斯·霍斯布拉格，积极响应了敦提黄麻商人们的反对意见。"黄麻工人现在面临新的威胁，他们随时都有可能失去工作，工厂随时都有可能关门，敦提随时都有可能成为一个被遗弃之地。"她在下议院发表了声泪俱下的演讲。实际上，霍斯布拉格在敦提的工人之中并没有什么好名声（可能有点出乎你的意料），因为她曾经提议让敦提的贫困家庭共享少得可怜的骨头汤。

敦提的黄麻巨头们对加尔各答的黄麻工厂无计可施。和其他英属殖民地国家生产并大量销往英国的商品一样，黄麻是属于渥太华贸易协定中受到贸易保护的产品，渥太华贸易协定是英国对《斯穆特-霍利关税法案》的回应。除了黄麻，还有其他许多印度生产的商品，都在想方设法进入英国——茶叶、亚麻籽油、大米、生铁甚至是半成品的钢材。20 世纪 30 年代中期，印度的商业贸易打破了所有的纪录，黄麻生产商通过这条得天独厚的渠道，尽他们所能把大批的黄麻作为包装材料送往英国。英国官员一本正经地说，"针对这些商品制定的特惠待遇，是使两国的经济利益联系更加密切的巨大进步。"敦提的黄麻商人们当然对此大为反对，他们的回应让敦提的黄麻工人在这场只能有一个胜者的残酷战争中的处境更加艰难。黄麻产业还受到了来自其他行业和商业力量的威胁，比如新兴的高关税的造纸工业，它主要用来包装袋装水泥，还有大宗货运，通常都不会用到黄麻或者工业纸包装。

50 年来，黄麻商人们都是依靠廉价劳动力，尤其是妇女、儿童和爱尔兰移民来发展这一行业的。敦提的黄麻工厂因为长期雇用大量妇女和童工而臭名昭著，他们雇用的这类劳动力比英国制造工厂雇用的要多得多。因此，敦提黄麻产业的利润高得反常。工厂主和合伙人，可能是 3 个人左右，通常会共享整个工厂 1 000 多个工人的工资总额那么多的利润。如果经营状况不好，利润水平达不到那么高的话，这些巨头们一般就会使用和往常一样的策略：从国外引进更加廉价的劳动力。因为在劳动市场总是供过于求，所以黄麻工人们很难挣到一份合意的工资。早在 1886 年，巴克斯特兄弟公司的一个高级经理就曾说过，从北欧国家引进大量劳动力是保持盈利最有效的方式——对于穷困潦倒的波罗的人，可以给出比敦多人更低的工资。因此黄麻工厂里的外国移民，尤其是从附近的爱尔兰过来的移民，每年都相当多。"任何时候，只要工厂需要人手，工人们就会通过各种渠道通知他们的朋友，于是新一轮的劳动力输入就开始了。"《敦提报》中记录道，这一报刊算是黄麻巨头们的老朋友了。"所以廉价的劳动力总是源源不断地被引进，可是他们的工资从来都没有随着一轮又一轮的用人高峰而增长过一分一毫。"

有一些黄麻巨头是乐善好施的慈善家，比如詹姆斯·凯尔德爵士，他曾经为敦提出资购买养老院，为厄内斯特·沙克莱顿的南极考察队提供了援助，在巴尔干战争中资助了救护车救援队。但他们中的大多数人更在意的是自己的利润，他们所做的慈善事业都是一些"面子工程"，比如建图书馆，却从来没有想过要提高工人们的工资和生活水平。

在工厂里干活既难受又辛苦，而且还很危险，有可能碰到各种风险，比如染色时很有可能造成感染，手指会长出脓包。意外时有发生。"你经常能听到女人们的头发被卷进机器里而后被用力扯出来时的尖叫。"一个常年在黄麻工厂工作的工人回忆道。飞速运转的线轴造成工人失明十分常见，工厂里有很多独眼的女工。工人工作的时间也相当长，有时候一天要连续工作 12 个小时并且中途没有休息，工人们被工厂的主管经理严格控制着，他们都非常害怕经理。

敦提的黄麻工人不仅工资低得可怜，居住环境也是惨不忍睹，比起格尔贝斯脏乱差、毫无隐私和冰冷的环境有过之而无不及。虽然在 20 世纪 20 年代建成了一些新的住宅，其中有不少都是敦提的商业银行家罗伯特·弗莱明出资建造的，但是 20 世纪 30 年代的黄麻工人们仍然生活在最悲惨的环境中，工党议员汤姆·约翰斯顿向参议院讲述了黄麻工人的遭遇。在这种无比艰苦的环境中，催生出了由女工们组成的特殊群体——她们拥有高度自由，因为她们有自己的收入，虽然她们固执己见，满口秽语并且耽于享乐，但是她们还是非常值得怜悯和同情。每天工作结束后，这些女工们就像是自我放逐一般寻欢作乐，让上流阶层的人们大为震惊。根据记载，"敦提女巫"们把社会的道德界限推向了边缘，酗酒者和纵欲者（根据城市里私生子的数量记录推算出来）的数量比英国任何一个阶层和群体的女性都要多。她们也相当激进好斗，比如年轻的共产主义者玛丽·布鲁克斯班克，因为"煽动暴乱"被判处 3 个月的监禁——而"暴乱"只不过是工人们对雇主和其他社群领导的虐待行为的集中抗议而已，她们的反抗方式就是写诗，用写诗来反映她们底层工人的水深火热处境。

> 哦，我的天哪，工厂发展得真快啊，
>
> 工人们不停地轮班，一刻也不得闲，
>
> 旋转的线轴转得飞快，
>
> 它们要让你再工作十个小时。

但是大多数女工都失业了，因为胡格利取代了敦提曾经盛极一时的黄麻产业。在一个不算大的城市里，大约有 26 000 人失去了工作。记者詹姆斯·卡梅隆在文章中写道，敦提变成了一个"孤立荒凉之地"。

在胡格利的黄麻工厂里，极低的工资水平和对待工人的冷漠态度，和敦提如出一辙。事实上，在大萧条发生不久之前，议员汤姆·约翰斯顿就到过加尔各答，探访了住在环境恶劣的贫民区里的黄麻工人，主要都是一些苏格兰移民。让约翰斯顿感到可怕的是，他发现这里的情形比敦提要糟糕多了。有 85 家左右的工厂雇用了 25 万名男工、53 000 多名女工和 2 万多名童工，给他们低廉的工资，做一些低技术性的工作。历史学家萨米特·森指出，"工厂主们拒绝为工人们提供技术培训，也拒绝建立'高效生产'的工厂；他们希望工人们听话、好管理，能够在短期内或者长期阶段适应工作。"说白了，胡格利河畔完全就是敦提的翻版。

住在胡格利河畔贫民区的人并不都是逆来顺受的懦夫，他们经常进行罢工抗议或者故意怠工——毫无疑问，他们都遭受着残酷的剥削。胡格利的工人们可能是全世界最廉价的劳动力了。社会历史学家迪佩什·查克拉巴提在收集并研究了大量的证据后发现："低工资、种族歧视的监工、四分五裂的家庭和有待改善的工作条件"就是胡格利工人们所处真实环境的写照。有些黄麻商人在大萧条期间获取了巨大的利润，他们拿到的分红高达 70%。

但是从另一个角度来说，大萧条也解放了印度。现在的印度实现了自治，并且脱离了英国的部分经济桎梏，这个新兴的独立国家开始向其他国家和地区出口产品，尤其是南非和亚洲。大萧条之后，母国英国成为了印度第三大出口国家。和黄麻商人一样，印度的制造商也开始逐渐发展壮大。这样的变化让财政大臣内维尔·张伯伦感到震惊，他在制定"渥太华贸易协定"的时候并没有想过会出现这种情况。一份官方的经济报道称，"印度的政治家和工业家们都开始相信，将会有越来越多本国制造的产品替代进口产品，最终有一天印度不再依赖进口，国家经济越来越繁荣……"而这很有可能会变成现实。

从经济层面来说，印度长期被英国政府控制，它的发展更多是出于母国的利益。这是英国为了通过稳健的英镑来维护"英国信用"的一种方式。"伦敦的君主几乎没有怎么赋予印度决策制定者自治权，"经济学家戈帕兰·巴拉钱德朗写道，"比如，在 1931 年 9 月，英国废除金本位制之后，拒绝了德里想要用英镑兑换卢比的请求。"在印度的英国官员都是印度事务部门、财政部和英格兰银行里的高级官员，所以在他们眼中，印度要用英镑兑换卢比的请求，应该是和英国的利益息息相关。英格兰银行的常规资金锐减，它迫切需要高利率的卢比的支持。"印度的债务违约将会对英镑造成灾难性的影响。"巴拉钱德朗补充道。在英国最需要黄金的情况下，此时印度的黄金无疑等同于它的救生索。受到更高买价的吸引，印度的黄金大量流入英国，联合政府大大地松了一口气。内维尔·张伯伦既感到解脱，又无比激动，他在给妹妹的信中写道："我们在印度发现的惊人的金矿让我们走了好运。不需要我们让步，法国人就可以拿走他们的黄金账户结余了。我们可以筹集到足够的存款来偿还 8 000 万英镑的债务了，现在可以放心地降低银行利率了。整个伦敦都充满了欢乐的氛围。"

另一个在大萧条的背景之下快速崛起的亚洲国家是日本。它用扩张疆土的军国主义野心，使自己成为了经济强国。在股市的崩溃中，日本比美国、英国和欧洲各国更快地做出了反应，日本政府迅速和本国的工业家们建立了合作关系来寻找出路。正因为动作足够迅速，所以努力才得到了回报。几年之内，日本就找到了新的市场，消化掉了本国四分之一的出口商品，其中有一些是非常新奇的东西，比如人造丝制品，但也不乏像钢铁、机械设备、食品、化学制品、精密器械这一类的主要传统产品，当然还有棉花，这对兰开夏郡的棉花产业造成了不小的威胁。几乎一夜之间，这个传统的经济体变成了几个出口大国的重要威胁。

　　比起其他国家，日本经济能够实现如此迅速的恢复和发展，都要归功于高桥是清，他可能是当时全世界最有效率、最有远见、看起来最不像能够执掌财政大局的日本银行总裁。传记作家理查德·斯麦瑟斯特在书中称高桥是"日本最伟大的财政政治家之一"。此时的高桥正值他担任日本银行总裁7年当中的第5年。1931年年末，高桥出任日本银行总裁，他立即就让日本政府摆脱了"收支平衡的稳健预算"的传统教条，大规模举债刺激工业生产，随后又实施了一系列的公共项目，包括大规模的军事支出和对造船航运业的大量资助——当时白星航运公司的艾森顿勋爵就在英国提出过这样的倡议。

　　高桥是一个自学成才的经济学家，他的知识理论都非常贴近现实。他是一个宫廷艺人和15岁的王室女仆的私生子。在凯恩斯出版的开创性著作《就业、利息和货币通论》（*General Theory of Employment, Interest and Money*）被视作大萧条应对手册巨著的5年前，高桥就已经想出了他的应对策略。早在1929年11月，高桥就对他看似古怪的想法做出了解释，他认为支出是相当重要的——简单来说，他把资金流动速度的基本理论当作促进经济增长的基础。高桥的想法和凯恩斯鼓励英国的家庭主妇进行疯狂消费的著名倡议交相呼应，他提出了艺伎屋在刺激经济发展中的巨大作用。他用的这个类比非常完美地诠释了他的理念。

　　如果有人到艺伎屋里点名某个艺伎，吃昂贵的食物，花了 2 000 日元，从道德层面看，我们可能不赞成这种行为。但是如果让我们分析一下这笔钱是怎么使用的，就会发现，支付的食物费用可以付厨师的工资，用来采购鱼、肉、蔬菜和调味品，以及它们的运输成本。农民、渔夫和商贩们得到了笔钱，他们可以拿去买衣服、食物，支付房租。艺伎们可以将得到的钱用来购买食物、衣服、化妆品，还要交税。如果我们假设这个人没有去艺伎屋，而是把这 2 000 日元存了下来，银行的存款额会增长，但是他的钱发挥的效力就会减少。如果他去了艺伎屋，他的钱就会转移到农民、工匠和渔夫的手中。这将会转化成为 20 倍或 30 倍于其他商品的效用。从个人的角度来看，他可以存下这 2 000 日元，但是从国家经济的角度来看，因为这 2 000 日元可以发挥的效用更大，所以花出去会更好。

－－－－－∞－－－－－

　　高桥似乎没有受过正规的学校教育。他从美国使者那里学到了一口流利的英语。12 岁时，高桥是一个苏格兰银行家的使童，后来到旧金山当了一名家僮，在回到日本之前，14 岁的他已经能够为日本政府将阿尔弗雷德·马歇尔的《国际贸易纯理论》（*The Pure Theory of Foereign Trade*）翻译成日语。高桥是一个兴趣广泛的学生，他熟读几百部经济、社会和其他相关学科的英语书籍。在日本这个一贯内敛的国家，高桥总是具有非常强的外向性格，他和许多重要人士，特别是银行家结交，建立了自己的人际关系网络，在英国和美国都有不少出于各种利益关系而支持他的人。在 20 世纪 20 年代，摩根建富帮助日本筹集了几次贷款之后，杰克·摩根也成了高桥的熟人。

　　虽然高桥从政起步的大环境并不乐观，但是他凭借着纯粹的执着和才能，在内阁上升的速度非常快。高桥在西方的资本市场中的声誉很高，这帮助他多次拯救了日本。1904 年到 1905 年的日俄战争几乎将日本毁坏殆尽，高桥在罗斯柴尔德家族的帮助之下，为日本在欧洲筹集了战后重建的资金（著名的银行世家罗斯柴尔德家族在萨沃伊饭店设下奢华晚宴接待高桥，为了表示对这位日本中央银行行长的尊重）。在这次拯救了日本之后，在 1927 年日本的又一场危机中，高桥用了 6 个星期出谋划策，又一次拯救了日本。现在，70 多岁高龄的高桥，再一次展现出了奇迹。

和西方很多与世隔绝的隐居经济学家不一样，高桥认为，他的工作是为了平民大众，不是为了统治阶级，更不是为了军队。斯麦瑟斯特写道，高桥曾经认为"'富有的国家'意味着富有的人民和强大的军队，这一理念绝对不会被抛弃"。结果，大萧条只在日本国内持续了一年多的时间就结束了。

但可惜的是，高桥没有活到亲自见证他所有的努力都取得成果的时候。在日本经济得到恢复之后，高桥开始收紧了缰绳，唯恐日本的发展进入危险的境地。因此，当野心家们要求建造轮船、飞机和无限制的武器供应时，高桥开始削减军事预算。高桥是一个坚定的民主人士，他曾经被天皇授以首相大印，后来辞去了首相之职，他认为一个国家应该服务于所有国民的利益，而不是为了少数统治者的利益。在日本，暗杀时有发生，高桥知道自己身处危险之中。"我已经做好了赴死的准备。"他曾经对一位友人说过。1936 年 2 月 26 日，高桥被政变军官杀害。

———————————⚬⚬⚬———————————

在这场经济低潮中，中国也发生了巨大的变化。大萧条之前，中国的棉花产业可以和兰开夏郡的棉花工厂相抗衡，英国大使馆的一位商务参赞在 1929 年给伦敦的一份报告中说："兰开夏郡完全没有可能竞争过中国的棉花工厂。"一年之后，另一份报告提醒英国："在原有的贸易航线上获取大额利润的时代已经一去不返了，英国重新赢得市场的唯一方法，就是通过和中国的制造商、代理或者进出口批发商进行密切的合作……"又过去了两年，中国这种劳动密集型的传统生产模式失去了优势，情况又发生了改变。似乎在一夜之间，中国的一些实力强劲、充满自信的工业家们开始购买英国生产的机器，这对兰开夏郡的棉花产业造成了极大的威胁。"要建立能满足大众需求的规模产业，英国必须和中国合作才能获得终极的利益。"在大使馆发回的报告中这样写道。因为此时迫切需要提高出口收入的德国，正在向中国出售重型机器，进行着被英国视作不公平的非公开交易。

中国的货币价值计量以白银为基础，而不是黄金，所以它避开了大萧条的冲击。但是在欧洲，大萧条造成的破坏波及了数百万人，引起了一场激烈的争论。人们想要知道为什么会出现大萧条，为什么穷人和富人之间会有如此巨大的鸿沟。在受到影响的国家中，人们开始挑战关于政府职能的传统观念，拷问雇主对工人的不公正待遇，并质疑将他们置于这场危机之中的上层权力。人们的耐心被消磨殆尽，他们质疑整个社会秩序的公平，尤其是为了少数人而不是大众利益的资本主义世界体系。如果现有的社会体系无法让人们过上更公平的生活，他们会想方设法找到一个新的社会体系来取代它。

革命的洪流正在欧洲、大不列颠甚至在整个大英帝国开始酝酿。

9

英联邦危机

在澳大利亚，心中怀着最大怨恨的大萧条受害者，就是参加了第一次世界大战的老兵。在经历了可怕的加里波利之战和西线战争之后，这些"挖掘者"们回到了家乡，希望从此以后能过上平静和幸福的生活。然而现实却截然相反，战争结束后仅10多年，许多老兵都失去了工作，为了维持生计过得异常艰难。战争过后，退役军人越来越多，他们大多都被安置在瑞福利纳地区，这是南威尔士和维多利亚交界处的一个如同田园诗画般的农业区。但是这些退伍老兵都做不了农活，最终只能带着失望和沮丧回到城市。超过37 500名退伍士兵按照政府的规定到瑞福利纳区从事农业工作，但是其中超过一半的人都在大萧条来临之前就放弃了这份工作，去其他地方寻找新的谋生之路。

一大批在政府援助下来到澳大利亚的英国移民，使澳大利亚的状况进一步恶化。20世纪20年代，212 000多个英国人带着对新生活的渴望，登上了开往澳大利亚的航船，他们当中也有许多人尝试从事农业，但结果同样是以失败告终。在城市里，尤其是在悉尼和墨尔本，这些移民开始和退伍军人为了工作机会而相互竞争，在老兵中引起了强烈的怨恨情绪，他们不知道这是为什么，他们为了国家的自由而奋斗，但现在在这片土地上却找不到正直体面的工作。1932年中期，将近32%的澳大利亚人失去了工作——这是一个高得离奇的比率，它造成了极度恶劣的社会影响。历史学家温迪·洛威斯汀说："人们都活得毫无尊严和体面。成千上万的父亲抛下家庭，有的离家出走，有的酗酒成瘾。成年的儿子们坐在厨房里，终日无所事事，只是不停地打牌，研究着赌马，幻想着有足够好的运气发一笔横财，还有人干着小偷小摸的勾当。母亲们和寄居在家中的移民姘居，他们有工作，有可能支撑起家里的生计。女儿们有时会出去卖淫，小孩子们经常因为闹事而被警察带走。"

但是让工人阶层，尤其是老兵们更为愤怒的是，因为无力支付房租或者偿还抵押贷款，他们将面临着被驱逐的风险。退役军人们感觉到自己的生存空间已经受到了严重威胁，于是他们打算恢复他们的军事练习。他们用在前线学到的阵地战的策略，在房子周围布满带刺的铁丝网、沙包、木板，以及他们手上一切能够拿来使用的东西，当作防护屏障。失业工人的反抗运动更是助长了老兵们的反抗情绪，失业工人们拿起武器，加入到了老兵们保护家园的斗争中。当时的一篇报道中写道，他们用"砖头、铁棒、棍子和镐柄"当作武器，在家门口等着他们既憎恨又恐惧的法警、地主或者警察（通常三者兼有），一旦他们出现，就将他们全部赶走。

在当时，政府当局都是支持地主的，并派出了大量的警察去把老兵们从地主的房子里赶走，而且对于法警们的暴力执法也是睁一只眼闭一只眼。当地的议事机构和其他团体组织基本上都不会出面帮助这些不幸的老兵，比如像提供零利息贷款帮助他们渡过难关，都没有人愿意去做。一位时事评论员说，战争服务之家委员会像那些驱赶无力偿还贷款的老兵们的银行一样冷酷无情。至于警察，他们从来都不怕和老兵们起冲突，他们穿着制服、全副武装地闯进老兵们的家中，踹开大门，砸碎窗户，甚至还有警察向防卫者开了枪。警察的残暴程度可见一斑，原本大部分都只是小争执，但是有一些上升成了大规模的正面冲突，上千个工人阶级的支持者拿起了石块和瓶子与警察对抗。"在纽斯卡斯特的泰斯山，有 200 名民众和 60 名警察发生了超过 1 个小时的大规模武装冲突，"一份报告这样写道，"在这次冲突中，奇迹般的没有人员死亡。"

《悉尼先驱晨报》对 1931 年 6 月发生在牛顿郊区的一次暴乱做了详细的报道，报道中对这场激烈争斗的详细描述深刻揭示了正在悉尼上演的日益严重的社会阶级的分化。报道中写道，"这场悉尼有史以来最轰动的一次暴乱发生在 40 名警察和 18 名共产主义者之间。反抗者从房顶上不停地扔出雨点般密集的几磅重的石头砸向警察。"当满脸是血的警察终于冲进了房子，周围的人群发出了大声的叫喊和嘲笑。警察的人数有压倒性的优势，这场争斗以老兵们的失败而告终，他们最终只能带着行李和家具，沿着他们用栅栏围起来的家门外的小道离开。他们希望能够得到救助，但最终他们除了到黑镇、圣苏西区和拉彼鲁兹区的移民棚户区外，已经没有别的出路了。法庭向来毫不留情，许多反抗者都被判处了监禁。在大萧条发生后的第 3 年，一般来说，老兵们是被允许住在他们现有的房子里的，等待时局好转再作安排，但是因为失业工人们参与了反抗暴乱，所以更多的老兵被驱逐到了贫民棚户区。

在南威尔士，政府对待反抗者的强硬政策得到了普遍的支持。南威尔士最早是由从英国流放到此的重刑犯和犯人的看守共同建立起来的，现在这里仍然保留着像当年一样明显的阶级对立的特征。这个国家从来都没有发生过内战，澳大利亚人已经习惯了这样的社会，他们害怕有人反抗政府权威，哪怕反抗来源于完全合理的申诉。但现在，他们亲自见证了悉尼快速成为了大英帝国暴力事件最多的城市之一。悉尼的警察局长出生于格拉斯哥的威廉·麦克凯伊，不知道用什么方法逃脱了 1929 年罗斯伯利暴乱的责任，他维护治安的基本理念得到了公众的支持——他说对滋事者要严惩不贷。

在其他一些城市，看似平静的表面之下，大萧条引发的贫困使危机的仇恨情绪开始酝酿蔓延，而政府当局的无能更是加剧了情况的恶化。联邦政府用于失业救济的财政拨款分配总是出现问题或者被延误，有时款项直接被滥用：一些地方政府机构把这笔钱用来给在职人员增长工资。四处奔波找工作的失业者——那些真正下了最大功夫去找工作的人，总是因为原本就不合理的居住资格政策而不被录用。澳大利亚总理斯卡林对公共建设项目也没什么信心，在和英国财政大臣斯诺登的争论中，他说这样的项目产生的利润至少也应该覆盖住支付的利息成本。大多数项目都是类似公路建设这种相当费力的体力劳动。

然而，斯卡林决定支持他的财政部长爱德华·西奥多的计划，想要以此对经济起到一定的促进作用。但是联邦政府又一次陷入了争执，这次是因为罗伯特·吉布森爵士，一个固执的苏格兰人，他是实际控制澳大利亚资金供应的澳大利亚联邦银行行长。西奥多向吉布森提出了他的提案，即在流通货币中增发硬币和纸币，以此帮助国家度过大萧条的低潮，而这位银行家却一口回绝。吉布森相信储蓄，不相信支出。和澳大利亚的大多数资深银行家一样，他希望政府能够通过削减工资和政府支出，包括福利和养老金等措施来促进经济的发展。然而，他并没有提议降低贷款利率，因为这会使银行的利润减少。"国家的偿债能力比穷人的需求更重要。"一位评论员这样说道。

就在联邦政府和各州政府犹豫不决的时候，被大萧条摧残折磨的民众开始逐渐失去耐心。在阿德莱德，失业工人们拿起了铁棒和尖头棍，与拿着警棍的警察对抗，发起了一场"牛肉暴乱"，这个名称的由来是因为政府将肉类从他们的食物配给中去除了。在偏远的北部城市达尔文，50 名失业工人在政府拒绝进行失业救济之后，冲进了政府办公室，致使几名警察严重受伤。在墨尔本，另一场新的失业工人运动也爆发了，工人们为了不被驱逐和和警察展开了更多的争斗。在澳大利亚西部的首府珀斯，失业者的暴动在财政部大楼门口上演。在悉尼南部的布利，警察向试图从补给站偷配给粮的失业工人开火。

妇女们也开始向她们眼中的不公正待遇进行反抗，尤其是维多利亚政府拒绝向所有单身或已婚的失业女性提供失业救济。《劳动妇女报》鼓励那些攻击拒绝参加或者破坏罢工者的妇女。有时候，在以男性为主导的工会里，女性的工资和生活状况很少受到关注，她们则会自己发起罢工进行反抗。她们帮助组织反驱逐抗议运动，威胁想要购买被警察没收家具的人。"你要是敢竞拍，混蛋，我就把你的头发扯下来。"一个女人在家具拍卖会上公然警告一个中产阶级的家庭主妇。还有一些被抓住的妇女被警察在大街上拖行，她们却以此为荣。

在女性斗争运动中站在危险高地上的是阿黛拉·潘科赫斯特·沃尔什，她是妇女运动的传奇斗士埃梅琳·潘科赫斯特的女儿。潘科赫斯特年轻时是一个女权主义者和共产主义者，在移民到澳大利亚之后，她转变了自己的信仰，并且在 1929 年成立了反共产主义女性联合工会，工会的宗旨是"终止工业和社会阶层斗争，以合作和善意为基础恢复工业发展"。受到新南威尔士的一个制造商组织的支持，潘科赫斯特的这个特殊工会为失业者的妻子们组织了"工业者茶话会"，在工厂里举办午餐集会，并借由集会向人们宣扬大英帝国、工厂里的和谐氛围以及和政府当局的友好合作。潘科赫斯特发起的这些活动都让武装反抗者们愤怒不已。阿黛拉·潘科赫斯特成为了制造商和工厂主们虽然厌恶但是有用的武器，可以用来阻止各种工业反抗运动的发生。"如果你想要工作，就来像我们一样工作吧！"工厂里的一个反对者大声疾呼。"骗子！他们给了你们多少钱让你们愿意这么做？"即使面对着工人们强烈的敌意和反对，仍然有很多和潘科赫斯特类似的组织坚定地想要维护传统价值观念，哪怕被武装反抗者当成右翼分子。这种组织似乎层出不穷——女权主义者联盟、国家妇女协会、基督徒妇女戒酒联合会、家庭妇女进步协会和明智民主联盟妇女分支联盟。

有一位和阿黛拉·潘科赫斯特处在相同阵营中的受人尊敬的律师埃里克·坎贝尔，他是第一次世界大战的老兵，他从一个功勋卓著的士兵，到一个穿着"三K党"长袍的郊区非法武装团体成员，会发生如此巨大的转变，只能说是因为时代的复杂性。他曾经两次被派遣到法国服役，并获得了优秀军人的勋章。坎贝尔还是一个成功的律师、扶轮社的成员、高尔夫球爱好者和一个声望极高的商人。他也是悉尼新卫士，一个法西斯非法军事组织的领导者，在发展巅峰时期有四万多名成员。新卫士的成员们扛着纳粹的万字符旗帜，就在警察眼前、众目睽睽之下在当地的公园进行军事演习。

没有证据表明坎贝尔是受到了即将上台的臭名昭著的英国法西斯分子奥斯瓦尔德·莫斯利的影响；事实上，在莫斯利成为议员之前，坎贝尔就已经成为了一个非法武装分子。他对墨索里尼更多的是崇拜，他的行为似乎是受到了墨索里尼危险激进的政治形态的鼓励。和他的非法武装分子同伴一样，坎贝尔也对无处不在的左翼分子相当忌惮，他们威胁着他极为重视的权力和帝国的象征。失业工人运动利用了当下的特殊时局来造势：从1930 年年初最早发起运动开始到 1931 年年末，参与人数从 0 一路增至31 000 多人。新卫士组织成员的增长与此有着直接的联系。新卫士得到了一些心照不宣的支持，并且和一些官方执法部门保持着密切的联系，这些官方人士都把法西斯分子视为自己的同盟。

坎贝尔有着风度翩翩的外表和威严的气度，他是一个天生的领导者。虽然对外宣称的新卫士的成员人数可能有些夸张，但是它的组织规模和武装力量的确不容小视。坎贝尔曾经派出突击部队前往工人们居住的郊区，据说突击部队带着手枪和铁棒，向前去参加会议讨论日益严重的失业问题的解决方案的左翼分子发起了攻击。因为有免罪保护，这些"义务警察"对集会的左翼分子进行恫吓，破坏他们在英国街头的咖啡馆里、私人住宅的晚宴上甚至是在星期三的教堂集会中的会议。原本的计划是要绑架新南威尔士州长和整个州政府的要员。虽然这个狂妄鲁莽的计划没有实行，但它足以说明从 1929年开始，悉尼的社会两极分化有多严重。

所有的一切都表明，这个国家的价值理念和经济都已经出现了巨大的分裂。的确如此，历史学家波利斯·施德文说，随着压力之下的断裂越来越深，澳大利亚正在慢慢走向"崩溃边缘"。在此之前，经济学家林德赫斯特·吉布林对分裂的程度做出过阐述，他指出，许多澳大利亚人在经济繁荣的年代变得愈加富有，就像那些失业者们看到的一样，他们每家都有两三辆昂贵的汽车；穿的衣服都是商店橱窗里价格最高的；高级酒店里的客人们一天吃的东西比他一个星期吃的食物都要多；他们的豪华住宅都有精致的花园和广场；成千上万的人每周都会花上几百英镑到欧洲去旅游，但是失业者们却只能逆来顺受。

媒体对政府部门都是百分之百的支持。几乎每家报刊都赞同联邦法院调解仲裁庭（处理劳动纠纷的最高法律机构）作出的重大决定——废除根据雇员的基本需求来决定基本工资这个遵循了 20 多年的原则，取而代之的是以雇主的"支付能力"决定工资标准。在受到大萧条重创下，这项决定很明显给了雇主们完全按照自己的意愿支付工资的自由权利。

杰克·朗是新南威尔士的州督，身材高大，善于蛊惑人心。朗被称作"大家伙"——他身高 6.33 英尺，1930 年 10 月，他凭借一项州政府资助的为失业者提供生活保障的公共项目当选为州督。如果是在繁荣时期，朗就不太可能成为州督了。他认为自己的成功当选，得益于在悉尼这个全国最大的且反抗精神最强烈的城市里，工人阶层对时局的不满，还有新南威尔士矿区的支持，1929 年罗斯伯利的大暴动仍然让当地人记忆犹新。在进入州政府几个星期之内，朗就通过了几项停止驱逐的法案，包括禁止对房客的家具进行拍卖来支付租金等恶意行为。为了给公共项目筹集资金，朗发行了州彩票，从在赛马和赛狗中赢得头奖的人的奖金中抽取 10%，用作项目资金。尽管外界对此颇有诟病，但朗至少有他自己的计划。

和那个时代的许多澳大利亚政治家一样，朗也是出生于移民家庭，他做过各种各样的工作，虽然口音完全不同，但是他却和红色克莱德河畔的成员以及英国工党政府中反对拉姆塞·麦克唐纳 1931 年紧缩财政预算的内阁成员志趣相投。朗的父亲是一个纯正的苏格兰人，他是爱丁堡的一个钟表匠，母亲是爱尔兰的戈尔韦人。朗对于社会底层人民的同情还有他对银行家的深恶痛绝，来源于他的工作经历。他曾经在家禽饲养场工作，驾驶过马车，卖过书，在一家会计公司跑过腿，还在拍卖行工作过。朗极富感染力的竞选技巧就像一个房地产经纪人的推销术。传记作家贝德·奈恩写道："他在拍卖行学到的那一套演讲方式，虽然有些粗糙，但是效果却非常好——他用刺耳的声音大声疾呼，挥动双手，语句之间有长长的停顿。"

和许多同样有着复杂的出生和成长背景的政治家一样，朗也是一个充满矛盾的人，他不属于任何一个特定的阶层，和大萧条中的斗争者很像，他们都是机会主义者。朗在如同一滩浑水般的政坛中，靠着打击共产主义和资本主义迅速上升崛起：共产主义有悖于他从小接受的教育，而资本主义又和他辛苦劳动的成长背景相对立。"资本主义必须下台。"朗总是这么说。想不出合适的新闻标题，悉尼的通俗小报称朗为"赤色恐怖主义分子"。

朗是一个澳大利亚人，他对英国知之甚少，而且也并不怎么在意。但他并非完全不关心英国的一切事物，在州督选举演讲中，他引用了凯恩斯的《货币论》（*A Treatise on Money*）中的观点来支持他的计划。一道漫长海峡的隔离，再加上几个世纪的自力更生，从第一次世界大战之后，澳大利亚已经越来越独立于其母国英国了。澳大利亚人非常自豪，他们在把未经开发的蛮荒之地建成了城市，在这里建起了道路和桥梁，最终建成了一个完整的、越来越多样化的国家，并使其成为了世界上最大的食品出口国家之一，他们拥有了自己的生活方式和独具特色的文化。他们知道所做的这一切都是值得赞美的，都是需要极大的勇气的，这些伟大的成就让澳大利亚人对他们的想法和努力充满了自信，并且对于伦敦或者其他任何人的支配统治的抵触越来越强。但是朗并没有这种想法。他和英国方面的关系仍然非常密切，一年前，不受欢迎的英格兰银行大使奥托·尼梅尔爵士访问澳大利亚，提出削减工资和其他支出以稳定经济时，朗曾经亲切地称呼他为"罗托爵士"。

随着大萧条的恶劣影响逐渐加剧，尤其是在新南威尔士，形势更加严峻，这位州督提出了"朗计划"。事实上，这份计划的目的就是要把澳大利亚的财政负担转移到它在伦敦资本市场中的债主身上去。另外一个实施这项大胆计划的原因是州政府的财力负担不起。朗发表了慷慨激昂的演讲，他谴责了

"金钱权力"对新南威尔士失业者的勒索，他声称银行家应该和其他人一样，承担相同的痛苦。因此朗希望降低新南威尔士的贷款利率，允许延期偿还贷款，直到经济状况有所好转，人们有能力偿债为止。1931年3月，发生了一件让堪培拉的联邦政府、英格兰银行、英国联合政府，以及贷款给澳大利亚的伦敦银行都震惊不已的事情，"大家伙"朗拒绝向为新南威尔士政府提供贷款的伦敦债权人支付贷款利息。这是人们记忆中澳大利亚第一次出现公共贷款违约的情况。

实际上，朗的计划有很多值得称道的地方，因为海外债务利息节省下来的支出是一笔相当可观的资金，可以用来缓解失业问题。节省下来的偿债支出金额是去年联邦政府下拨给各州政府的失业救济金总额的70倍，很明显，这笔节省的开支可以为社会福利做出巨大的改善。而且伦敦也错误地判断了澳大利亚的经济形势，一开始就把钱直接借给了澳大利亚，并没有考虑到在这样极端的特殊情况下，暂缓澳大利亚偿还利息的义务也是完全合理的。后来，伦敦也开始逐渐接受，在暂时困难的情况下，其他国家和企业也可以进行滚动融资。

但是在1931年，伦敦还没有接受这样的设想，这并不让人感到惊讶。伦敦的许多银行都记得非常清楚，其中一些早在半个世纪以前澳大利亚进行开发的时期就已经向其借出了大量资金，但由于澳大利亚的银行随着农业的衰退而相继破产，所以它们只能眼睁睁地看着这笔钱像飘散在风中的谷壳一样消失。过了很长一段时间，伦敦才原谅了澳大利亚债务人的违约行为，他们知道这个国家的经济状况非常特殊，具有明显的脆弱性和周期性。所以"朗计划"对于伦敦银行来说，自然是一个噩耗。已经可以预见由它带来的一系列可怕的后果了，不仅澳大利亚在全球资本市场中的信用会受到无法修复的破坏，而且以后进行融资势必也会受到影响。

伦敦方面对此违约行为的反应还不算什么，但是在澳大利亚，拒付利息这一事件在国内引发了宪政危机，联邦政府为了维持和伦敦方面的良好关系，要求新南威尔士承担财政责任。此时的尴尬处境使澳大利亚工党内部产生了分裂，新南威尔士政府里坚定支持州督的派系和剩余成员中绝大多数的反对者，形成了势不两立的局面，这直接导致了吉姆·斯卡林的联邦政府的垮台。很显然，斯卡林没能完成拯救饱受大萧条摧残的澳大利亚经济的承诺。虽然斯卡林和他的政府不赞成尼梅尔的紧缩财政政策，但是他们后知后觉地开始支持州政府自助的公共项目和其他扩张性的财政政策时，已经晚好了几年。

斯卡林政府的垮台和澳大利亚联邦银行的吉布森不妥协的态度有关。支持自由主义的经济学家们感到非常震惊和疑惑，斯卡林又一次任命了这个传统理念的卫道士连任下一个 7 年的联邦银行行长，但是吉布森却对此毫无感激之意，并且还反咬了斯卡林一口。和尼梅尔派来的官方代表一样，吉布森仍然拒绝发行更多的货币——事实上是拒绝再借新的贷款。相反地，4 月 2 日，吉布森对澳大利亚政府发出了最后通牒，要求政府必须缩小财政赤字，否则他就要取出澳大利亚所有的英镑储备——这两者实质上是一样的。吉布森就像是一个没有官方头衔的财政大臣。如果是在英国，他的高压手段应该不大可能真的实施，但是在澳大利亚这种高压手段却行得通，因为联邦政府并没有完全掌握理财大权。

在巨大的压力之下，一个月后，吉布森的严酷手段稍微缓和了一些，他同意向政府提供六个月的贷款，拯救陷入绝境的小麦农民，毕竟全国的面包都要用他们的小麦作为原料。不久之后，似乎是耻于之前未曾预料到的慷慨行为，吉布森拒绝了总理为了缓解失业压力而创造就业岗位请求的一笔数额不大的资金。他说只有确保这笔资金产生的效果能作用到个体，而且只有各个地方政府的相关部门直接把拨款申请上交给他，才能同意下拨这笔资金。吉布森对于财政款项的使用和公正性有着相当严苛的要求，这位联邦银行行长现在简直就像财政部长和福利部长的结合，阻拦着联邦和各州政府的各项政策。

经济学家林德赫斯特·吉布林做出了一个和高桥是清的艺伎屋相似的类

比，不过是以澳大利亚为背景。他解释说，澳大利亚的经济形势一路下滑，很大程度上是因为吉布森这个固执的苏格兰人。和日本银行总裁高桥所举的例子一样，吉布森的这篇文章也值得一读。

想象一下，如果一个羊毛生产者今年的收入比以前少了 900 英镑（因为出口量减少），那么他就会少花 900 英镑，原本可以购买的商品和服务现在都没有了。全国消费总额的三分之一都是进出口商品，那么我们可以假设这个人在进出口商品上的消费减少了三分之一，也就是 300 英镑，所以贸易差额就会增加这么多。剩下一部分就是非出口商品。让我们假设他为了每年节省 200 英镑，辞退了篱笆匠；然后又节省了 200 英镑买衣服的钱，那么一个裁缝就会失去工作；再省下外出旅游的 200 英镑，那么一个原本可以挣这么多钱的机械师或者司机就会失去工作。他没有其他收入可以用来雇用篱笆匠、裁缝或者机械师，所以就损失了 600 英镑，这是最开始的 900 英镑的三分之二。这 600 英镑可以被篱笆匠、裁缝和机械师花掉，其中的三分之一也就是 200 英镑花在进出口商品的购买上，另外的三分之二，也就是 400 英镑，用来交房租、买肉和靴子等，那么这笔钱就到了房东、屠户、鞋匠和其他工人的手中了。所以贸易差额又会增加 200 英镑，澳大利亚的总收入就会减少 400 英镑。那么最终，进出口商品的消费额总共会减少 900 英镑，澳大利亚的收入总额会减少 2 700 英镑，这一数额是羊毛生产者减少的收入的 3 倍。

这是一个用来解释降低支出的累积效应的最好的例子。

1931 年 11 月，斯卡林在选举中大败，他执掌多年的政府因为大萧条的冲

击就此倒台，毫无疑问，他在心里对吉布森破口大骂。事实上，这位不走运的总理根本没有能够抵挡这场经济危机侵袭的工具。他的所有政策都被各种因素削弱了效力：银行方面的阻挠（联邦银行掌握着资金供应的权力）；低的可怕的外汇储备（斯卡林政府从前一届政府那里接手的问题）——由于极高的公共贷款利息达到了联邦税收总额的 60% 之多，也让这一问题变得更加棘手；还有和上议院之间的分歧；企业主的冷酷无情；和劳工法庭之间缺乏合作；最重要的是，受到了尼梅尔错误的经济政策的影响。这位英格兰银行的特使反倒认为斯卡林"完全不明白状况"。

新任总理是约瑟夫·阿洛伊修斯·里昂斯（前任财政部长），是一个有着保守的财政观念和对帝国忠诚之心的人，他被称为"正直的乔"。里昂斯出生于一个爱尔兰的移民家庭，家里有八个兄弟姐妹，他也是靠自学成才。里昂斯现在面临的最紧迫的问题，就是陷入破产的新南威尔士和州督朗。

里昂斯对于不计后果的融资行为有一些自己的看法。他的父亲迈克尔在几次生意失败之后，在 1887 年墨尔本赛马日赌上了他剩下的全部身家财产，结果输得一塌糊涂。所以当时 9 岁的里昂斯不得不离开学校出去谋生，他当过使童，在农场做过苦力，当过印刷厂学徒，还在餐厅做过服务员。虽然后来里昂斯又回到了学校，但是这些经历教会了他很多东西，让他明白了量入为出的重要性，因此他一直都坚信，无论是家庭还是国家，财务预算都必须遵循严格节约的原则。里昂斯坚定不移地认为，朗违背了长期以来的惯例，即州政府贷款必须要通过特殊贷款理事会的规定，他的行为越界了。里昂斯立即通过了一项法案，允许联邦政府代表新南威尔士政府的财政办公室收回应付利息。

这位叛逆的州督发现自己的麻烦来了。"大家伙"拒绝向联邦政府支付贷款利息的行为是对宪法的践踏，他与新南威尔士的总督菲利普·盖姆爵士进行了交锋。从 20 世纪 30 年代中期任职开始，这位职业军人出身的英国籍总督就和朗展开了持久战。盖姆参加过第一次世界大战，并成为了空军少将，他是一个称职的总督，即使在大萧条的困境中，也依然保持对各方不偏不倚。盖姆曾经很支持朗的观点，非常赞赏他的政策中的人道主义精神，虽然它们有悖于宪法。同样地，朗也知道，在大萧条期间，盖姆把自己的大部分工资都捐给了穷人。然而，盖姆别无选择，他只能让朗下台，1932 年 5 月，朗离开了州政府办公室，这让总理里昂斯（此时正急于修复和英国的关系）和英国的资本市场都放下了悬着的心。朗的时代来得快，去得也快，随后他在新南威尔士和联邦的政局中开始慢慢失势，他的能力也无法搅弄风云了。

就在朗因为自己乖张放纵的行事作风尝到苦果的时候，另一位州督正要开始秘密实施一项和朗类似的计划，也正是尼梅尔严令禁止的计划。这位政治家和不走运的朗的不同之处在于，他把苏格兰人的精明发挥到了极致。

福根·史密斯在 1932 年 6 月成为了昆士兰的州督，正好在"大家伙"因为激进的政策而下马一个月之后。这位新任州督很快就发现，在堪培拉举行的州督会议中，他是唯一一个工党代表。史密斯身边坐着的都是尼梅尔紧缩财政政策的大力支持者，现在这一政策又因为正直的乔·里昂斯当权而更加受到广泛支持。里昂斯的确在提案中明确表示了对尼梅尔节省开支的方案的赞同。但是史密斯却提出了他对这份提案的疑虑，他别有心机地引导总理将他的提案修改成为一项振兴工业发展的计划。不出几天时间，史密斯的修正议案就赢得了广泛的支持，这份议案是在里昂斯原有提案的基础上产生的，这激起了里昂斯的愤怒。

这个精明的新任州督从小在珀斯郡的因弗格里长大，他的父亲是一名园丁。史密斯在克莱德河畔的造船厂工作过几年，后来在他 20 多岁的时候移民到了"阳光之州"——昆士兰的遥远北部地区。史密斯当时是一名油漆工人，所以他从组织工会开始了自己的政治生涯，最终成为了工党领袖。福根·史密斯的教育背景并不是一片空白。他曾经上过达农文法学校，并且有足够优秀的成绩和资格申请医学院，但他后来选择成为一名推销员。"他是一个能力很强的人——头脑清晰，目标明确。"在史密斯成为了昆士兰的州督、布政司和司库之后，昆士兰总督莱斯利·威尔森爵士在一封写给伦敦的英国殖民地事务部秘书的密信中曾这样称赞过他，"他不会听从他的'领导小组'给出的指令，他才是发号施令的人。"

史密斯有他自己的一些特殊癖好，比如在报纸上给一个法学名誉博士的名字后面加上几个字母变成自己的名字，虽然他本人从未上过大学。在昆士兰，人们对知识分子极度不信任，史密斯努力在拥有一般常识的普通民众和高级知识分子之间寻找平衡，经常在他的公共演讲中引用诸如亚里士多德、德赖登和梅纳德·凯恩斯的观点。史密斯曾经大胆地指出纳粹主义吸收了尼采的思想。倒是不必担心他所说的这一点，因为希特勒只不过是从那位伟大的哲学家的作品中窃取了一小部分，加以歪曲，使之成为符合纳粹党利益的观点而已。史密斯的妻子艾菲，是昆士兰北部麦凯附近一个产糖地区的农民的女儿，他们结婚后，史密斯开始真正爱上了澳大利亚这个国家，尤其是昆士兰，尽管他还是一口苏格兰口音。史密斯喜欢打保龄球和高尔夫球，还喜欢钓鱼，最喜欢的莫过于在丹·布莱德曼称雄的黄金时代的板球了。

在堪培拉施展妙计之后，这个精明的苏格兰人在澳大利亚政坛声名鹊起，在一片支持拥护声中，他俨然成为了澳大利亚经济的救世主，他已经不用再回到昆士兰首府布里斯班的家中了。虽然一再受到吉布森的反对，但是和他的观念完全不同的苏格兰同僚史密斯仍然坚持实行公共建设项目，从各种渠道筹集贷款，开始进行桥梁、堤坝、港口和高速公路的建设。随着昆士兰州在重重困难之中逐渐发展繁荣，这个来自克莱德河畔的苏格兰人成了昆士兰的无冕之王，昆士兰则成了他口中"工资最高、工作条件最好、失业率最低"的地方。每当州督从繁忙的工作中抽身回家时，他忠实的下属们都会在南布里斯班火车站排队欢迎他们的领导回来。

史密斯和朗最大的不同，就是他的慎重。这个苏格兰人明白，在不稳定的时局中，最好不要用煽动性的演讲去扰乱那些思想保守的人。他把自己的一些激进想法隐藏起来，绝对不在党内过于明目张胆，而是通过长期谋划，找到合适的时机将其付诸实践。史密斯一直提防着极端主义者，他还经常与澳大利亚工人联合会进行合作，虽然这是澳大利亚最强硬的工会组织之一。

❧

现在，新西兰也成为了大英帝国实施最严苛的财政紧缩政策的政府之一。因为新西兰的经济发展以农业为基础，所以其经济发展相当脆弱，此时正面临着严重的困局。被称为"诚实的乔治"的新西兰总理福布斯，用他当农民的时候开辟良田的积极性，对国家进行了大刀阔斧的开支裁减。他以为这只是短暂的经济衰退，把政府的每项支出都进行了削减。从 1931 年到 1932 年，公共项目减少了 4 倍，国家公职人员的工资降低了 2 倍，和生活成本一起降低的还有失业救济金，在 1934 年，新西兰政府认为大萧条基本已经结束之前，政府一直没有发放过失业救济金。如果要找工作，人们就得到城市里去建造广场，或者是参与修路和种树等其他政府建设项目，因此就不得不背井离乡。对于弱势群体，政府依然是不遗余力地减少补助支出——残疾人、孀妇和老年人的抚恤金，还有家庭津贴，全都被大幅削减。

情况进一步恶化，成百上千的公司破产倒闭，政府开始对劳务人员征税，将税收所得用于身体健全的失业者的补助。公司是这笔失业救助应急资金的主要贡献者，在每一英镑的利润和分配给海外股东的每一英镑的股利中交一便士的税（很明显股东们的利益并不是最重要的）。对失业者的救助也少不了劳动者的付出：女性劳动者要从每年的工资中拿出 12 先令上交，男性劳动者要上交 24 先令，如果年工资超过 300 英镑，那每英磅就要交一便士的税。联合政府招募公务人员的速度快得惊人，因为他们想要尽量减少等待领取失业救济金的人数，而公务人员的工资下降的最厉害——全面下调了 30%。代表了大英帝国至高王权的新西兰总督威斯康特·布莱迪斯洛是一个家畜养殖专家，不甘落后的他也紧随着公务人员的降薪大潮，以同样的幅度缩减了自己的工资。

但是政府的这一系列措施似乎都没有起到什么效果，并且对未来形势的预测也相当不容乐观。如果所有类别的失业人口全都算进来，那么全国的失业人数将占到总人口的近 30%——比英国和美国的失业率要高得多。食品销量急剧减少，说明很多人都在忍受饥饿。就连像土豆这样的主食的销量都下降了将近三分之一，这一情况在 20 世纪 30 年代持续了很久。妇女们甚至只能用糖袋和面粉袋来做内衣。

情况还在持续恶化，新西兰联合政府开始采取极端措施，减少了向伦敦所借的公共贷款的应付利息。这对财政部长唐尼·斯图尔特来说无疑是种可怕的结果，于是他选择了辞职，他宁愿离开财政部办公室也不愿让新西兰拒付海外债务。虽然斯图尔特和福布斯都对大英帝国忠心耿耿，但在面对新西兰和伦敦谁欠谁的债务关系问题上，两人却产生了极大的分歧。

另一个帝国的忠臣，高大魁梧的约瑟夫·科茨同时也是一个战争英雄，他是下一个举起装满毒酒的酒杯的人，而他却甘之如饴，但带来的后果更加严重。事实上，在这种环境下，除了为缓解失业的计划筹集资金，新西兰政府也没有什么能做的了。

由于财政资金有限，新西兰政府无法全凭自己度过这场大萧条。它必须依靠伦敦的贷款，但贷款不是随时去借就会有的，然而新西兰没有资源和渠道，它只能等待着情况好转。毫无疑问，没有作为的政府自然招致了越来越多的憎恨。

许多新西兰人，尤其是实力强大的农业界巨头，都将国内持续升温的危机归咎于英格兰银行的代表团。一个名叫亚瑟·菲尔德的激进记者写了一本书《经济衰退的真相》(*The Truth about the Slump*)，成为了对时局不满者的必读书籍。菲尔德认为，这场经济危机的本质就是一个阴谋，它是以尼梅尔和格里高利为代表的犹太金融资本家"用债务奴役英属殖民地国家"的诡计。几乎所有的犹太裔银行家都没逃过菲尔德的迁怒，尤其是那些德国犹太人，比如库恩洛布银行的奥托·卡恩。反犹太的菲尔德将德国的扩军备战和俄国革命全都归咎于他们。在英格兰银行的代表团离开新西兰很久之后，他们仍然继续被像菲尔德这样的右翼分子和工党政府的左翼分子诋毁和污蔑。

反抗运动在大街上时有发生。在奥克兰，由失业工人组织了一场示威游行，在警察将他们的领导者用警棍制伏并抓走之后，被激怒的15 000名游行者开始在皇后大街的主干道上打砸抢掠，示威游行演变成了一场暴动。突然爆发的动乱让政府有足够的理由向其开火，其中一个组织者被警察抓捕后判处了相当长的徒刑。

1936年，在大萧条后的第一次大选中，选民们对政府做出了惩罚，他们认为政府是唯一应该为经济危机负责的。劳工们永远也不会原谅把他们的工资降低了10%的政府，哪怕他们的生活成本已经下降了20%。大多数工人的想法都和这个没有透露姓名的工会成员一样，他这样写道：

> 哦，上帝在上，请赐予我们一只鸽子，
>
> 它有着如同利刃一般的双翅，
>
> 让它割破福布斯和科茨的喉咙，
>
> 这两头夺走我们工资的蠢猪。

一点也不让人意外，工党在大选中大获全胜。这是一个主要由志在为工人们创造更好生存环境的强硬的工会主义者所组成的政府。政府的新成员包括"Red Feds"——主要都是在全国范围内的罢工运动中和警察与特警正面对抗的矿工，还有几个筑路工人和码头工人。新政府中有些人是从英国和爱尔兰来的第一代移民，他们最早到了澳大利亚，但是新南威尔士北部的煤矿工会都觉得他们过于激进，所以他们最终跨越塔斯曼海，来到了新西兰。

这应该是大英帝国最激进的政府了，它有着非常典型的"新西兰"特质。几乎所有的内阁成员都是从小在艰苦环境中长大、自学成才、作风强硬的体力劳动者。总理迈克尔·塞维奇曾经在啤酒厂、葡萄酒和烈酒厂里清洗酒桶，还当过钻井工人、金矿工人、亚麻收割工人、酒保，操纵过固定引擎发动机。在谋生的同时，他还像苏格兰社会主义先驱凯尔·哈迪一样，学习写作。塞维奇的人生经历让他和劳工阶层之间产生了自然而然的亲密关系，他和新政府的其他同僚一样，都带着一种为"人民大众"服务的热情来对待工作。

他们在政治事务上都是新手。在此之前他们都没有涉足过政治领域，所以现在只能想尽办法穷极所学来管理政府。比如像沃尔特·纳什，他原本是基德明斯特市的一个糖果店老板，经历过两次生意失败，后来却稀里糊涂地当上了新西兰的财政部长。但是缺乏经验并没有难倒他们，新政府决定通过强硬的立法，先攻下雇主。每周 40 小时的工作时间，法定假日的工资，更高的基本工资和加班工资，义务加入工会，提高即时工资，对经营利润和价格的限制——一大串新规定像雨点一样砸向雇主。这些规定如果全部实行，在当时他们差不多就相当于完全废除了资本主义。

10

"忍冬花香烟" 经济

群戴着布帽、扣紧了扣子抵御寒冷的男人们，在英国各个城市的街角聚集在一起。有些人为了御寒穿着束带式的厚大衣，有些人只穿着夹克和马甲。他们中的大多数人都系着领带，想要让自己看起来体面一些。就和数百张拍摄于大萧条的照片中的人一样，他们看起来都非常憔悴，大多数人都是面黄肌瘦的样子。他们在上午的时候上街游荡，在街边连续站几个小时，通常都是站在杂货店的门外，或者是等着酒吧开门。他们基本上全都抽烟，而且一般都是抽廉价卷烟，就是那种烟盒上印着忍冬花的香烟，这种烟的劲头非常强，而且是没有过滤嘴的。5 根 2 便士，10 根 4 便士，20 根 8 便士，价格非常便宜。但即便如此，20 根一包的廉价卷烟在当时也是稀有品。"街上到处都是抽忍冬花香烟的人，他们从装着 5 根烟的纸盒里拿出一根点燃，慢慢地吸，打开胸腔把烟全部吸进去，然后缓慢地从双唇之间吐出来，"拉尔夫·格拉斯尔在《生于格尔贝斯》（*Growing Up in Gorbals*）一书中回忆道，"一个男人满脸兴奋的神色，可能是因为赌马赢了，或者是因为今天是他的生日，他买了一包 20 根的忍冬花香烟。"

这种景象在英国大城市的郊区随处可见。随着英国的主要工业失去了长期以来的市场主导地位，在所谓的"特殊区域"，其实就是上议院所说的受经济危机影响最严重的地区，出现了大批的失业工人。到 20 世纪 30 年代中期，这一地区已经有 400 多万的人口了，政府怕这里的居民会感到不满，也怕会引发政治冲突，所以他们将这里称为"特殊区域"，而不用像"贫民区"或者"受灾区"这样更加准确的词来形容它。然而，在一次抗议运动中，这里的居民却坚持认为自己居住的地方是一个萧条、艰苦或者贫穷的地区，这些词语比其他的描述更加准确。

英国有很多特殊区域，大多数都位于老工业区，原来的工厂衰落了，新的也难以生存。苏格兰西部的特殊区域包括拉纳克郡、蓝夫鲁郡、登巴顿郡和额尔郡北部的一些快要倒闭的煤矿。南威尔士也有不少特殊区域，这里出产的蒸汽用煤曾经是世界各国蒸汽锅炉首选的燃料，现在却被石油所取代；英格兰北部也有一些，主要在普林斯顿、坎伯兰、达雷姆和诺森伯兰。但是除此之外，还有很多情况更糟糕的重灾区。在英国失业率达到顶峰的时候，34% 的煤矿工人、超过 36% 的家畜养殖工人、超过 43% 的纺棉工人、将近 44% 的生铁铁矿工人、将近 48% 的炼钢工人，还有 62% 的造船工人和修理工人都失去了工作。

这些特殊区域曾经都是靠工矿业养活的地方，而现在却成了受到工业衰退影响最严重的地方，尤其是一些矿产区。看着这里残破衰败的景象，许多人会想，英国工业曾经辉煌一时的代价是否太高了？愤怒的 J. B. 普雷斯特利咒骂着"被煤烟熏黑的土地，被废弃物污染的河水"。"我越想越觉得，"他这样写道，"英国当时的工业霸权就像一个巨大的肮脏的谎言。在这个伟大的商业帝国背后，一面是饥肠辘辘、睡眼惺忪的孩子在机器前面辛苦工作；而另一面，则是被商人们的劣质杜松子酒灌醉的当地人。"这位剧作家和小说家越来越愤怒，他并不反对工业，但是看着曾经美丽的中部乡村地区被破坏得面目全非，他无法再容忍下去。"工业将这里无情地蹂躏，到处都是成群的醉汉。"他在文章中激愤地写道，"暴力事件到处都在上演，大地布满伤痕和鲜血。"激怒他的还有国家对特殊区域弃之不顾的态度。普雷斯特利第一次到达雷姆东部的时候，他发现这里的人都被外界社会所疏远，是除了他们同类人之外的真正意义上的被孤立。这里的煤矿工人住在"偏远的、隐秘的"地方，是被议员、媒体和过着优渥生活的伦敦人忽视的地方，而他们的富足生活都得益于这些人长年的辛勤劳动。"在伦敦的几百万居民里，有多少人曾经来这个矿业重镇看过？"普雷斯特利发问道。

伦敦虽然也有很多危险的、有害身体健康的工作，但是比起煤矿里的工作，都算不上什么。因为煤矿安全法案一般都会被忽视，矿顶经常会崩塌，矿井里到处都飘散着侵蚀肺部的灰尘，爆炸也时有发生。数据更能说明真实情况：在1931年之前的5年里，超过5 000名矿工在工作时丧生，他们挖掘出的煤是供应英国的居民生活、工业、货车和轮船运输的重要燃料；超过800名矿工受过工伤，大多数都是终生残疾。"每一个矿工的妻子都知道，他们的丈夫做的是有致命危险的工作；在一些老矿区，随时都有可能被突然涌入的水或者瓦斯要了性命。"国家失业工人运动组织的一位激进活动家瓦尔·汉宁顿如此写道。在大萧条时期，1934年9月22日这一天，格雷斯福特的煤矿塌方，265名矿工没有一个人生还。

这些矿业村镇是英国最穷困悲惨的地区，房屋村舍都被煤烟和粉尘熏得黑漆漆的。孩子们只能在被煤渣弄得脏兮兮的地上玩耍，在狭窄肮脏的街道上踢球。在达雷姆东部的一个叫肖顿的村子里，孩子们从巨大的煤渣堆上滑下来嬉戏玩耍，掀起的有毒烟尘在村子里四处飘散，就像笼罩在房子上的棺材罩布。"这是个肮脏的洞穴，"一位矿工的妻子菲利斯·霍尔克罗夫特这样形容矿主提供给他们的在约克郡的丹纳比村的简陋住处，"绝对不能打开窗户，否则废弃物堆的灰尘和气味就会飘进屋子里来。"虽然她描述的是战前时代的情景，但是让人震惊的是，15年过去了，情况却没有一丝好转。大多数矿工的妻子都未老先衰了，恶劣的生活环境、对丈夫的担忧，让她们老得很快。很多人坚决不允许他们的儿子再当矿工。

乔治·奥威尔对维根的矿区做了全面详细的调查，他对这里"在地底下做着苦工，被煤烟熏黑了双眼，喉咙里塞满了煤灰，用有着钢铁般坚硬肌肉的手臂挥舞着铁铲的可怜人"充满了同情。他亲自前往一个矿井了解情况，结果他看到的情景令他震惊不已。"此时你在这里看到的一切，才让你真正明白，是因为矿工们挥汗如雨的工作，才能让上等阶层的人保持着他们的优越生活。"他在《通向维根码头之路》(*The Road to Wigan Pier*) 一书中写道。

除了矿主之外，所有人都对矿区的可怕的环境感到震惊。约克郡的坦普尔大主教的干预，给达雷姆西南方向 10 英里的克鲁克镇带来了一丝光明，这里大多数的矿工都在大萧条初期失去了工作。这位主教后来被任命为坎特伯雷大主教，他曾经因为过于激进而被丑化，他在自己进行调查并记录结果的《失业工人》一书中详细记录了克鲁克镇的情况。他在书中揭露的真相，比政府当局对外承认的要严重得多：差不多有 71% 的男性工人已经 5 年没有工作了。

泰恩河南岸的杰罗镇，距离纽卡斯特东部只有几英里，现在将要面临和那些矿区村镇一样的命运。这个有 7 000 多失业人口的小镇，无论怎么说都算得上是荒废区域了。但是新秩序又会是什么样呢？凝视着这块曾经是草木旺盛的河口的地方，普雷斯特利看到了杰罗镇和附近的赫伯恩镇一片"焦黑和破败"的景象。这一切都值得吗？预见到了一场即将到来的反对工业污染的斗争，普雷斯特利不禁发问："资本主义者从这里夺走了那么多，他们又给英国人带来了什么新的恩赐呢？"

1933 年 6 月 19 日，帕莫斯船厂建造的最后一艘轮船、皇家海军舰艇，被称为"毁灭者"的"公爵夫人"号终于建成了，这项耗时 3 年的工程让这里的 2 000 多人——劳动人口总数的四分之一都得到了工作机会。"没有庆祝仪式，也没有大型活动……再也没有新的造船订单，这个地区成千上万的人又只能靠救济金度日了。"两位当地的历史学家这样记录道。整个地区的劳动力全部都闲置了，并且这一状态一直持续了下去。"只要他能得到一份工作，没有比这更好的了，"一个造船厂工人的妻子对 BBC 广播电台记者说道，"我们结婚 12 年了，我丈夫只工作过 18 个月。我们刚结婚的时候，他是那么英俊，但现在他却已经瘦骨嶙峋。"

帕莫斯船厂的关门停工，让 70% 到 80% 的劳动者又一次失业并陷入了贫困，而这原本是可以避免的。当时有一个叫做国家造船担保信托的组织，是由造船行业的一些领头者组成的，它正在全国范围内收购将要倒闭的船厂；以非常低廉的价格买下这些船厂，目的是为了在未来 40 年里当作备用船厂，事实上不止未来 40 年，其实可以永久使用。据说这一策略的目的，是为了促进造船行业的合理化发展，免除"过度竞争"。但这并不是这个组织的真实意图，它只是想让更多的人失业。1934 年，国家造船担保信托组织收购了破产的帕莫斯船厂，一年后将其拆分，这让杰罗镇和赫伯恩镇的失业者更加看不到希望了。那时候，类似这样的收购行为越来越多，战后的工党政府便开始推行企业和工厂的国有化改革，唯恐再发生这样的情况。

被全国失业工人运动组织称为"资本主义统治者"的英国政府，拒绝对这些失业重灾区提供救助，资本主义的不公平性在这里体现得更为明显。一个由 T. 沃斯波尔·索特领导的炼钢工人联合会筹集了充足的资金，想要在他们的镇上建立一个现代化的炼钢厂——一个能够创造 3 000 多个工作岗位的工厂，他们将这个计划提交给了英国钢铁联合会。联合会和政府的关系非常密切，在做出最终决定之前，进行了长达一年的深思熟虑——这么长的考虑时间在当时的情况下有点长得不正常。钢铁联合会最终同意建造这个炼钢厂，但是必须要以保护现有钢铁制造厂的利益为前提。双方签订的合约中有一条就是，新炼钢厂的产品价格每吨必须要比其他工厂高 15 先令。而且违背这一规定所交纳的罚金都要收归联合会，分配给其成员。

合约中的条款实在是强人所难，实际上相当荒谬，它让这个计划最终胎死腹中。在这场自相矛盾并进行了精湛包装的骗局中，政府的顾问马尔肯姆·斯图尔特爵士对此事件的后续报告中说，合约中的价格保护条款是为了普遍利益，即为了整个经济发展做出的牺牲："将来建造更多工厂的计划必须要先暂时牺牲一下，因为贸易保护政策让出口钢铁的关税越来越高，我们必须要保证现有需求下的产品的销售利润。"换句话说，其意思就是政府不希望生产效率更高的新工厂，威胁到在关税保护之下逐渐开始恢复的钢铁行业的利润。事实上，杰罗镇的新工厂可以增强英国钢铁产品的国际和国内竞争力，从而促进整个行业的发展，因为它的低价产品能够刺激其他工厂提高生产效率。然而现实却是，政府固执地把目光局限在那一点儿既得利益上。

在"公爵夫人"号军舰进入北海不久之后，帕莫斯船厂的经理们就关上了办公室的门，各自离开了。他们没有为因为船厂关闭而失业的劳动者提供任何补助和福利，工人们就只能在某个社会服务中心草草搭建了一些临时住房，或者是住在堆满了书的书店里。"特殊区域"的大多数有工作的人也只能勉强维持生计。全国失业工人运动组织对这些数量庞大的穷困潦倒的劳动者进行了全面的调查分类。他们统计的大多数例子都是从其他来源获知的，包括地方政府官员、医疗机构工作人员和医师。最悲惨的一个例子是体弱多病的利物浦寡妇，她有 4 个孩子，其中一个腿有残疾而且还得了严重的肺结核，他们一家人睡在两张床上，用旧大衣和裙子当作被子。他们做饭都是用明火（没有煤气炉或者烤箱），而且食物还不能一次准备完，只能一部分一部分地来，因为没有足够的杯盘等餐具，事实上他们根本没有晚餐盘。一间房子既当厨房，又当餐厅和卧室。寡妇每周从自己的救济金里拿出 9 便士当作自己的棺材本，这样当她死后就不会给她的孩子和亲戚带来负担了。

全国失业工人运动组织的案例研究都是不带丝毫感情色彩的事实陈述，展现出了英国底层人民的真实生活状态，6 个女孩挤在一张床上，六七个家庭共同生活在一个没有隐私的空间里，老鼠在天花板顶棚四处乱窜，冰冷刺骨的风从墙缝中间吹进来，孩子们在狭窄的巷子里玩耍，环境卫生非常恶劣，父母总是担心吃了上顿没有下顿。一个由出庭律师和南索尔福德的保守党成员蒙塔古·巴罗爵士领导的皇家委员会，对"特殊区域"展开了调查，其结果进一步证实了全国失业工人运动组织的研究结论。"特殊区域"的居民们生活在绝望之中，委员会开始考虑，为了他们更好的生活，是否要把这里的居民全部转移。

然而，政府并不赞成，也不会给全国失业工人运动组织的建议提供任何帮助。这个组织一直以来都被视为制造麻烦的温床、社会基本结构的威胁和政府部门的眼中钉。全国失业工人运动组织可能确实是这样，但它兼有这三者的特点，而不仅仅只是其中一种。它是一个致力于为劳动者争取合理的工作和工资待遇的组织，并且相信这个看似不可能的目标一定会实现。政府阻拦其活动，只会让这个社会中最坚定、最积极的一群人失去工作机会。沃尔·汉宁顿做出了总结："失业者是经济体系运行失序的受害者，这不是能够受到人为控制的。"

失业者忍受着这样的痛苦，但令人惊讶的是他们中很少有人参加类似全国失业工人运动这样的激进组织，大多数人更倾向于等待，即希望在现有的体系和秩序之下，他们的生活能有所改善。威尔士王子对格拉摩根的贫困地区进行公开访问时，受到了热情接待。几百个戴着布帽的失业炼钢工人都跑到位于莫色提维的已经废弃的道莱斯炼钢厂去看未来的国王。他们挤占了每一个能用的地方，有人爬到了相当危险的旧锅炉上，有人坐在扭曲的巨大管道和熔炉上，还有人爬上了金属围栏和被侵蚀的塔顶。他们看到王子站在临时搭建的台子上，向围观的群众们说"不要失去信心"，因为国家并"没有忘记"他们现在所处的困境。

此时，联合政府正打算让所有年龄的失业者全都进入志愿劳动营，在那里做一些养护森林、开凿道路、搭建带刺的铁丝围栏和安装排水系统之类的工作。政府最关注的是年轻的失业者——他们是"特殊区域最大的不幸，也是各地面临的重要威胁"，马尔肯姆·斯图尔特爵士对他们这样评价。普雷斯特利的措辞更加激烈。身体健全的年轻人无所事事地站在职业介绍所门外，普雷斯特利说他们正在"颓丧的人性"中逐渐腐臭。然而劳动营的情况也没有什么起色。失业者们离开自己的家来到劳动营，吃着被苍蝇叮咬的食物，每天长时间地工作，有些地方还禁止他们离开劳动营到附近的村庄过夜。退役军官是他们的监督者，他们离开劳动营时甚至比进来的时候还要愤怒，罢工和公开的反抗时有发生。"这些年轻人唯一的希望，就是通过训练然后找到工作。"马尔肯姆爵士说。但是劳动营外面并没有工作提供给他们。

政府在改善"特殊区域"状况的事务上，行动非常缓慢。虽然做出了承诺，但是特派员们在"特殊区域"的改善方案上拥有的资金预算和权力都相当有限。因此，他们能做的太少，且做得太迟了，真正能达到效果的救助方案一般都来自于私人资助。对于直言不讳的工党议员奈·贝文来说，不能给"特殊区域"的特派员们足够的财政预算支持，是一种令人愤慨的讽刺。"整件事情就像一出无聊空洞的闹剧，政府似乎没打算有任何作为。"贝文说道。他 13 岁的时候当过矿工，后来成为了国家健康服务组织的成员——这一组织是大萧条的直接产物。后来成为英国首相的出版商哈罗德·麦克米兰，当时是保守党议员，蒂斯河畔的斯托克顿市穷困潦倒的居民是他的选民，他认为政府的拖延态度可能会产生不良后果。"如果对'特殊区域'的研究进行的时间太长就会产生反效果，就好像你想要去解剖室，但却发现自己还在急诊病房里。"他如此警告议会。

许多和麦克米兰有着相同想法的商人们，也都提倡政府制订全国合作计划，这才是阻止社会危机演变成分裂局面的唯一希望。汽车巨头罗德·纳菲尔德、曾经的自行车机械师威廉·莫里斯等几个工业家都自己出资开展一些救助计划，用食物来代替工人的工资。18 个鸡蛋是 1 个半小时的工资，2 磅的猪油是 2 个小时的工资。工人们更愿意做一份实实在在的工作，但是固定利息让大量的政府资助项目望而却步。比如在威尔士，矿主们为了保证他们自己的利益而阻拦各种政府项目。但是至少雇主们的救助措施可以让工人们带着食物回家，因此得到国家失业工人运动组织的肯定，也算是取得了一定的效果。

约翰·贾维斯爵士既是商人也是一名议员，他住在离杰罗镇很远的萨里郡，一个比杰罗镇让人愉快得多的地方，但是他一直都在努力想办法帮助杰罗镇脱离困境。1934年，贾维斯在杰罗镇开设了废船拆卸的业务，为这里的人们提供了临时工作。他还在自己的选区——富裕的萨里郡进行了筹资活动，为杰罗镇的脱贫项目筹集资金，比如在那里建一个家具制造厂，或者是为工人们提供墙纸和油漆重新装修自己的家。

至少来自个人的资助正在努力尝试改变这个地方。相比之下，政府所做的就太少而且太迟了。

———————◆◆◆———————

毫无疑问，在英国最让人厌恶的政府措施就是经济状况调查了，然后据此看你是否有资格领取救济金。经济状况调查的方式让 G. K. 彻斯特顿感到非常不满，他是一位支持自由主义的天主教作家，布朗神父系列侦探小说就出自他手。彻斯特顿在盛怒之下写道："这实在是毫无人性，实在是骇人听闻……在记忆中这是政府和国家第一次用一种绝对的、刻意的方式让穷人变得更穷……那些在贫富差距的鸿沟边缘已经生存得无比艰难的人们，现在被真正地推进了这道深渊之中。"

经济状况调查的条件有时候极度严苛，特别是在那些遭人憎恨的地方官员不想把救济金给那些在银行还有存款的申请人的时候。比如，当一位官员发现一个有妻子和6个孩子的兰开夏郡的矿工，在当地的合作社的账户里还存有15英镑的时候，他立即就会取消这位申请人的资格。"只要还有存款余额，他们就不需要帮助。"这位官员这样写道。总而言之，身无分文才符合申请资格。

各地的报纸报道过上百个类似的例子，尤其是在英格兰北部和威尔士，发放救济金的严苛条件甚至加上了须患上传染病这一条。医疗卫生官员上报的疾病和慢性饥饿病例越来越多。"全国有大量的儿童得不到足够的食物。""特殊区域"之一的坎伯兰一所学校的医务官肯尼斯·夫拉塞尔医生警示道，"许多家庭购买食物的钱根本不够为长身体的孩子提供充足的、多样化的饮食结构，甚至连最基本、最简单的需求都很难满足。"很快这就变成了老生常谈。
普雷斯顿的医疗卫生官员强调了婴幼儿营养缺乏的危害，现在这些孩子"得
佝偻病的几率比两年前更高"。一年后，坎伯兰的夫拉塞尔医生发现"当地的
学龄儿童中佝偻病的病例出现了显著增长"。利物浦的公共健康委员会对佝偻
病发病率增高非常关注，这种病的后果非常严重，会导致永久残疾。委员会对
此展开了研究调查。在纽卡斯特，当地的医疗卫生官员在报告中提到，贫困家
庭的孩子比贫困程度较低家庭的同龄人身高更矮，体重也更轻，并且更容易得
严重的贫血症。在达雷姆，当地的卫生当局发现结核病的发病率有所升高。在
南威尔士的"特殊区域"，出现了严重的猩红热。对于发生的大多数病例，医
疗卫生官员们都对病因没有任何质疑，这些都是营养不良导致的疾病。

英国医疗协会的一个委员会敦促政府重点关注"特殊区域"的民众健康
状况，它在 1933 年的一项研究中得出结论，官方估计的工资水平根本不够
包揽孩子的衣食支出。这项名为《食物、健康和收入》的调查报告说，每人
每周 4 先令的食物采购费用——这是申请人通过经济状况调查之后政府发放
的补助，完全无法保证健康的饮食需求。调查报告还指出，佝偻病、贫血症、
病牙、结核病都是政府在食物补贴上过于吝啬的结果。英国医疗协会的报告
又提出，每人每天 6 先令的补助才算勉强足够。而 8 先令——官方估值的 2
倍——才是真正合理的补助金额。英国医疗协会最终得出的结论是，在国家
实行经济状况调查的情况下，英国有 20% 到 25% 的儿童出现了严重的营养不
良病症。

政府的目的是为了节省公共财政支出——到 1933 年 10 月，斯诺登公布
的缩减失业保险金额的政策在两年里为政府省下了 5 400 万英镑，所以政府
选择无视英国医疗协会做出的报告和其他揭示了贫穷所带来的危害等一系列
报告。1933 年 7 月，卫生大臣 E. 希尔顿·杨对议会说："在医学上没有明确
证据表明，生理缺陷、疾病和死亡是失业造成的经济萧条引发的结果。"（听
了这一席话之后，议员们便一同去餐厅就餐，在这里刻意看到泰晤士河的美

景，这里提供的食物也绝对不会给人造成任何生理缺陷。只需要花上 2 先令，就可以吃到三道菜，外加一瓶红酒。）为了表示对领导人的支持，地方政府的官员们也紧接着开始和英国医疗协会争论什么才是充足的饮食结构，以及需要多少成本才能满足。"特殊区域"的居民，尤其是儿童和妇女的身体状况越来越差，政府和英国医疗协会之间的争论直接变成了他们应该摄入多少热量的问题。卫生部的官员认为，一个成年男子每天摄入 3 000 卡路里的热量（医生的建议是 3 400 卡路里），女性摄入 2 600 卡路里（医生的建议是 2 800 卡路里）就足够了。

　　一些有远见的雇主看到了潜在的危机，并开始尽力避免这场社会灾难，其中有一个零售商叫做斯派登·路易斯，他的家族经营着全国最成功的百货商店之一。路易斯和他的父亲——家族企业的创始人约翰、他的哥哥奥斯瓦尔德一起合作经营，他们的营业收入比所有员工的总工资都要多。虽然这种经营方式在重工业中是很常见的——你应该还记得敦提的黄麻工厂主，他们的收入通常都是 1 000 多个甚至更多工人工资的总和——这种剥削劳动者的不公平分配方式，让年轻的路易斯感到良心不安。于是他决定创立一个信托基金，用来把经营利润分配给所有雇员——这一举动在当时的商业社会中被视为异端。

　　路易斯在《合伙制：更加公平的利润分配》一书中阐述了自己的理念，他认为做生意应该采用一种合伙制，而不是常规的个人所有制。路易斯的想法虽然具有利他主义精神，但是也非常精明：他认为合伙制可以提升雇员的工作质量，可以为企业带来更大的产量、创造更高的利润，虽然这种利润需要共享。在路易斯这种前所未有的商业理念之下，他的雇员们得到了一个高尔夫球场，这是他的公司在大萧条期间建立起来的。除此之外，斯派登·路易斯还为他的员工们提供了其他福利，比如度假屋，尽管有些粗糙但也还算不错；他还鼓励员工们组成合唱团，目的是为了让企业成为一个有趣的组织。

　　拥有这样的思想和格局的人，不只有年轻的路易斯一个人。在布里斯托，生产麻醉剂的威尔斯家族不仅用他们的药品帮人忘却痛苦，而且在大萧条期间一直资助市民。大萧条时，忍冬花香烟的销量增长得很快。人们并不认为香烟制造商罪大恶极，相反，他们还被认为是给英国烟民带来了福利。事实上，忍冬花香烟和其他香烟的产量都是衡量国家大众健康状况的指标，财政大臣内维尔·张伯伦对于糖、啤酒和香烟消费的增长深感欣喜。相比 1932 年，英国人购买的糖类商品多出了 8 万吨，这"让他们的生活更加甜蜜"，多喝的 2.7 亿品脱啤酒"让他们忘却了烦恼"，还有多抽的 2.6 亿根香烟缓解了他们的压力。

布里斯托 W.D. & H.O. 威尔斯公司在大萧条之前的一个世纪里，一直对布里斯托进行捐款资助。在大萧条期间香烟销量骤增时，W.D.& H.O. 威尔斯公司雇用了上千名员工（大部分是女性）。为了满足消费需求，生产出足够多的布里斯托烟、三堡牌香烟、金箔烟和忍冬花香烟，工人们加班加点地工作：从早上 7 点半，一直干到下午 5 点，中间两次休息，加起来是 1 小时 20 分钟。威尔斯公司是英国最早开设员工餐厅、员工诊疗室和牙医诊所，并为员工提供福利津贴和养老金的公司之一。不断增长的香烟销量让布里斯托在大萧条中站稳了脚跟。"酒吧很久就开门了；商店里的生意非常好；收音机和留声机播放着音乐；价格低廉的食物无限量供应；整个城市里充满着 18 世纪的那种活泼热闹的氛围。"普雷斯特利写道。

在伯明翰附近的伯恩威尔——这个由乔治·吉百利设想的完美乌托邦——巧克力工厂的员工们过着和英国的工人一样美好的生活。到 1933 年，伯恩威尔已经变成了一个绿树成荫、宽敞开阔的美丽小镇，这里的房子都带有花园和大量的娱乐设施。惊讶的普雷斯特利发现这里的居民都过着丰富多彩的生活，他们在人造湖上骑着摩托游艇，在俱乐部里玩游戏，在成人大学里学习，进行个人提升课程的培训。虽然普雷斯特利对伯恩威尔居民幸福得不像话的生活有些担忧，但是他不得不承认这里的死亡率的确很低：以千人为单位来计算，伯恩威尔的死亡人口只有英格兰和威尔士的一半。而且，在伯恩威尔长大的孩子比英国其他地区的同龄孩子身高更高。和在大萧条中沦陷得越来越深的伯明翰相比，伯恩威尔简直就是真正的理想国。

━━━━━◆◇◆━━━━━

随着形势进一步恶化，首相拉塞姆·麦克唐纳决定听天由命。"我的朋友，这不是实验，这是我们真正赖以生存的体系。"他在一次讨论大萧条的党内会议上说道，"现在的体系已经崩溃，不仅是在英国，在欧洲、亚洲、美国，同样的体系都已经坍塌了；资本主义经济体系的崩溃正在全世界上演，这都是注定了的。"但事实上，它并没有完全崩塌，如果首相认为它已经崩塌，那么在他看来什么才是现有体系的替代品？如果他心中已经有数，那为什么还没有十万火急地将其付诸实践，而是等待着转机的出现？英国最根本的问题就是"特殊区域"的问题，它就像一个失去体面的社会的脓疮，哪怕全球贸易能够奇迹般地恢复生机，英国的"特殊区域"也很有可能无法从悲惨境遇中得到拯救。

然而，麦克唐纳并不是完全被动的，他向沉默冷酷的政界要员、苏格兰的约翰·安德森爵士寻求建议。虽然安德森不是经济学家，但是首相听得进这个"自负的苏格兰佬"（一些同僚对安德森的称呼）的话。当被问及对现在应该采取的行动的看法时，安德森坚定认为，失业问题并不是像人们所说的那么严重，因为现在存在着普遍地滥用救济金的现象，尽管表面上看起来并非如此。此外，在全球贸易已经如此萎靡的情况下，为了拯救濒危的工业企业投入这么多钱完全是浪费时间。而且通过公共建设项目"人为创造就业机会"也很难让领取失业救济金的队伍真正缩短。安德森的这些言论其实就是对英国无力控制的无助现状的总结，最终得出的结论就是，唯一明智的策略就是等待和祈祷。安德森爵士用航海来作比喻，描述英国现在有多么无助。他说，政府的处境就像"一艘在潮落时搁浅在岸上的巨轮"，所以根本没有办法"让这艘船重回海上，除非再涨一次潮"。总而言之，英国现在就是一艘失事的船。

"船长"很快做出了回应:"您信中的见解正与我的想法相同。"

应该可以想到,财政部的报告或多或少地认可了安德森悲观的结论,称规模更大的公共项目也无法带来期望的效果——也就是说,无法产生足够的利润来承担项目的开支。但是也出现了反对的声音,比如南威尔士矿工联合会的前任主席弗农·哈特肖恩,现在是英国的掌玺大臣。他是首相的智囊团中的一员,这个老练的政治家认为,传统工业正处于衰退期,它们已经不会再有重振英国经济的可能了;而未来则掌握在那些新兴产业的手中,比如生产轿车、卡车和巴士的汽车制造行业。在去世前的最后一年里,哈特肖恩直截了当地警告麦克唐纳,等待机会让沉没之舟重新回到大海,政府是等不起的。

其实,首相不用看得太远——只需要看看英国附近的瑞典,事实上,它是英国的经济附属国。这个北欧国家正在从经济危机中逐渐恢复,它经历的危机和英国一样严重和危险。罢工者和罢工镇压者在争斗中血溅街道。工人们公开进行抗议活动,要求增加雇工人数。虽然瑞典的经济没有完全崩溃,但是它的工业产值急速下降了 10%,失业率也上升到了 12%,比英国还要高。在 1932 年年末,一场寒冬摧毁了农民的收成,对农业造成了致命威胁。但是就在麦克唐纳为了英国的无助境况而悲叹的时候,瑞典已经走上了经济复苏之路。到 20 世纪 30 年代中期,瑞典的工业总产值比大萧条之前增长了 5%。随着社会逐渐稳定,对革命运动的拥护之声开始烟消云散。

瑞典是如何实现这一经济奇迹的?其实相当简单。在英国出台了一个又一个"稳健财政"的预算案,并拒绝投资公共项目的时候,由社会主义者和农民组成的瑞典联合政府采取了应急支出的政策——实际上就是一种针对特殊情况的应急投资。在经济恢复以后,这部分支出很快就得到了回报。因此,从 1932 年年末开始,瑞典政府就开始对财政政策松绑。和斯诺登 1931 年颁布的预算案完全不一样,瑞典对普通工薪阶层实施了税收减免政策,他们可以将节省下来的钱存起来；最低工资水平得到了提升，也取得了同样的效果；政府还推出了一项公共建设项目；得益于保险、养老金和医疗保健服务，失业者、老年人和病人等弱势群体的生活得到了保障；政府还对农业发展提供了价格补贴，让农民们能够继续在土地上劳作，也防止了大量农村人口涌入城市——许多国家，尤其是美国，就出现过这种因农业发展不景气带来的严重后果。虽然瑞典的富人们要交更多的税，但是他们并没有太大的不满，因为经营利润是免税的。这并不是一种收买人心的政策，而是为了刺激经济发展，因为经营利润是可以用于再投资的。

斯诺登提供了一种逃避大萧条的模式，首相麦克唐纳只听他愿意听的建议，此时的理性之争开始把矛头对准了清算主义者。在哈佛大学，约瑟夫·熊彼特仍然坚持着他的净化理论。在他看来，经济的衰退"不是单纯的坏事，我们总是试图阻止它，但是我们还有其他的办法，那就是适应变化"。熊彼特认为，经济危机的出现都是注定好的，如果你对它进行人为干预，最终只会得到"和战后的欧洲一样的虚假繁荣"和随之而来的更严重的经济崩溃，就像是狂欢聚会之后要命的宿醉一样。因此，用贷款来拯救危机就像是用纸贴住裂痕一样于事无补，只会留下"无法适应环境的残留物，无法适应的部分会再次被清理，这就有可能引发新的经济危机"。熊彼特在哈佛的同僚 J. K. 加尔布雷思却"非常"相信谨慎干预的有效性，所以他对这位传统的奥地利经济学家的观点嗤之以鼻，也就一点都不奇怪了。

在英国，奥地利经济学家弗里德里希·哈耶克也不肯改变他的观点。他不认为"信贷扩张可以带来持久的良好效果"，也不认为那些类似的人为刺激经济的措施能起到作用，因为这些都只会推迟"持久的适应性"。最好的办法是等待"适应新生产结构的循序渐进的过程将经济永久治愈"。这是一种极度狭隘、毫无同理心，甚至相当冷酷无情的观念，但是这种观念却支配了主流思想很多年。

不过反清算主义的理念在英国也开始逐渐发展起来了。清算主义的代表人物、苍老干瘪的亚瑟·庇古——剑桥大学的一位杰出而又传统刻板的古典经济学家，和著名的凯恩斯意见相左。凯恩斯同样也是一位杰出的古典经济学家，不过他不像庇古那么教条，他支持的是维多利亚时期被奉为至高信条的公共财政原则。20 世纪 30 年代，庇古过着隐居的生活。他是一个反战主义者，在第一次世界大战期间，他曾经在前线开过救护车，后来到了剑桥大学，他改变了很多，成为了一个沉默寡言的经济学家。虽然庇古和凯恩斯曾经有过合作著书的经历，但他们的观念却南辕北辙。在后来的作品中，凯恩斯对庇古进行了猛烈的抨击，在他的《通论》（即《就业、利息和货币通论》）出版并被反清算主义者奉为圣经时，庇古却回应以赞扬。他们在麦克唐纳为了寻求解决经济危机的办法而组织的著名的"经济学家委员会"上相互攻击——这是两派学者辩论的一个转折点。当时参与会议的还有赫伯特·汉德森（另一位开明的经济学家），年仅 32 岁的少年老成的莱奈尔·罗宾斯教授（参会成员中唯一一个在第一次世界大战中上过战场的人），还有英格兰银行的乔西亚·斯坦普爵士（英国税收制度的专家，在这一领域著有不少重要作品）。其中一位联合秘书是不太出名但是非常有才华的理查德·卡恩，此时他只有 20 多岁。他被人们称作"奥托"，曾经在凯恩斯门下学习，可能是与凯恩斯关系最密切的合作者。卡恩一直在研究他自己的理论——5 年后为世人所知的"乘数定理"。

庇古的作品，比如《货币之书》（*Book of Money*）和《福利经济学》（*Economics of Welfare*）等，都和凯恩斯在经济学界引起轰动的《通论》的观点完全相反。《通论》认为用于公共项目的财政支出是脱离经济危机的出路。庇古对《通论》嗤之以鼻，甚至还对它进行了尖刻的抨击。然而，庇古其实是只见树木不见森林。就像本地杂货店的老板告诉他的那样，需要给经济注入流动性。"1932 年 10 月（大萧条初期）我每周花 19.84 英镑买面包，"在《饥饿的英国》（*Hungry Britain*）一书中，一位商店店主这样说道，"上周我花了 7.33 英镑买面包。现在我每周卖出 48 盒黄油；曾经我一天就会卖出 24

盒。现在奶酪完全卖不出去了，茶叶也没有人买。曾经每天要卖出96品脱的牛奶，现在每天只能卖出去1品脱。"根据官方统计数据显示，英国人的消费能力大幅下降，可支配财富的减少给国民经济蒙上了一层阴影。在国内外发行的公共债券，是衡量资本流动性的标准之一，从斯诺登执掌财政大权以来，政府发行的公共债券就开始大幅减少。1930年到1931年间，公共债券减少了2.5倍，在20世纪30年代中期，政府发行的公共债券金额恢复到了1930年的水平。除了瑞典和少数经济开明的国家，大多数国家都是如此。在法国，国内发行的公共债券在1930年到1936年之间骤减了不止一半。德国在1930年到1931年根本没有发行任何公共债券。

虽然凯恩斯不是乘数理论的创始者，但是他的开明思想和人道主义精神让他对这一理论非常关注。他对货币流通问题颇有研究。他曾经在BBC广播节目中说过，在经济萧条时，节省会带来灾难，"你每省下5先令，每天就会多一个人失业，失业率就照着这个比率开始上升。"他解释道，"因此，所有爱国的家庭主妇们，最好明天一大早就上街去购物，去买那些在大街小巷到处都在做广告的商品……"

经济学家委员会都不否认英国现在所面临危机的严重程度——他们都获知了同样的数据，唯一没有达成一致的就是解决危机的方法。从大体上说，庇古认为工资水平高于商业发展所需要的合理水平，尤其是传统工业，所以工资无论如何必须下调。罗宾斯和庇古观点一致，并且他还反对政府对经济的全面干预，比如帝国贸易体系内的保护性特惠关税制度。但凯恩斯却支持政府干预——政府注资可以刺激经济的发展（后来，罗宾斯后悔自己当时没有和凯恩斯站在一边。罗宾斯承认，当时自己的态度太过执拗，就像"拒绝给一个喝醉了酒掉进冰窟窿里的人毛毯和兴奋剂，因为觉得他此时太热了"）。

与此同时，在伦敦，大多数工业家和大型企业都希望明智的、可行的、经过实践检验的方案能够在过去发挥了作用，现在也能有效果。事实上，他们心目中的方案，就是降低国债、降低税率、政府减少对经济的干预，因为在他们看来，政府对商业社会的运行规律知之甚少。虽然工厂主和企业家们并不是对庞大的失业群体的命运漠不关心，但是他们从来都不赞成国家为了失业者的利益、为了解除他们的困境而制定经济政策。在这个问题上，凯恩斯曾经说过"解决好失业问题，财政预算就会自动进行良性循环"，其他一些思想开明的经济学家也都认为不需要过多干涉。

英格兰银行和财政大臣菲利普·斯诺登，对于首相的特权和他对财政部及其党羽之外的意见的怀疑感到非常不满，斯诺登认为首相应该只采取他的建议。至于凯恩斯，考虑到他的学识、出身背景、行事风格、利益焦点和创造力，财政大臣都不愿意听取他的观点，斯诺登认为凯恩斯的想法不切实际，完全没有可行性。虽然没有人会质疑财政大臣对于技术和数据的精准把控，但是他最大的缺陷也很明显，那就是他很难根据手中的数据，想出一个有创造力的解决方法。

提交了经济学家委员会的研讨报告之后（基本上没有人关注），"奥托"卡恩整理好资料，回到了剑桥大学，继续对它们进行研究。这份报告中没有用到乘数理论。卡恩不是唯一一个研究乘数理论的经济学家，但在英国他的确是这一理论的创始者。基本上整个理论都是建立在货币供应职能的基础上——每 1 英镑在劳动者、商店店主、供应商、制造商和税务官员之间的流通速度，如何对衰退的经济产生刺激作用。就像凯恩斯对英国家庭主妇们说的那样，节约省钱只会让正常的商业流通体系陷入瘫痪。

但奥地利经济学家们却认为乘数理论非常荒谬。在乘数理论引起广泛关注时，主张节俭的弗里德里奇·哈耶克到剑桥大学拜访了卡恩，两人进行了促膝长谈，卡恩让他解释，为什么不把钱省下来而是上街买一件大衣会对经济发展更有好处。哈耶克说他可以进行一长串数理论证，来解释为什么这样对经济没有好处。对于他来说，卡恩提出的概念——"富足经济学"，是非常荒谬的。虽然两人观点不同，但卡恩和哈耶克成为了挚友。

在美国，经济学家欧文·费舍挽回了经济颓势，并在进行着和卡恩的理论相类似的重要工作——通过资金周转速率来决定货币的价值。劲头十足的费舍教授创立了一个协会，通过提高货币供应监管力度，达到稳定物价的目的。更准确地说，费舍认为货币供应——事实上就是在经济体系中流通的硬币和纸币的数量——应该有所提高。

在总统任期的最后几年里，胡佛对于各州政府通过投资实现经济复苏的想法很感兴趣。他表示州政府资助的公共项目将会成为一种能够"服务人民"的"经济生活中的新实验"，并且为这些项目下拨了20亿美元的款项，其中包括科罗拉多河的堤坝建设工程，还有用38亿美元专款创办的复兴银行公司（Reconstruction Finance Corporation），目的是为公共或者私人的劳动密集型产业发展计划提供贷款。重建经济公司一经创立就取得了很大的成效。仅1932年一年，它提供的应急贷款使破产银行的数量比前一年减少了一半。

然而在英国，联合政府还在继续等待大海重新涨潮。"在最糟糕的时刻，大萧条让每一个人都失去了理智。"美国经济历史学家 J. 布莱德福特·德朗对英国的现状这样评价，"工人们都无所事事，因为没有公司雇用他们来操作机器；公司不雇用工人来操作机器，是因为现在根本没有市场需求；产品没有市场需求，是因为工人们没有收入，没办法消费。奥威尔讲述英国大萧条的书《通往维根码头之路》里面写道，"几百个男人冒着生命危险，几百个女人在污泥里连续翻找几个小时……只为了在煤渣堆里找到一点点能用的煤，这样他们才能在房子里取暖。这些费尽千辛万苦得到的免费煤，几乎比食物还要重要。他们曾经在挖矿时使用的机器，在5分钟内开采出的煤，比他们失业后用一天时间收集到的煤要多得多。"

J. B. 普雷斯特利继续在英国进行着他的精神自省的旅程，他想出了自己的策略："我们需要一种计划经济制度，不应该完全摒弃节俭的财政政策。如

10

「忍冬花香烟」经济

195

果没有这样的制度，所有人就都危险了。大家必须同舟共济。"换言之，就是所有人都要一起分担困难。"奸诈、贪婪、大肆攫取利润，凌驾于我们之上的股份公司制的工业体系"是造成这场经济危机的根本原因。普雷斯特利是一个北方人，他同情那些为了"只做金钱交易"的人而辛苦工作的劳动者。在这趟临时巴士的旅途中，他手中拿着笔记本，心里想到，比起那些在"特殊区域"的"衣衫褴褛、不知所措、失去幸福"的人们，伦敦遭受的不幸还是太轻了。"我告诉自己，看到这里的人们生活得如此悲惨，我反倒希望是生活在伦敦的人像这样衣衫褴褛、不知所措、失去幸福。"他愤愤不平地写道。

革命正在酝酿蔓延之中。在伦敦经济学院，工党支持者、政治学家哈罗德·拉斯基正在授课，他独树一帜的观点让学生们听得入了迷。拉斯基生于曼彻斯特，是一个犹太裔棉花运输工人的儿子。他的演讲经常都是座无虚席，他总会在演讲中痛斥现有经济制度对人性的蔑视。拉斯基认为，在英国社会中，人们遭受的痛苦都是资本主义制度"撕开的伤口"，而且"只要资本主义制度还存在一天，这个伤口就无法治愈"。拉斯基也在哈佛大学任教。政府不断拒绝对矿工、造船工人、黄麻工人和其他工人，以及所有"特殊区域"的居民的救助方案，让他深感愤怒。"每一个有可能结束这场悲剧的重要措施，都被特权阶级不断地阻止，而这些人正是在资本主义的制度下发展兴盛起来的。"他举了很多这样的例子，比如为学校提供免费餐食，为了更高的生产效率和更高的工资待遇对多个煤矿进行合并，更短的工作时长，带薪休假制度，公司为年长员工提供养老金，一些公共建设项目都因为遭到阻拦而未能成行，除此之外，政府还拒绝放松经济状况调查的要求与条件。拉斯基谴责道："他们这些行为都建立在获得利益的基础之上。"拉斯基认为应该通过选举投票让资本主义制度结束，而不是用革命来推翻它。然而，除非立刻就进行这样的投票，否则这是不可能实现的，拉斯基"对民主的存在已经不抱希望了"。

不知道是出于对革命的恐惧，还是因为对大环境感同身受，很多看起来并不激进的人也希望能够采取一些措施。甚至连一些保守党议员也参与其中，比如罗德·沃莫尔，他告诉议会："我们需要（针对'特殊区域'的）更加大胆直接、范围更广的新立法措施……如果政府在这种情况下没有作为……那么整个下议院都会起来反对政府。"在伦敦还有其他许多为了寻找解决方法而奔走的人。哈罗德·麦克米兰——未来的英国首相，组织了一个午间辩论组织，想要探讨出解决之道。玛莎百货的创始人之一伊斯雷尔·M. 西弗建立了一个智囊团，试图探寻新的政治和经济政策，防止未来再次发生同样的危机。

拉斯基激进的观点被左派图书俱乐部整理成册并出版，这个俱乐部也是大萧条的产物。左派图书俱乐部是由维克多·格兰茨创办的，他是一个犹太珠宝商人的儿子，他创办的俱乐部是相当危险激进的左派思想新浪潮的聚集地。格兰茨是一个独具慧眼的伯乐，他为他的前任老板雇用了 H. G. 威尔斯。格兰茨不仅具有商业头脑，也是一个慈善家。经济萧条给社会带来的灾难让他于心不忍，他为那些没有出版社愿意帮他们出书的作家们提供了直抒胸臆的平台，为整个社会的思想言论注入了活力。

意志坚强的格兰茨早年在厄内斯特·本的出版社学习商业经营。"在 3 个月里的不同时期，我对他真的是又爱又恨。"本在他的日记中写道，"他的商业才能相当出众，能力过人，他在厄内斯特·本公司干得很好。我的经济实力加上他的商业才能，让我们在出版史上留下了浓墨重彩的一笔。"但是在 20 世纪 20 年代默契的氛围中，格兰茨开始出现一些左倾观念，他公开支持工党。而且他还和本发生了争执，本刚刚完成并出版了他的自传《一个资本家的自白》(*Confession of a Capitalist*)，这是一个不受拘束的自由企业的赞美诗，在举国交困的大环境下，这首赞美诗让他曾经的得意门生格兰茨感到反感。

不久之后，格兰茨很快就在 1928 年成立了自己的出版公司，签约了一个名叫埃里克·布莱尔的贫穷作家（他用乔治·奥威尔这个笔名写作），奥威尔的传记作家戈登·波克尔在书中写道，格兰茨称他是一个"具有时代前瞻性的作家"。随后格兰茨又发掘了一大批才华横溢但穷困潦倒的作家，让他们大胆地抒发自己的观点。福特·麦道克斯是一个波西米亚作家、编辑和出版人，他发掘了艾泽拉·庞德，曾经还雇用过厄内斯特·海明威当《大西洋彼岸评论》的副主编。法纳·布洛克威是一个具有反叛精神的工党议员和记者。乔治·科尔是一个劳动问题历史学家和一个坚定的左派分子。

在出版界首次创业之后，1936 年格兰茨又创办了左派图书俱乐部。他认为当时就是通过书籍大力宣传建立一种更加体恤大众的社会制度所需要的思想基础的正确时机。左派图书俱乐部还有另外两个创始者——批判传统的拉斯基和反对派工党议员约翰·斯特雷奇。斯特雷奇是文学批评家利顿·斯特雷奇的表亲，从担任保守派刊物《观察家》的编辑开始，他的政治倾向发生了极大的转变，他成为了一个马克思主义者。在成立初期，左派图书俱乐部和后来外界对它的评价完全不同，当时它并不完全是培育革命的温床，它更多的是一个受到中产阶级读者欢迎的商业出版机构。左派图书俱乐部的创始人写道，"俱乐部的目的很简单，就是要为了世界和平，为了更好的社会和经济秩序而努力，通过（a）让已经了解我们努力的意义和重要性的人们了解到更多知识；（b）让那些有着善良本质，但是却因为忽视现状或者漠不关心的人成为我们的一员，来对抗法西斯主义。"所以可以看出，虽然左派图书俱乐部的宣言目的，是为了创造适合社会主义理论发展的思想环境，但实质是出于对法西斯的担忧。

这些黄色或橙色封面的书，很快就在英国引起了广泛共鸣。1 万多名俱乐部成员将该书的初版抢购一空，后来每个月都要重新加印。格兰茨非常精明，他没有大量印发枯燥乏味的政治思想宣传册，而是出版了许多历史、科学书籍和小说，还有涵盖了多种学科的报告文学作品。其中有很多都是其他出版商不敢接触的过于激进（或者过于严肃）的领域，但是格兰茨无所畏惧，他出版了一系列出自特殊阵营的作家之手的、具有很强的革命性和政治色彩的书籍、宣传手册和剧作。比如安德鲁·马洛克斯的《耻辱之日》（*Days of Contempt*）、盖塔诺·萨尔维米尼的《在法西斯斧头之下》（*Under the Axe* of Fascism）、克利福德·奥戴特的《等待左派》（*Waiting for Lefty*）、迈尔斯·麦勒森的《6个多赛特人》（*Six Men of Dorset*）、希曼·法根的《为什么资本主义的本质就是战争》（*Why Capitalism Means War*）和《自由之诗》（*Poems of Freedom*）等。甚至还有"在工人音乐协会成员的协助下"创作的《左派歌曲集》（*Left Song Books*）。

这些激进的作品是人们对冲破社会制度的藩篱的热切渴望的体现。有很多关于社会主义、卡尔·马克思和苏联的著作在当时广受欢迎，许多知识分子也对这些作品赞叹不已，其中就包括西德尼·韦伯和比阿特丽丝·韦伯夫妇，他们的作品《苏维埃共产主义制度是一种新型文明吗？》（*Soviet Communism：A New Civilisation？*）受到读者们的高度赞赏。但是即便是坚定的左翼分子，在读像《弗洛伊德和马克思——辩证研究》（*Freud and Marx —— A Dialectical Study*）、G. N. 赛罗布莱恩尼科夫的《苏联女性的地位》（*The Position of Women in the USSR*）或者里昂·福伊希特万格的《莫斯科1937：为朋友讲述我的旅途》（*Moscow 1937：My Visit Described for my Friends*）这样的著作时，也会感到相当吃力。对于欧洲来说，左派图书俱乐部对共产主义的解读和宣传有一定的危险意味。

然而左派图书俱乐部的创始人们想要在大萧条的黑夜中带来一丝光明的初衷，却被大多数英国人忽视了。但他们的努力使一部分人对社会普遍的不公平现状和阶级分化的不断加深产生了深刻的洞见。艾伦·威尔金森的《被谋杀的小镇：杰罗镇的故事》（*The Town that was Murdered：The Life Story of Jarrow*）和沃尔·汉宁顿的《贫困区域的问题》（*The Problem of the Distressed Areas*），向人们展现了这些不幸的地方的真实现状。那一时期出现的最发人深省的文学作品，也都是左派书籍影响下的产物，比如哈罗德·拉斯基的《信念、理性和文明》（*Faith，Reason and Civilisation*）。格兰茨和他最喜欢的作家一起努力创作，比如史蒂芬·斯宾德的《从自由主义开始前进》（*Forward from Liberalism*）、埃德加·斯诺的《红星照耀下的中国》（*Red Star*

Over China, Scorched Earth）、亚瑟·科斯特勒的《西班牙自白书》（Spanish Testament）等作品，还有奥威尔，这个有着自我贬低的古怪癖好的老派伊顿公学人（布莱尔曾经打扮成流浪汉，过着贫困潦倒的生活，虽然他看起来一点儿都不像）。格兰茨将奥威尔的《通往维根码头之路》奉为大萧条的经典之作，不过在出版之前他对这部作品做了修改，虽然格兰茨有很强的社会道德感，但不影响他了解公众想看到的是什么。

左派图书俱乐部在当时已经拥有了 75 000 多名成员，在英国成立了 1 500 多个学术研究组织，这些组织经常进行集会，用辩证法展开讨论，寻找一种更好的社会制度。慢慢地，它已经不再只是一个单纯的俱乐部，参加左派图书俱乐部的思想交流活动、政治和教育课程、舞台演出、暑期学校和年度集会的人越来越多。格兰茨为社会主义理念的宣传搭建了一个有力的平台，还有一些工党成员参与其中，他们会为了周报上的一些观点来拜访格兰茨。《论坛报》的总编辑威廉·麦勒以前是一名共产党员，也是一个政府反对派，他雇用了乔治·奥威尔担任文字编辑。随着左派理论在思想和知识界渗透得越来越深，为了迎合这种氛围，就连诗歌都"染上了红色"。就像 C. 戴·路易斯在诗中写道的那样，"机不可失，快握住时间之刃，斩断过去，这是一场巨变"。

虽然处境艰难，但是如果你以为在对社会不满的英国普通大众中，反抗情绪沸腾高涨的话，那你就错了。许多英国人还生活在惬意之中，他们对大崩盘毫无知觉，尤其是那些无忧无虑的年轻人。后来成为了英国财政大臣的丹尼斯·希利，此时正处于享受他快乐的童年时光，因为他的父亲是一个技术学校的校长（在当时，公务员是非常不错的职业，因为在生活成本下降时，他们的工资都在增长）。希利在他的回忆录《我的人生时光》（The Time of My Life）里讲到过：他曾经在约克郡高原附近的利德斯登村庄的山上骑自行车——后来电影《呼啸山庄》（Wuthering Heights）用布朗尼 2A 镜头在这里取过景；听着收音机里的杰克·佩恩与亨利·霍尔的伴舞乐队的音乐；和他的朋友们一起聚会，买《奇才》《漫游者》《摩登男孩》和其他杂志；当然，还少不了闯祸（"我最得意的一件东西就是一把气步枪，我可以用它在几百码远的位置击中教堂的钟并把它撞响。"希利回忆道）。除了故事吸引这些男孩子们，他们还会把杂志上的赛车和飞机模型的图片剪下来装进锡罐里。每到周五，男孩子们就会冲到书报亭，用口袋里的几便士买他们预定的书和杂志。

　　英国的电影院开遍了大街小巷，它们让经济萧条时候的日子不那么难过，但是最穷的人除外。格拉斯哥的第一家电影院——格林电影院在 1927 年开张，几年之内，格拉斯哥的电影院就像雨后春笋一样冒了出来，总共有 175 000 家，甚至连克莱德河畔的居民也有 7 家电影院可以选择。这些电影院都有非常梦幻的、别有寓意的名字，比如斯卡拉剧院（意大利歌剧院）、里亚尔托（纽约百老汇戏院区）和帝王剧院，人们有 1 个半小时的时间在电影中逃避不幸的现实生活，忘掉各种烦恼。票价也不高——在杰罗镇看一场电影只需要 9 便士，伦敦的托特纳姆考特路上的电影院票价是它的 3 倍。斯诺登把娱乐业的税收降低了一半，这一少见的慷慨政策让人们都有能力去看一场票价低廉的电影或者演出。花上几便士，你就可以坐在有着深紫色幕布、锃亮的黄铜栏杆、装饰着阿拉伯风格的吊灯的音乐厅里，听两三个小时的沃利策管风琴演奏（至少也得在比较大的剧院）。"我们没有任何娱乐活动支出，"一位失业者的妻子说道，"不拍照，不看报纸，不做任何运动。唯一做的就是修补我们的房子。"但是如果你有足够的钱，有声电影就是一种极好的享受，也是潜藏着巨大社会价值的安全阀。在 1932 年，联合政府允许电影院（不包括剧院）在安息日开门营业。很快人们就发现，就像马克思预言的那样，抚慰精神的不是宗教，而是有声电影。金斯顿主教对于娱乐行业在安息日营业感到很不满，他觉得在这天人们应该坐在教堂里听牧师布道。"社会的商业化和证券投资活动，让宗教从人们的生活中被挤了出去。"他深感遗憾地说道。

　　虽然电影院形成了一定的威胁，但是音乐厅还是生存了下来。在黑乡地区的中心达德利市，普雷斯特利无意间发现《巴黎人讽刺剧》正在这里上演。

10

「忍冬花香烟」经济

德欧意利卡特戏剧公司、吉尔伯特和沙利文剧团一起在剧院巡回演出。《斯威尼·陶德：弗利特街上的邪恶理发师》的上演率非常高，观众们等待着布幕拉开时听到那句著名的台词"我多么希望这个世界有一个喉咙，这样我就可以把它撕裂，多么有趣"。和格尔贝斯与杰罗的贫民区完全不一样，伦敦西区是一个繁华胜地。在 20 世纪 30 年代，观众们可以在这里看到许多著名演员，比如出演《麦克白》的查尔斯·朗顿和芙洛拉·罗布森，出演了《风俗画》的诺尔·卡沃德和伊万·普林泰普斯，还有《永不离开我》中的伊丽莎白·博格纳。几乎所有地方的舞厅生意都非常好，甚至是在一些像敦提这样的高失业率城市也一样，年轻人通常都会在周五晚上成群结队地去帕蒂斯、帕莱斯、洛卡诺和皇后舞厅。同样地，酒吧也是人们逃避现实的好去处，在喧嚣欢闹的酒吧里，你可以喝上几品脱啤酒，忘掉你所有的烦恼。有些酒吧还在室外提供了草地及保龄球场地，很多酒吧都会请演奏乐队。

零售商也成了政府的救星，在他们经营的售卖低价进口商品的杂货商店里，虽然"基本上都是残次品"，但是价格足够低廉，基本上人人都负担得起。大萧条期间最出色的零售商是伍尔沃斯百货公司。伍尔沃斯百货在英国的连锁店是美国人拜伦·米勒创立的，它根据当时的情况调整了其业务范围。百货商店经常有大量的女性顾客，尤其是在周五的时候人非常多，这一天是发薪日，她们会到百货商店采购家庭用品，比如拉链钱包、水果罐头、茶盘、用来给孩子上学穿的玛弗尔橡胶鞋、约翰森牌的蜡光剂、桌子和餐刀、用来染金色头发的（"超强力"）双氧水、窗帘轨、鞋子抛光剂、木制相框和黄麻毛料制品，所有商品都只要 6 便士；甚至连一些小小的奢侈品，比如伊柯丽斯的黑胶唱片、金属玩具和孩子们吃的水果硬糖，价格也都低得让人心动。香水、肥皂不到 3 便士，这些低价商品让所有人，无论有多穷，都可以在伍尔沃斯百货商店买到东西。

对于许多人来说，不大的杂货商店就是他们获得简单乐趣的百货商场了。到 1932 年，伍尔沃斯的茶叶和快餐柜台进入英国将近 100 家商店。在牛津街的伍尔沃斯旗舰店，你可以在一个有 500 个座位的自助餐厅吃午饭，这里供应的都是"最高品质的食物和最卫生的——家庭宰杀的肉类，纯正的黄油和猪油，无任何添加剂"。所有的这一切都是在"配备了最先进的电炉、烤箱和动力机的，卫生达标的厨房"里准备的。公务人员被邀请到后厨参观检查。即便是在这里，6 便士原则依然适用：没有任何一种商品的价格会比连锁店里的最高价格更高，哪怕是英国烤牛肉配约克郡布丁、牛排腰子饼，或者是猪肉酱和土豆泥。不过如果要配蔬菜则需要再另加 3 便士。大多数甜点，比如苹果饺和蛋奶沙司，什锦水果布丁和蛋奶馅饼，都只需要 3 便士。

这个源自于美国、由弗兰克·伍尔沃斯在半个世纪前创办的百货公司，因为人人都负担得起的价格，使它在英国的连锁店发展得越来越兴盛。虽然伍尔沃斯百货在美国占领的是低端零售市场，但是在大萧条期间，它的价格已经不算低了，它被其他的廉价商店，特别是红额的 S. S. 克莱斯基连锁商店和竞争对手 J. J. 纽伯利，都以更低的价格获得了竞争优势。在这些商店中，大多数的创立者都是伍尔沃斯百货的前雇员或者供应商，他们的成功也在一定程度上得益于伍尔沃斯。

伍尔沃斯百货的克星，是让人讨厌的吝啬鬼塞巴斯蒂安·克莱斯基，他是一个移民到宾夕法尼亚州鲍尔德山的瑞士人的儿子，是一个虔诚的信徒。虽然克莱斯基已经 60 多岁了，而且也相当富有，但是他一直在关注着廉价商店的经营情况。在大萧条期间，他给自己的商店补进了大量的廉价商品，成为那些在贫困线上挣扎的人们的救命稻草，这些大批量生产的商品让他们至少能够生活得体面一点。克莱斯基商店的玻璃器皿很多都有瑕疵，比如气泡、凹痕和褶皱，但是主妇们不在意这些小瑕疵，高兴地把它们买回家当作茶具、酒钵、烛台和"大萧条期间专用"的餐具。"就算是在囊中羞涩的时候，玻璃器具也是大多数工薪阶层能买得起的商品。"一位学者写道。

克莱斯基本身已经非常富有，而且他是一个具有前瞻性的老板，他很早就为员工提供了带薪病假、带薪休假、养老金和鼓励分红等福利，但是他自己却过得非常节俭，也买廉价商店的东西，他颇以为傲地说自己一顿午餐从来不超过 30 美分。虽然只是传闻，但据说他都用纸垫在鞋子里，从来不买鞋垫。克莱斯基却是一个相当慷慨的慈善家，他一生总共捐出了 1.75 亿美元，大多数是用于支持禁烟、禁酒和禁赌活动，还有对医院和学校的资助。克莱斯勒是美国少有的在大萧条中真正增加了自己财富的人之一。事实上，他在大萧条期间赚的钱可能比杰克·摩根还要多。虽然廉价商店是大萧条的产物，但是克莱斯基却将它当作了终身的事业。克莱斯勒在为哈佛大学出资建造的克莱斯基大厅的仪式上发表了演讲，他庄重地说："我从来不作廉价的演讲。"说完便坐下了。

如果说伍尔沃斯百货在处于经济低潮中的美国失去了竞争力，那么拜伦·米勒就在英国找到了新的市场。伍尔沃斯百货很注重广告宣传，它会确保每一样商品上都会有一句贴心的标语"英国制造"。很显然，伍尔沃斯的所有商品都来自英国，比如：幸福美满牌的羊毛织品、奇诺斯布莱什牌的过滤器、玛弗尔橡胶鞋、最优黄麻线绳、戴文牌奶油太妃糖、钟牌剃须刀、斯康莱恩牌洗衣粉，甚至还有茶叶（虽然它更有可能是英国在亚洲的种植园生产的）。

政府也应该感谢伍尔沃斯百货，因为它雇用了大量的劳动力。杂货店有很多全职工作，比如售货员（通常都是未婚的年轻女性）、仓库保管员、管理培训生（都是男性）、厨师（女性）、经理和跟单员等。伍尔沃斯的商店不仅开在大城市，在一些较偏远的地方，比如滨海绍森德、海斯汀斯、布里斯托、雷塞斯特、诺里奇、丹卡斯特、绍斯波特、斯旺西、爱丁堡、格拉斯哥、艾伯丁和贝尔法斯特，以及其他地区都有连锁店。至少对男性来说，就业前景都相当不错，因为女性在结婚后通常都很少再出去工作。在伍尔沃斯百货每周工作 5 天半，从早上 8 点 45 分到下午 5 点半，一周工资从 30 先令到 3 英镑不等，比失业救济金要多不少。

很快，英国的伍尔沃斯百货就成为了伦敦证券交易所在大萧条期间最成功的上市公司之一。虽然英国的伍尔沃斯只获得了 15% 的股份，美国公司持有的股份从 66% 降到了 51%，但是它筹集到了大量现金，伍尔沃斯百货在美国和其他地方的股东们收到了每美元 90 美分的股利分红。英国伍尔沃斯百货归还了当时贷款的初创成本 5 万美元，现在它获得的股利帮助美国的总公司渡过了难关。因为做出的杰出成绩，拜伦·米勒最后成为了伍尔沃斯百货的全球总裁；他在日记中写道，自己就像是"离开父母、常年在外、独自成长的孩子"。得益于英国的出色零售商，米勒成功地让"英国货更好"的宣传标语活跃在整个 20 世纪 30 年代。

11

困境中的变革

德国劳动服务组织的成员为了他们微薄的收入，工作得非常辛苦。这是一个由希特勒的新政府所创立的组织，组织成员除了每天有几马克的工资，组织还为他们提供食宿。"劳动服务组织是为德国年轻人提供特别优待的组织，是为全国人民服务的组织。"新任德国总理这样说道。希特勒坚定地相信，劳动有利于身体健康并且能够振奋精神。加入劳动服务组织和应征入伍没什么两样，年轻人被统一分发制服，和他们各自的工作职能相匹配，他们共同为公共项目进行国家建设的相关工作，主要目的是为了恢复经济发展。这些项目通常都要求在短时间内进行某些大规模的工程建设，比如体育场、抗洪的堤坝，还有包括高速公路在内的各种道路。

德国劳动服务组织的创立，是希特勒政府成立以来的第一项重要举措。凭借着消除失业的承诺，曾经的陆军下士希特勒在 1933 年 1 月终于独揽大权，这让垂垂老矣的前任总统兴登堡感到深恶痛绝。面对着 600 万失业人口——还不算上 100 万的未注册人口，以及急剧恶化的公共财政状况，反应速度至关重要，德国政府立即将所有身体健全的劳动力投入到了服务组织中。工会无法抗拒政府这一简单粗暴的行动，因为政府直接取缔了大部分工会组织，还有一部分工会领导者，比如矿工工会的共产党领导人，都被关进了监狱，被残忍折磨甚至杀害。受到庇护的德国劳工阵线是唯一一个合法的工人组织。

德国劳工阵线的领导人是罗伯特·雷，他是一个药剂师，曾经在第一次世界大战中当过战斗机飞行员，据说现在变成了一个嗜酒如命的人。政府大笔一挥，就让雷变成了这个拥有 2500 多万成员的组织——当时全世界规模最大的"工会"的主席。我们可以从教科书中了解到，在极权主义经济制度下，所有劳动者的工资都是由劳工阵线决定和下发的，而且工会成员从业经历的所有细节都要被记录在册。如果某个工人没有这样一份小册子，他就不会被任何地方雇用。几乎所有的工人都处在政府的庇护之下，他们的收入所得税因此直接被扣除。通过雇用让劳工阵线的成员在公共项目中工作，这部分的费用都来自于专项事务资金。为了吸收尽可能多的失业者，雷拒绝使用减省劳动力的机器。因此，政府的工程合约，尤其是高速公路的建设工程，大多都给了那些主要依靠人力来作业的公司。如果项目经理不再需要现有的人手，他们必须要得到劳工阵线的许可，才能将其解雇。

为了让就业数据看起来更好，政府会花几千马克安置已婚妇女，让她们待在家里做全职家庭主妇，养育孩子、照顾丈夫。德国的学龄儿童也被投入到了志愿劳动营中（虽然"志愿"是好的），他们在乡村种树、开拓荒地、修理河堤。这样一来，大多数德国人都在国家经济的重建工作中获得了强烈的参与感。

虽然很多工人都是被强迫进入劳工阵线的，但是纳粹政府却会想办法让他们的劳动成果变得更加有象征意义、更加引人注目，让他们感觉自己成为了德意志帝国的英雄。在劳动服务中，制服发挥了重要的作用。每个劳动者都有四套制服——一套用于游行，一套用于工作，一套用于训练，还有一套用于参加社会运动，所有人都要穿着这些和正规军队非常类似的制服。和万字符军章相似的徽章，是发给取得了特殊成就的人的奖励，尤其是体育运动方面的成就。平时穿便服时，要使用一种特殊的瓷釉领带夹。他们不会放弃任何一个向更多成员宣扬组织的思想理念的机会。在一些举办仪式的重要场合，比如婚礼上，劳工阵线的成员都要佩带一种特殊的匕首；在结束了某个项目的工作后，德国劳动服务组织会为其成员颁发"为组织做出真诚服务"的纪念奖章；年轻人自豪地穿着制服，和他们的家人一起拍照，他们还可以得到一本记录了他们为家乡做出贡献的纪念册。

　　但是德国劳动服务组织成员的最高奖励，是一把具有象征意义的铁铲（"你辛勤劳动的象征"），在进入劳动营的年轻人结束了 4 周的预备培训（实际上和军事操练没有什么区别）之后，他们将会得到这把铁铲。他们在检阅仪式上拿着自己的铁铲，像举枪一样用双臂举起铁铲。在无数个工地辗转，他们时刻都将这把铁铲扛在肩上，唱着劳动服务组织歌曲集里的歌《青春啊，我们热爱前进》。这些铁铲从来没有被当作过愤怒时的武器。相反，和刚服役的新兵对待他们的枪一样，劳动营的年轻人把自己的铁铲保护得非常完好，将 4 个铁铲整齐地叠放在一起，用那些不怎么重要的工具进行挖掘、劈砍和搬运的工作。

　　新政府知道应该怎样激励劳动者。"力量来自欢乐"是由强制扣除的工人工资所资助的一个项目，在这个项目里，德国劳工阵线的成员可以获得廉价邮轮旅行的奖励，乘坐定制邮轮环游地中海，还有机会到巴伐利亚的阿尔卑斯山度假，除此之外还有其他一些激励人们为国家努力工作的诱人奖励。得益于劳工阵线的千百万名成员，"力量来自欢乐"项目的资金绰绰有余，不仅可以为成员提供奖励，还为组织添置了一些运动设施，比如柏林的体育场，可以进行多种形式的体育、娱乐活动，1936 年在这里举行了一场"纳粹奥林匹克运动会"。

　　这样的项目都是纳粹政府为德国人民精心制定的、包罗万象的上层建筑的一部分。罗伯特·雷的劳工阵线通过设计一系列的活动和计划，决定工人们如何利用、在哪里度过一年中 3 740 个小时的自由时间，控制了工人们的休闲生活。举个例子，在 1933 年到 1938 年这五年间，共计 11 507 432 人观看了 21 146 场戏剧演出，人们进行了 5 896 次远足旅行，参加了 388 场体育比赛，20 527 次"文化"活动，不少于 61 503 次参观博物馆，还有由德国成人教育办公室组织的 19 060 次宣传会议，还有其他一些活动。

希特勒不会开车，但是他非常提倡人们购买汽车——无论是在德国还是美国，这都是一个国家人民生活富足的标志。他认为，汽车的普及可以让纳粹政府受到人们的拥戴。于是政府制定了一项全民汽车购置计划。德国没有像美国那样依靠私人贷款机构提供分期付款的资助，而是制定了这样一种政策，每个工人每周付 5 马克到一个指定账户。当账户里的存款达到 750 马克，这个工人就可以买一辆车了。

大众汽车是斐迪南·保时捷在德国元首希特勒的帮助之下设计的。这辆"人民的车"售价是 990 马克，它是一辆拥有风冷发动机和轻型悬架的低能耗 4 轮交通工具。这款车非常省油，可以达到 63 迈的速度，很适合在大萧条的环境下使用。大众汽车并不是德国制造的第一款低能耗交通工具——实际上它的设计理念从德国的竞争对手那里借鉴了不少，但是它却是最成功的一个。"人民的车"有一个问题——几乎没有人拥有这辆车，更不用说成千上万的为了买车存钱的工人了。虽然设计、测试和生产花费的时间比预计的更长，但希特勒当时把财政资金大量投入到战争中，而且他难以抵抗 5 马克账户里大额资金的诱惑。他挪用了这笔钱，用来生产武器装备。但不说你也知道，想要买大众汽车的人们虽然失望至极，却也不敢抱怨。

经过了大力的宣传鼓吹之后，希特勒的极权主义经济开始起到作用了。全国失业率骤减，不过在几乎所有的健全人都"被迫"去工作的情况下，失业问题肯定是会缓解的。所有的义务劳动者都为政府带来了额外的财政收入，到 1935 年，德国每年创造大约 100 万个工作岗位，政府还希望实现全民就业。然而实际上，有人认为这些数据完全是胡编乱造的——纳粹政府为了迎合他们的自我宣传，财政账户都不是公开透明的；犹太人和女性都没有被算进失业人口里；许多人被剥夺了公民权利，他们的家乡也被纳粹党侵占掠夺；从 1933 年开始，年轻人被强制要求服兵役。但在外界的时事观察家看来，德国似乎又开始重新发展，而且取得了令人称赞的成果。

而结果就是，这位新任德国总理在国内外都被当成了治理经济的天才。当时还有很多讲述希特勒创造经济奇迹的书，比如对德国的发展叹为观止的C. W. 吉列伯德博士所写的《1933 年到 1938 年 3 月德国经济的恢复》。另一位经济学家，C. 布莱西亚尼·特罗尼称赞希特勒的"想象力和首创精神"，称他"对失业问题的快速解决"是其他面临同样问题却没有得到同样结果的国家政府所望尘莫及的。这位德国总理在美国也有不少崇拜者，其中还有飞行员查尔斯·林德伯格和亨利·福特。

　　暂且不说德国使用的方式手段，它的确在其他国家寻求各种出路都未果时找到了自己的出路，激进的德国纳粹政府探索出了一种很多人认为可以解决全面失业问题的长期策略。在那个时期，没有哪个国家拥有管理大量失业者的有效体系。在农业经济时代，一般家庭里的食物都是自己种植和生产的，很少会去购买，人们觉得只要有土地，就肯定会有工作，哪怕是在极端贫困的情况下，邻居也会伸出援手；但农业经济正在迅速衰落，人们对失业者的态度却还根植于此。农耕经济已经逐渐被工业制造经济用高度破坏性的周期所取代。所以，现在人们已经很难再回到土地上找到工作了。

　　希特勒对经济知之甚少（他也没有装作自己都懂），他直截了当地向中央银行行长亚尔马·沙赫特下达指示，这个执掌德国经济大权的"铁人"（《时代》杂志曾经这样描述过亚尔马）就按照他的命令去执行。希特勒身边的确有一些明智的人。几个纳粹经济学家对前任领导人布吕宁"苦口良药"的政策一直以来都嗤之以鼻，并声称要独立研究和剑桥的"奥托"卡恩的理论相类似的乘数理论。

　　希特勒政府的一些新举措，比如"劳动创造法案"，的确值得称赞。用银行贷款推动公共建设项目的开展，让劳动者因此得到工资——这是希特勒宏伟计划中的第一步。最重要的是，元首的崇拜者们为他提供了资助，让他可以在一片乱象中主持大局，做出一些实质性的改革。虽然要以极权经济为代价，所有的活动都要受到高压政策的严格控制，但是这一切还是这样发生了。物价和工资水平都是固定的；整个金融领域——外汇、银行、货币和资本——都被严格管制；农业和工业生产都受到严格控制。最终，大多数德国人甚至都失去了自己选择工作的权利，直接由地方政府为他们指派工作。

作为纳粹政府中唯一一个真正享有国际声誉的人，亚尔马对希特勒的举措表现出了极大的支持。不为人知的是，这位德国国家银行行长和债权人进行了多次谈判，想要减轻德国沉重的债务负担，最终他成功了，1933 年 7 月，德国所有的外部债务都被允许延期偿付。事实上，德国直接停止了偿还债务，就像澳大利亚的杰克·朗试图做的那样。亚尔马进行了复杂的部署安排，保留了德国的外汇储备——主要应对那些准备购买德国出口商品的国家的支付需要。

亚尔马可能是全世界头脑最冷静、最坚定无情的央行行长了，他在中央银行任职多年，他认识各国财政金融界的重要人士，如蒙塔古·诺曼爵士就是他的朋友。1929 年，亚尔马在巴黎和其他几个国家的首都，与各国代表为了战争赔款合约斗智斗勇，竭尽全力让德国免除赔款，因为每年支付的赔款将会不断削弱德国，并威胁到经济的恢复。亚尔马本人并没有加入纳粹党——"我想要保持自己的独立性。"他曾经这样说过。但是在 1931 年，他和希特勒及其最密切的同盟第一次会面之后，他和纳粹之间的关系肯定变得非同一般了。亚尔马对于纳粹宣扬的等级制度非常赞同，所以后来他公开表示了对这一党派的支持。如果不是因为这样，希特勒应该不会在 1933 年 3 月任命他为德国国家银行的行长了。

从经济层面来看，希特勒把握的时机非常完美，也可以说他是幸运的。在抓住了所有机会针砭现有的经济制度的弊端之后，在商业活动开始衰退时，他获得了政权，此时失业问题和国民的不满情绪达到了顶峰。德国的股市陷入一片混乱之中，步入了美国纽约证券交易所的后尘，一直到股票均价下降了 74%，持续的暴跌才算停了下来。这还没有严重到 20 世纪 20 年代初期恶性通货膨胀时的地步，当时几乎所有股票市值全部蒸发，原始价值的 98% 都消失殆尽，德国人持有的股票财富基本上全都化为乌有，但是这一次的危机也已经足够可怕了。

德国的前两任总理已经，但最后还是把一个民怨沸腾、革命情绪日益高涨的国家送到了希特勒手中。布吕宁的财政紧缩政策只是让德国人的生活变得更加艰难；他的继任者弗兰兹·冯·帕彭是一个贵族地主，如果不是总统兴登堡喜欢他，他根本没有任何能够成为总理的资质。1932 年 7 月当上总理时，冯·帕彭对国家财政基本上一无所知，后来离任的时候也并没有多了解多少。

美国人倒是对帕彭很熟悉。1915 年，当时帕彭是德国大使馆的一个陆军下级军官，他试图购买市面上所有的炸药并将它们囤积起来，想以此阻止美国参加第一次世界大战，他因此被驱逐出了华盛顿。英国人也记得他。冯·帕彭是向爱尔兰反叛军出售德国军火的中间人，1916 年叛军筹划了反抗英国的复活节起义。根据在柏林的法国大使安德鲁·弗兰科伊斯·庞赛特的回忆，不论是帕彭的朋友还是敌人，都不怎么把他放在眼里，而且他是一个"出了名的肤浅、浮躁、虚伪、野心勃勃、虚荣、狡猾、诡计多端的人"。

虽然没有出众的资质，冯·帕彭还是在纳粹党的帮助之下组建起了他的政府，这一次他不会被任何人驱逐了。在选举时，纳粹党抓住了大萧条的机会，他们带着恢复经济的宏伟计划，以"革命"（希特勒这样说）的姿态出现在世人面前。在冯·帕彭的政府倒台 6 个月以后——没有人对冯·帕彭下台感到惊讶，纳粹党取而代之，此时德国的经济状况进一步恶化。在一个酷寒的严冬，几百万个家庭都没有任何取暖设备，孩子们只能受冻甚至挨饿。向人们做出了"面包和自由"的承诺的希特勒，成为了德国总理。在整个 20 世纪 30 年代，希特勒被视为法西斯主义——一场让所有的一切重回正轨的革命的招牌人物。

荷兰人对他们的邻居德国正在上演的经济奇迹羡慕不已，却又提心吊胆。他们也是希特勒曾经痛斥的"清理政策"的受害者。荷兰政府最大限度地削减了财政支出，包括对穷人和失业者的救助支出。且出口锐减，很大一部分原因是荷兰最大的主顾德国不再购买荷兰的产品。整个国家在经济层面、政治管理和心理情感上都已经很难应对庞大的失业大军了。没有加入工会的工人都没有固定的收入，他们就像寄生虫一样被对待，被强制要求每天去政府办公室报到两次，排着长长的队伍等待着接受政府为了确定他们没有在经济状况上造假，而对其进行的家庭调查。虽然他们被免除了自行车税，但这其实并没有什么实质性的好处，因为这意味着他们自己的衣服或者自行车上不能有适当的徽章标志，这就相当于对外宣称了他们对政府的依附性。

在这样的环境下，所有荷兰人都过着清苦的，甚至是逆来顺受的生活。在 1931 年到 1937 年大萧条最严重的时期，出现的罢工运动却比 20 世纪 20 年代大萧条爆发初期时要少。就连一些象征性的抗议，比如拒付租金——房客拒绝向房主支付租金这样的事情都被政府迅速镇压了，而且也没有太多反抗不满的声音。事实上，在荷兰，任何可能威胁到现有秩序的行为都会被严厉打击。荷兰皇家海军的一艘船上的船员在降薪之后进行了罢工抗议，政府便立刻对其采取了迅速而严酷的行动：政府要求荷兰军队炮轰这艘抵抗的船只，22 名船员和他们的同伙在轰炸中丧生。用这样一种残忍手段进行惩戒，在皇家海军中是难以想象的，剩下的反抗者很快就投降了。

尽管没有取得像德国那样的成功，在仍受到安斯塔特信贷银行破产的余波影响的奥地利，法西斯政党也实现了对国家经济的控制。经济衰退为恩格尔伯特·陶尔斐斯打开了机遇之门。陶尔斐斯是一个虔诚的天主教徒，身材瘦小（他只有 4.92 英尺高），曾经是一名士兵。1932 年 5 月陶尔斐斯成为了奥地利总理，在遭遇重创的经济环境下执掌了政权。他的首席经济顾问是一个名叫卢德维格·冯·米西斯的清算主义者，他提倡的传统财政紧缩政策让奥地利人的境况更加艰难，而且还助长了人们躁动不安的情绪，引发了军事武装运动。

邻国的希特勒当权之后，陶尔斐斯的处境愈加艰难。在接下来的两年里，他做出了各种尝试，不让奥利地落入纳粹党的统治，并努力将政府聚合起来，但最终还是徒劳无功。想要把意大利改造成另一个德国的法西斯独裁者本尼托·墨索里尼，非常愿意帮助奥地利，他向奥地利承诺保护其不受纳粹的控制。因此陶尔斐斯在准军事组织武装保卫队或者说是保安团的支持下，最终变成了墨索里尼式的法西斯。维也纳的工厂区爆发了激烈的武装争斗，几百人在暴乱中死亡，其中包括妇女和儿童。事件发生后，陶尔斐斯在 1933 年中期发布对奥地利的纳粹党团体的禁令，1934 年年初，社会党也被列入了禁令名单。为了避免再发生这种灾难，陶尔斐斯还废除了奥地利最贫困群体的许多来之不易的公民权利。维也纳大屠杀事件激起了美国左翼作家蒂利·奥尔森的愤怒，她写道：

> 这是为了 3 000 具无处隐藏的尸体写下的书，
>
> 死去的妇女苍白的脸
>
> 组成了一行行句子，
>
> 英雄们一直呐喊到最后，
>
> 他们的声音响彻天空：
>
> 打倒法西斯！
>
> 打倒社会民主党！
>
> 苏维埃万岁……

鉴于陶尔斐斯做出的这些举动，他可能是欧洲最具讽刺性的独裁者了。他因为自己瘦小的外形而得到了很多嘲讽的绰号，比如"小梅特涅"（根据一位身材非常高大的奥地利政治家克莱门斯·冯·梅特涅的名字起的绰号），还有"骑手"。如果在维也纳，你想要点一杯浓缩黑咖啡，你可以点"陶尔斐斯"，但不能公开张扬地这么说。剧作家博索特·布莱施在他的作品《阿图罗·乌依可抗拒的崛起》(*The Resistible Rise of Arturo Ui*) 中创造了一个叫做伊格内修斯·陶尔菲特的角色，借其讽刺陶尔斐斯。

希特勒严酷的对外政策最终还是轮到了陶尔斐斯。1934 年 7 月，这个不走运的总理被闯进办公室的奥地利纳粹分子谋杀身亡，杀手应该是得到了内应。陶尔斐斯的继任者库尔特·许士尼格是一个提倡大量财政支出的法西斯党员，他在当时的危险局面下接手了陶尔斐斯的工作。许士尼格是一个律师，还是一个参加过第一次世界大战的老兵，他信奉天主教，也是纳粹主义的坚定反对者。奥地利的失业率到达了 25%——对于大萧条时期的政府来说，这是一个致命的数字。许士尼格试图模仿希特勒的经济政策，他也想要利用综合性的建设项目，包括大型的公共建筑和重要工程的建设，来刺激经济的发展。萨尔斯堡节日剧院就是当时的宏大公共设施建设项目的产物，但是由于奥地利缺乏充足的资金，这个工程没有完全完成。还有一些道路建设项目，比如大格洛克纳山—阿尔卑斯高山公路也没有完全建成。希特勒要求许士尼格把纳粹暗杀组织的成员从监狱里释放，许士尼格没有办法，最终只能辞职，他的继任者别无选择，在 1938 年打开了国门，让德国军队进驻维也纳。

德国夺取了奥地利，纳粹称之为联盟，这标志着由安斯塔特信贷银行破产引发的一系列事件的最终结局。德国驻军的第一个行动就是抓捕奥地利的罗斯柴尔德·巴伦·路易斯，并将他在监狱里关了一年，直到他的家人支付了巨额的赎金才将其释放。当时，他在奥地利的控股公司 S. M. 冯·罗斯柴尔德的全部资产都被纳粹党强制没收并送往前线用于战争支出。除此之外，罗斯柴尔德家族的私有银行默克芬克银行和整个家族的财富都被纳粹掠夺了。

———————❈———————

奥斯瓦尔德·莫斯利应该是英国最具有吸引力的政治家，并且肯定也是最有前途的政治家之一。莫斯利有着方形的下颌和黑色的头发，他目光专注，看起来就像电影院里上映的高票房的爱情电影里的男主角。几乎所有女性都为他着迷——他的这种致命吸引力对事业帮助不小，虽然这并不是必要的资质。

莫斯利才智过人，他在议会里是一个极具说服力的演说家，经常脱稿演讲。莫斯利 1918 年开始从政，他在第一次世界大战中取得了卓越战功，22 岁的时候就进入了参议院。最初莫斯利作为保守党成员参与议员选举，6 年后他转向了工党的阵营，因为他不赞成保守党对爱尔兰的残酷镇压政策。莫斯利出身于有着良好社会关系的乡绅家庭，有着极高的社会道德感。其实，他从政的最主要目的，是为了创造一个让他家乡的那些退伍的战争英雄能够安居乐业的国家。

虽然很年轻，莫斯利却并不想听从工党的那些老政客的意见。他为工党政府带来了一股新风和许多有趣的观点，他为了能将这些观点付诸现实做了很多努力，比如：去参加冗长乏味的委员会讨论会议，在备忘录上计算分数，就持续恶化的大萧条问题和社会党进行无尽的辩论。莫斯利不愿迎合工党里的老政客，也不愿迎合伦敦。比如他并不理解为什么在这样的困难时期，伦敦的银行家还心甘情愿地贷款给其他国家，他们本来可以把钱提供给国内贷款者。在一篇具有洞察力的备忘录中，莫斯利写道："资本流向海外，改善了他国的设备所以它们有了更强的竞争力，在阿根廷和马里的廷巴克图建公路和铁路，为这些国家提高就业率，但是如果只要一有人建议政府筹资，为英国人民提供就业机会，就要说这样会动摇国家的财政根基，这样真的是正确的吗？是合情合理的吗？"

11
困境中的变革

217

渐渐地，莫斯利的思想让他开始支持一些激进的甚至被视为异端的方法。比如，在 1925 年，他在自己写的宣传手册《革命的理由》中提倡银行的国有化，认为银行应该以大众利益为经营理念，要有更加明确的目的，通过慷慨的贷款资助，让无业闲散人员重回工作岗位。莫斯利相信为工业发展提供贷款，将会创造工作机会，在更短的时间内降低失业率、提高工资水平，从而提高英国人的购买力。

和梅纳德·凯恩斯以及其他反清算主义者一样，莫斯利相信良性的经济循环。他一直以来都认为，被伦敦当成保护伞的金本位制是一个"巨大的旁枝末节"，在高失业率的时期，它和国民利益完全相悖。他认为应该废除金本位制，让英镑汇率自由浮动。莫斯利的这一观点非常超前，当然也是和财政部、英格兰银行以及英国所有金融机构的观点背道而驰。

莫斯利构想了一个宏伟的计划，他想让整个大英帝国相互连接成为一个巨大的贸易组织，这一想法也是相当具有前瞻性。在他的构想体系之下，英国可以向其他英联邦国家出售英国制造的产品，这些国家则将本国生产的农产品销往英国；"帝国银行"储备有充足的资金，它的作用就是提供贷款、信用和其他形式的资助，以保证这一互补性体系的有效运转。这一体系——用英国制造的商品换取殖民地属国生产的羊毛、肉类、乳制品、小麦和其他农作物，将会无限期地持续下去，至少要持续到英国重获工业出口大国的地位。虽然在这一体系下，英国会失去帝国之外的市场，但这对英国来说比对英属殖民地更加有利，所以这也算是个可行的计划。

莫斯利是一个政治家，也是一个实干家，他为了实施这些想法进行了多年的分析研究，他和约翰·斯特雷奇等人合作进行这项工作，后来还和左派图书俱乐部合作。莫斯利已经等不及把一切准备就绪再开始。他和行事拖延的拉塞姆·麦克唐纳完全相反。"社会党总在说进步，但是他们却总在无尽的讨论和会议中寻找进步的方向。"莫斯利不久后这样写道，"他们拒绝并且嘲讽领导力和决断力，然而只有依靠这两者才能取得成功和进步。所以他们所说的进步就在争吵的混乱和对责任的逃避中结束了。"

伦敦和大多数商业机构对莫斯利都是轻蔑的态度；但是到了 20 世纪 30 年代中期，轻蔑变成了恐惧。莫斯利成为了一个重要的、预示着不祥征兆的人物，他创造了一个离经叛道的新政党——英国法西斯联盟，它最后并没有发展壮大。当时莫斯利被视为极度疯狂、邪恶和危险的人物。

奇怪的是，这个后来成为英国迄今为止最具争议的政治家的人，居然在社会党的平台上成立了法西斯政党。"法西斯主义代表着良好的工资收入，更短的工作时长，良好的住房条件，不同文化的机遇和工人们的生活娱乐。"莫斯利如此写道。法西斯主义还代表着全国贫民区清拆计划，用全新的住房代替曾经的"瘟疫区"，为 10 多万个家庭提供 50~150 英亩的土地，还有其他很多有价值的目标。所有的这一切看起来都很合理，至少一开始是如此，莫斯利得到了一些忠实拥护者的支持，比如奈·贝文，一位工人阶级的著名斗士。可能是想到了自己选区的贫民区的悲惨景象，1930 年 5 月，哈罗德·麦克米兰给《泰晤士报》和《每日邮报》写信，表示支持莫斯利的法西斯主张。社会主义作家乔治·奥威尔却称莫斯利是一个"兜售'废话'的吵闹的小贩"。

20 世纪 30 年代中期，已经没有人再记起莫斯利曾经的社会主义观点了。他已经成为了公共威胁、一个疯狂的反犹太分子，他领导着 5 万多人的组织，在各地特别是在伦敦进行越来越暴力的游行示威，其中有一场是发生在住着犹太工人的伦敦东区电缆街的暴动。这里的居民受到工党的支持，好斗的他们用石块回击莫斯利的队伍。这个法西斯领导人遇到了伦敦警察局长菲利普·盖姆爵士——他们的示威游行立刻被禁止了——他就是后来镇压南威尔士的驱逐抗议运动的盖姆。

这个曾经的战争英雄和充满人道主义精神的政治家，成为了一个法西斯分子，曾经立下的宏图之志一个都没有实现，不得不说这是大萧条期间发生的最不可思议的插曲之一了。当然，这和莫斯利过分的自负和傲慢有很大的关系，但是他投身于暴政的热切程度是毫无疑问的。1933 年辛西娅因腹膜炎去世，他和自己的情妇戴安娜·吉尼斯结了婚，丧妻之痛得以缓解。吉尼斯是密特福德家族的女儿，他们的婚礼在约瑟夫·戈贝尔斯的柏林的家中举行，阿道夫·希特勒出席了婚礼，他是英国法西斯同盟最热切的支持者之一。

随着英国法西斯分子的威胁越来越强，政府出台了公共秩序法案，禁止了所有穿着制服的游行活动，德国的海因里希·布吕宁曾经也下过这样的禁令。莫斯利最终落到了千夫所指的下场，包括他曾经的政治同僚，比如奈·贝文，都不再和他来往。而在莫斯利看来，更糟糕的是希特勒也对他失望了。

对于激进好斗的人来说，英国法西斯分子就是他们的避雷针。虽然他们的出发点是好的，但他们总是被人视为工人阶层中的"祸害"。"工人革命运动之花被法西斯的残酷暴政玷污了。"国家失业工人运动组织的沃尔·汉宁顿写道。对于无论是激进的还是温和的工会运动参与者来说，莫斯利都是他们的死对头，他几乎就和资本主义的军队一样，想尽办法利用失业者的弱点从而把工人们一网打尽。他们互相讨论《法西斯季刊》里的文章，里面写到"最终的权力之争"将要在英国的街道上演，还讲述了"资本主义贸易衰退之后，法西斯是如何在意大利和德国取得胜利的"。

英国也对穿着破旧不堪的鞋子进行游行示威的激进工人做出了回应。1936 年 10 月，一场倾盆大雨在伦敦下了很久，穿着披风的警察被雨淋得全身湿透，他们并肩走成一排，确保他们的 4 人小分队形成整齐划一的队列，走到了道路的左边。奥斯汀 7 型车、莫里斯 8 型车、厢式货车，还有其他很多代表着英国快速发展的新兴工业的交通工具，开过了游行者的身边，按响的喇叭声更像是一种支持而不是反对。一些好奇的过路人停下了脚步，看着眼前发生的一切。

戴着布帽的游行者奋力抵抗前来镇压的警察，他们高呼这是"杰罗革命"，是无党派抗议游行。陪同他们游行的还有一些戴着圆顶礼帽、衣着考究的支持者。站在队伍前面大步往前走的是工党议员艾伦·威尔金森，他是卫理公会派教徒和反法西斯主义者，他写过讲述杰罗镇成为废弃之地的权威书籍。除了在向首都进发的最后阶段加入了游行队伍的威尔金森和6位女士，参加游行的大多数都是中年男子，他们虽然瘦削、疲惫、没有笑容，但是目光却无比坚定。

从离开这个荒废的小镇开始，杰罗镇游行跨越了300英里。"杰罗镇最贫穷的人们经常挨饿，他们的食物只有土豆、清汤、面包和果酱，或者只有面包和水。"一位当地历史学家在《杰罗的朝圣者》（*Palmers of Jarrow*）一书中写道，"妇女靠帮别人洗衣服赚钱，或者是靠卖自己做的馅饼和豌豆，或者自己酿的姜汁啤酒。男人们从河里打捞浮木，晾干之后到附近的街上把它们当作柴禾卖掉。"

这场漫长的远行只是大萧条期间发生的几次艰难的远途抗议游行中的一次，大多数都在游行者到达伦敦后，在海德公园引发的或大或小的混乱中结束。最长的游行之一是从苏格兰一路到伦敦，游行者沿途一直在宣扬经济状况调查的不公平，并一边邀请路人加入到游行中，劝说他们一起反抗"让工人们挨饿并堕落"的资本主义制度。其他的游行者举着海报，上面写着"他们想要用监禁和警棍让失业者屈服，但他们失败了"。

当时不仅有很多远途游行，还有不少大规模抗议示威活动，比如1935年2月3日在南威尔士，30万人走上大街（根据《曼彻斯特卫报》的报道），表达他们对失业者的保障福利被进一步减少的不满。3天后，谢菲尔德的警察和几千名抗议者进行了两个小时的争斗。"现场极度混乱，每个人都像凶恶的猛虎一样——镇政府的所有官员都跑到阳台上看我们。"当时的一位抗议者赫伯特·霍沃斯回忆道。

杰罗镇的游行队伍到达首都时，另一场规模更大、更具威胁性的游行也即将开始，2 000多个国家失业工人运动组织的成员从另一条路线出发前往伦敦。这场游行的参与者中，有些人是从离伦敦 550 英里远的北方的亚伯丁过来的，一路上他们遇到过恶意和敌对，也遇到过善良的人。这是一场由沃尔·汉宁顿（和其他人）领导的"饥饿游行"，目的是为了反对政府对"被资本主义抛弃了"的地区的失业救济金的削减。一路上有些济贫院不肯收留这些游行者，但是一位商人为他们提供了几百双靴子，好让他们的双脚不会再因为穿着破旧的鞋子长途跋涉而磨出水泡。

这两队人马到达伦敦时，他们得到的回应在很大程度上已经说明了联合政府的态度。在拉姆塞·麦克唐纳辞职之后，实际上他是彻底退出了政界（他甚至失去了自己的座位），现在的首相是斯丹利·鲍德温。鲍德温决定要镇压大规模的持异议者活动。杰罗镇的无党派游行受到了一些支持者的欢迎，不过迎接国家失业工人运动组织的，是前来镇压的伦敦警察和几十万的支持者。艾伦·威尔金森用一个有镀金刻字的橡木盒子装着杰罗镇人民的请愿书，来到了议会大厦，而首相因为"太忙"没有时间见他。但警察已经准备好"接见"这些游行者，并进行随后的交流了，双方在争斗中都有伤亡。和以前一样，饥饿游行的发起者，包括汉宁顿和 80 多岁的老共产党人汤姆·曼恩，已经不知道这是他们第几次被关进监狱了。

后来几年，当时的一些游行者说他们并没有达到理想的目标。如果他们的目的是推翻资本主义，那么这个目的足够正确。但是这类重大事件的后续影响，肯定会以难以估量并准确界定的方式呈现出来，游行者们为了那些被大萧条摧残的人所做的已经足够好了——他们用自己的双脚走了出去，而不是待在"特殊区域"，在悲惨的生活中怨天尤人。当后来福利津贴被提高的时候，游行者们肯定会为当时做出的努力感到满足。

12

萧条中的美国

日落之后，纽约最繁忙的地方就是救济中心了。每天晚上，这里都待满了无家可归的人。他们主要集中在东区和皇后区，住在那里的中产阶级家庭在大崩盘后失去了他们的汽车、家具，最后甚至失去了自己的房子，他们不得不向救世军求助，去市民会馆这样的庇护所留宿。在那里他们必须上交自己的衣服以防疾病传染，穿上统一分发的睡衣，或者是到一晚25美分的廉价旅馆和地下酒吧，能够睡到木屑填塞的床铺他们就已经很满足了。至少这比睡在马路上要好。他们住的这些地方环境虽然艰苦，但是有时候还是可以喝上两杯的。在地下酒吧，如果你买了一杯酒，那至少可以保证地板上能有你的床铺，有时候你还可以得到免费的午餐，或者是在午夜的时候得到一杯免费的廉价烈酒。

1931年年初的一场粗略的人口普查显示，纽约的无家可归者大约有15 000多人，其中有200多名女性。一些革命性的刊物比如《新共和》，派出了记者到下城区去采访那些被大萧条的洪流冲击得四散漂流的人。"如果某个人是第一次住在市民会馆，"《流浪者学校》的记者玛丽·西顿·沃斯写道，"第二天早上5点钟他就会被赶出来。现在他可以待到6点了，吃完早餐之后，不论外面是暴风雪还是倾盆大雨，他都必须离开。他可以再继续到救世军的庇护所寻求施舍，然后在伦敦自由就业局开门之前就在那里等待。或者他也可以在地铁里找个容身之处，在晨报上的招聘广告里圈出自己能做的工作。"

对于大多数无家可归的人来说，市民会馆是"一个悲惨不幸的地方"，是他们最不愿意选择的求助对象。市民会馆每天晚上都挤满了人，3 300 多个饥饿的流浪者占满了这里的床铺、长椅和地板。救世军所做的许多救济工作都令人称道，他们甚至在为 600 多个无家可归的水手提供了船只让他们暂住。还有衣着考究的年轻女性，从她们居住的富裕的郊区到这里来，为这些无家可归的人做三明治。其中有些志愿者还买下了商店，把它们变成免费餐厅，为"穿着上好的拉绒衣服的人，看起来像流浪汉一样的人，还有年轻的白领"等形形色色的人提供食物，"他们狼吞虎咽地吃下了许多涂着奶酪和芥末的三明治——一个人吃 3 个三明治外加一杯咖啡"。大崩盘让许多原本就是流浪汉的人不得不和其他人竞争城市里的慈善资源。

大批大学毕业生找不到工作，就算能找到，也不是和他们所学专业对口的。阿尔弗雷德·哈耶斯坐在纽约一家希腊人开的咖啡馆里，用勺子搅动着一杯廉价咖啡，为他的同学叹息。

那些聪慧的男孩们，他们现在在哪儿呢？

费尔南多，无人能及的英俊意大利小伙，

他曾经在礼堂里侃侃而谈，

他是学校里的智多星。

现在的他在快餐店做帮手，

一周 7 天，一天 12 小时的辛苦工作。

他的眼睛里满载着我的痛苦，

他的生活和我的一样颓废。

大块头约根森，6 英尺高的正直的金发男孩，

还有狡黠淘气的丹尼尔斯，

所有人，所有人——

> 他们都在看着周日招聘广告栏……

这些毕业生们"都过着流浪的生活"，在各个地方艰难地讨生活，不停地到职业介绍所去寻求工作机会。有时候会想着自己是否应该搭上一辆货车到西部去，为自己的未来担忧不已；有些人甚至已经觉得看不到希望，只想"打开煤气，或者从桥上跳下去"。残酷的现实让他们无比失望，他们开始质疑自己在学校学到的一切是否有意义。

> 我们是销售员、售货员和土木工程师，
>
> 我们把毕业证过载在厨房水池上，
>
> 厕所墙壁上贴着我们的学位证书……

仅仅在纽约，至少就有 7 000 多名教师失去了工作，无法再靠他们自己选择的职业谋生。上千名律师也失去了他们的本职工作，不得不靠体力劳动来维持生计。有些人比较幸运，他们参与了一些商业活动，就像新总统富兰克林·德拉诺·罗斯福说的那样，"努力不让自己变成慈善救济的对象"。《富人，穷人》这首歌描述了当时许多曾经富有的人一夜之间千金散尽的不幸际遇。

> 我坐在人行道边，
>
> 祈求得到一顿午餐。
>
> 我曾经拥有百万财富——
>
> 你可知我现在有何感受？

> 富人啊，穷人啊，
>
> 我们都是一样的普通人。
>
> 富人啊，穷人啊，

这一切我并不怪你们……

胡佛的继任者从他手中接过了美国的乱局。"生产材料被闲置，工厂停工，铁路交通运输量持续减少，商品销售越来越少，几百万身体健全的失业男性和女性都极度需要工作机会。"罗斯福总结道，他的话没有一丝一毫的夸张。大萧条在美国全国造成的后果是显而易见的，但是乡村地区的情况更加严重，那里的居民长期忍饥挨饿，尤其是在那些"干旱乡村"。在农业收入锐减的同时，正好又碰上了雨水前所未有的严重不足。作家梅里德尔·拉苏尔去了中西部的一些村镇，比如艾波湖镇、奥特塔里县、艾尔克河镇、坎迪约西县、巨石镇、耶罗梅德辛县和密尔湖县，他在书中描述了这些地方触目惊心的景象——这里的居民瘦骨嶙峋，和他们养的牲畜一样，瘦得连肋骨都突了出来。这里的气温高达华氏几百度，热气炙烤着大地，因为缺乏水和食物，这里的牛都长得太瘦，在牲畜市场上根本卖不出去。"有一位农民很长一段时间都处在这样的悲惨境况之中，"拉苏尔在书中写道，"在过去的 3 年里，他一直都过着极度贫困的生活。在经历了一场严寒之后，今年春天没有雨水。我住的这个村子已经有两年都没有进行过货币交易了，他们都是以物易物。而去年有些人甚至都没有东西可以拿出来交换。我们砍掉了前院的树，把木材用作燃料，试图靠着土豆这种最可怜的农作物度过这艰难的一年。"

地方银行的破产让当地许多居民不得不采用以物易物的交易手段。一个铁匠给马蹄打了铁掌之后，对方就用土豆来付款；医生为病人看病，病人用玉米支付诊费。"我们逛商店的时候什么也不买，"内布拉斯加州福尔斯城的斯丹利·杰森说道，"我们只用其他东西来交易。"在美国很多地方，货币已经失去了交易媒介的作用。人们开始用其他交易媒介来代替货币，比如像"临时凭证"这种从 18 世纪 50 年代迄今为止都没有被普遍使用过的东西。

虽然境况艰难，但是干旱地区的人们没有彻底放弃。农民们祈求降雨，仍然继续尝试种植农作物，但最终只能眼看着还没长成的种子和幼苗被达科他州刮来的狂风给吹走，空气里全是纷飞的尘土和种子，狂风卷走了树叶和水分。最严重的沙尘暴席卷了各个村镇，在房顶上呼啸盘旋，掀起的尘土都遮住了太阳。乡村社区为了顾及大众的利益，决定将工人的日常工资减半。上学的孩子们也都因为生计，被迫从学校离开，回到家中帮忙干农活、种粮食。

这一连串的天灾人祸都超出了这里居民的控制和理解，他们全都深受其害。农产品价格暴跌，很大程度上是因为他们的产品主要销往城市，而城里人的工资也越来越少，消费能力大幅下降。不仅如此，恶劣的天灾又雪上加霜。"现在没有蔬菜了，最糟糕的是，连牛奶也没有了。"拉苏尔写道。情况已经糟糕到超出了承受极限，人们陷入了彻底的无助，最后所有的村镇社区都放弃了希望，他们关起了家门，甚至拉上了窗帘。一个农民用枪打死了他养的大多数牲畜，然后了结了自己的生命。

和新总统所说的完全不一样，拉苏尔预言了美国梦的结束："在美国你不会挨饿，所有的一切看起来都很好。机会就在眼前，每个人都有自己的机会。而现在这一切都结束了。"

1933 年春天，就在罗斯福的总统就职典礼举行了 1 个月之后，内布拉斯加州东北部麦迪逊县的上千个农民在当地的市民集会大厅门口进行抗议游行，要求政府停止对农场的拍卖。在大萧条和自然灾害发生时，银行要收回所有的抵押资产来抵销农民们无法偿还的贷款，但银行收回资产的价值通常只有土地价值的一部分。到 1933 年，农产品价格已经连续 4 年持续下跌，很多农民已经无法偿还银行的抵押贷款，在当地的商店也有欠账，在收入情况较好的时候用信用卡分期付款购买的拖拉机和其他工具设备现在也没办法还款。像麦迪逊县这样的抗议活动也在其他州出现，有时候会以"一分钱拍卖"的形式来进行。在热烈激进的"母亲"艾拉·丽芙·布鲁尔——一位美国中西部的共产主义活动家的激励之下，农民们都同心协力去阻止银行用威胁性手段对农场进行强制拍卖。农民们警告投标人，让他们不要购买，或者是嘲讽似的给出标价，比如出 5 美分买昂贵的农具，因为他们不切实际的出价，使得拍卖商不得不推迟拍卖。"母亲"布鲁尔试图把一种激进的风气带到工人和农民之中，让原本温顺的人在看到他们的未来被无情地出售给别人的时候，也变得暴躁和好斗。

不久之后，几个州的抵押品拍卖将会被禁止，但是"一分钱拍卖"依然存在。有人得出结论，在农村的土地上已经看不到未来，他们离开了干旱地区，去了雨水更加充足的地方。对于居住在从达科他州到得克萨斯州和新墨西哥州这一带大平原地区的 450 个乡村的几百万美国人来说，大萧条是压在他们身上的最后一根稻草。很多人是在半个世纪以前搬到这里来的，他们希望在这片土地上过上富足的生活。在农作物收成好、收入高的时候，他们的生活还很幸福，但是很快就陷入了贫穷之中。"站在围栏后的男人看着田地里死掉的玉米和迅速干裂的土地，只有一点点绿色出现在灰蒙蒙的尘土之上。"约翰·斯坦贝克在《愤怒的葡萄》（*The Grapes of Wrath*）一书中写道，"男人们沉默了，他们一动不动地站在那里。女人们从家里走出来，站在她们丈夫的身边——她们在想这个时候他们是否要休息了"。"要俄勒冈州还是要破产"这一标语出现在许多福特 T 型车、别克轿车或者普利茅斯车的车身后面。当时许多家庭，还有单身男女都离开了乡村，到沿海地区和城市中去，远远地离开了尘土飞扬、大地被侵蚀而且还负债累累的荒芜之地，那里的生活变成了一场无尽的必输之战。这是美国历史上规模最大的自发性迁徙之一。

在大萧条之前，沙尘暴灾区的大规模迁徙就已经开始了，但是现在变成了一场全民大逃离。大多数人都离开了他们的家乡，去往他们心中的希望之地。有些人只带了够买汽油和食物的钱，他们把未付的账单和未缴的税全都抛在了身后；还有一些人离开了他们赖以生存的土地，把它留给了银行和有足够的钱买下这些资产的城里人。伍迪·格思里是一个牧场主的儿子，他是来自俄克拉荷马州俄克马镇的房地产销售员，他用歌曲来纪念大迁徙，比如

《旧的尘埃》里有一句著名的歌词："再见，很高兴认识你。"当时很多人都还不理解究竟是哪里出了问题，不明白这场灾难背后真正的意义，不知道是什么毁灭了他们的梦想。

但是，首先最显而易见的原因就是气候灾害了。这 450 个乡村的干旱已经持续了很久，但是自 1931 年开始，灾情变得前所未有的严重，这可能是因为太平洋上出现的极端气候现象，这在 20 世纪 30 年代持续了很长一段时间。1933 年，在罗斯福出任总统的那一年，有些地区滴雨未落。紧接着，旱情又开始蔓延，一直扩散到了得克萨斯州和俄克拉荷马州的部分狭长区域，还有堪萨斯州的西南部和科罗拉多州的东南部地区。草原上常见的飓风将植被连根拔起，直到大风完全平息下来，只剩下了几英里的裸露土地和一片狼藉，卷起的尘土和杂物全都落在了农舍、防护网、房屋和主街上。平原上的人们知道了"黑色风暴"的威力，这种掀起漫天沙尘的飓风可以上升到几百英里的高度，席卷整个乡村社区；风暴过后，地表寸草不生，只留下尘土和碎片。

更加不幸的是，由于全球产量过剩，农产品的价格大幅下跌。1931 年 1 磅棉花只卖 6 美分，比 20 年前的价格低了 6 倍，比 3 年前低了 3 倍。无论农作物的产量如何，这个价格都没有什么影响，因为根本毫无利润可言。农产品价格的急剧下跌对全国农民都造成了恶劣影响，不只是大平原地区的农作物种植者。美国农产品出口价格迅速下降，一定程度上是因为其他国家对《斯穆特-霍利关税法案》的一种报复。

实际上，大萧条就像四处扩散的病毒，全美国没有一个地方幸免于难。甚至连音乐家都深受其害，比如密西西比州海因兹县的卡特兄弟。他们被称作酋长、泥地舞者、黑蛇和田纳西摇摆舞者，他们的布鲁斯蓝调音乐在全州都非常有名。但是随着听众日益减少，卡特兄弟的录音节目和演出也越来越少，他们不得不到国外去，像游吟诗人一样四处旅行，进行巡回演出。他们越走越远，最终几个兄弟分道扬镳。一位穷困潦倒，另一位开了一家有自动唱机的廉价酒吧，第三位则最后在农场找到了一份工作。

和其他普通人一样，职业运动员在这样的时局下也不好过。在期待着情况能够有所好转，努力坚持了几年之后，一些地方的职业棒球队，比如伯明翰的男爵队，最终都还是停止了经营，解雇了所有球员和员工，或者是以 1929 年之前价格的一部分出售给别人。职业高尔夫球巡回赛的收入也下降得很厉害，像本·霍根这样的新人选手，后来他被人们视为最伟大的高尔夫球手之一，在当时都很难维持生计。"越来越多的高尔夫球俱乐部和课程班关门停业，在这种萧条时期还在营业的没几个，黑色星期二那天（这是对美国股市崩盘发生当天的普遍叫法），曼哈顿北的一家很有名的俱乐部里超过三分之一的富人会员从此就再也没在那里出现过。"詹姆斯·道森在他为霍根写的传记中这样写道。

作为"经济晴雨表"的股市，的确也真实反映了美国的状况。大崩盘发生 4 年以来，股市一直处于瘫痪状态。在罗斯福就职典礼举办的 8 个月之前，道琼斯指数已经低得触了底。1932 年 8 月 12 日，道琼斯指数只有 63，是从 1896 年该指数初次使用以来的最低水平。交易量也是惨不忍睹，说得委婉一些，股票报价机可以轻松无压力地实时打印出所有的买卖交易情况。1929 年 10 月市场出现短暂回升时的英雄理查德·惠特尼，后来成为了纽约证券交易所的主席，但是现在他领导的交易所还是过去的那个交易所的影子。有时候，连最受信任的蓝筹股在一整天里都没有交易量。

虽然全国人民的生活质量都急剧下降，但是美国人学会了像以前一样静观其变，就像他们在早些年遇到经济危机时一样。一路上不停找工作的人都在期待着到了下一个城市会不会就能得到几天的工作机会，甚至能得到一顿免费午餐。如果能得到机会，你还能生存下来。两个大学生在去往加利福尼亚州的萨克拉门托谷的路上遇到了很多以低廉价格出售食物的摊位——5 分钱 3 磅葡萄，还有相当便宜的无花果、柑橘、桃子、李子、西瓜和甜瓜。在中途休息的时候，他们花上 30 美分就可以得到一顿有鸡蛋和黄油吐司的丰盛早餐。只要你穿着"长袖连身裤"——一种工人穿的标志性服装，就一定能搭到车，如果车里没有多余位置，车主会让你站在几英寸宽的侧踏板上将就一下，因为每加仑汽油只需要 10 美分，车主们完全承担得起，所以一般都会慷慨地让你搭车。在这场寻求谋生之路、跨越全美的漫长旅途中，路上的人们一边寻找一边耐心地等待着情况好转。这两个大学生搭过斯图贝克汽车公司生产的庞蒂亚克轿车、雪佛兰轿车，有一次还搭上过惠比特双门汽车，在坑坑洼洼的泥泞乡村小道上一路猛冲。幽默大师威尔·罗杰斯曾经开玩笑说："我们是有史以来第一个人们坐着汽车去济贫院的国家。"

那段时期的历史记录者，都对美国人面对灾难时的韧性和精神感到好奇。记者·路易斯·特科尔在芝加哥的一间寄宿公寓里长大，在大萧条期间，他为了写《艰难时世》（*Hard Times*）这本书采访了很多美国人，这本书被称为"赞扬美国精神的宏伟圣歌"。历史学家詹姆斯·麦克格文的《希望的时代将到来》（*And a Time for Hope*）一书，讲述了一个尽最大努力度过艰难时局的国家的故事。虽然许多政府部门和机构让人民失望，但是美国人找不到任何理由向现实屈服。根据麦克格文的记录，就连从穷山恶水的农业区一路前往加利福尼亚州的"俄克佬"（指俄克拉荷马州当地居民）移民，也没有过像斯坦贝克的《愤怒的葡萄》中描写的乔德一家那样的悲惨遭遇。虽然许多人逃离沙尘暴区的历程充满艰辛，他们面黄肌瘦、身无分文，虽然许多人长期被罐头加工厂压榨剥削，但是这些拖家带口迁徙到此的人，还是被早年从干旱区离开的移民所接纳。早期移民的生活已经安定下来了，他们帮助新来的移民度过了他们初来乍到时最困难的时光。从多罗西亚·兰吉拍摄的一张照片"加利福尼亚州捡豌豆的贫穷妇女，一个 6 岁孩子的移民母亲"中可看出，虽然这不是俄克拉荷马州移民生活的全貌，但也展现出了他们当时的生存状态。

大多数美国人在当时都会互相扶持，无论在家庭里还是社区里都是一样，他们过着比以前更简单的生活，家家户户分享自制的食物。虽然没什么钱，但是孩子们也有属于他们自己的乐趣，他们的娱乐活动通常都是不花钱的。那时候的孩子们都相当心灵手巧，女孩们会用硬纸板和麻绳等边角料制作出玩偶的房子，男孩们则用多余的木块做成他们的运动器材。年龄小的孩子穿的都是他们的哥哥姐姐穿不了的衣服。在当时，几乎他们用的所有东西都是按年龄大小依次传下来的——衣服和鞋子、手推车和自行车，玩具和课本——家里的东西都是这样循环使用的。节俭是必需的生活方式，许多妇女都会用多出来的边角布料做自己的衣服，甚至是内衣裤。因为坐不起电车、巴士和火车，许多人出门都是步行，他们觉得这样更适合自己。补鞋匠的日子肯定过得更好了，他们是那个时代最忙碌的手艺人。妇女们还是会去购物，但通常都是去像克莱斯基杂货店这样的廉价商店，买一些满足基本需求的廉价商品，比如"大萧条器皿"，后来有不少收藏家收集这种器物。虽然经济处于萧条之中，但是 20 世纪 30 年代的大众广播娱乐也刚开始兴起，大多数人都会演奏乐器。在很多家庭里，钢琴都是客厅装饰的主体，一家人和邻居们经常会聚在一起，用钢琴伴奏即兴演唱。学校和当地的礼堂经常会举行音乐会。

在这样的情形下，很多人相信，艰苦的时光重新教会了他们团结一致的重要价值，为了彼此更好的生活，他们有着共同的利益，但同时也接受个体差异的存在，为不幸的人提供更多帮助，为他人花更多的时间和心思。为了联合起来对抗共同的敌人——贫穷，他们要变得更加无私、更加热心、更加闪亮，也更加坚韧。"尽管大家都在遭遇不幸，但是在这个时代，人人都应该为那些有需要的人提供全心全意的帮助，并学会享受和感激生活中微小的幸福，学会知足常乐，学会忍受艰苦。"一位作家在美国的《旧校舍》杂志上的一篇文章中写道。

你总会在广播里听到很多引人入胜的奇妙事情。它是那个时代最有魅力的媒体，它的存在为陷入困境的国家抚平了不少痛苦，它的意义和作用是难以估量的。有很多广播节目，比如《阿莫斯和安迪》，它讲述了两个农场男孩历经艰险前往芝加哥的传奇流浪冒险故事，在当时取得了极大的成功，因为它们让处在相同逆境中的美国人的命运紧紧相连。在巅峰时期，《阿莫斯和安迪》的收听量达到了 4 000 多万人次。就连不是这个节目的忠实听众也都知道里面的经典段子，这些几乎成了大萧条期间独有的俗语。这档精彩纷呈的 15 分钟广播节目每周播出 6 次。它在当时受欢迎的程度非同一般，就连电影院都不得不为此推迟电影放映，因为人们都要等到听完最新一期《阿莫斯和安迪》才会放下收音机出门。

也算是一个幸运的巧合，在经济困难时期，无线电技术的发展取得了重大进步，极大地丰富了媒体的种类和范围。"桌上型收音机的销量越来越高，价格越来越低。"一位研究媒体的历史学家写道。收音机体型小巧，不像以前那些占据了客厅主要位置的巨大笨重的物品一样突兀，它的网状扬声器、圆形刻度盘和大旋钮显得格外精致，它被摆放在精美的橱柜里——它们后来被命名为"大教堂收音机"。更加富裕的家庭还会买一些成套的大物件，比如菲尔科的高脚五斗橱和其他"有品质的乐器"。但是大萧条期间为美国人的生活增添更多色彩的，还是那些小型、低价的经济适用设施和商品，虽然在市场宣传中还是把它们定位为高档次商品。因此，大型制造商菲尔科也推出了只有膝盖高的小型钢琴。后来出现的微型收音机，让人们可以随时随地听广播节目，尤其是在理发店里，微型收音机是必需品，它被放在角落里的高脚凳上播放着节目。随后，体型更小、价格更低的"皮维"收音机面市了。还有"椅边"功能沙发，它的广告宣传画上是一个依靠在扶手椅上的优雅女士，听着她身旁咖啡桌上的新型收音机。虽然在大萧条期间有几个收音机制造商破产了，但是在 1932 年，菲尔科仍然在英国米德赛克斯的格林福特投资建立它的分公司，在英国也取得了巨大的成功，以至于很多英国人都以为菲尔科是英国品牌。但是，最先进的收音机应该是车载收音机，不过价格也更加昂贵。汽车收音机公司生产的"Transitone"就是这一类型的代表创新产品，它是无线电技术的一个新分支的产物，被安装在汽车仪表盘的旁边，它是象征着富有的黄金徽章。

越来越多的人开始听收音机，于是企业发现了赞助广播节目的巨大商机。当时的大多数娱乐节目都是轻音乐、幽默剧。赞助演出的大型乐队表演和戏剧表演的节目有：《真实故事时间》《科里尔时间》《美孚石油概览》《麦斯威尔咖啡演艺船》《首场客》，还有夏洛克·福尔摩斯系列的侦探故事以及由艾迪·康托尔创作的喜剧。将现场观众的笑声录进广播，和喜剧同时播出，让笑话显得更加有趣的做法，就是康托尔首创的。这些娱乐节目陪伴人们度过了一段艰难的时光。

收音机最好的一点就是，它是自由的。虽然唱片的销量在 14 年时间里下降了 15 倍，即从 1929 年的 7500 万张跌至 1933 年的 500 万张，但得益于许多热门广播节目，收音机的听众在这一时期有巨大的增长。当时最流行的就是滑稽的平·克劳斯贝演唱的《兄弟，能不能施舍一角钱？》，这是由 E. Y. 哈伯格写的一首歌曲，这是他第一次作词。哈伯格曾经是一家电子产品零售公司的合伙人，公司卖的都是大崩盘之前最畅销的产品，但哈伯格在大崩盘中失去了价值 25 万美元股票中的很大一部分，不过和许多美国人一样，他淡然地接受了这个挫折。哈伯格对特科尔说："大崩盘爆发的时候，我感觉自己解脱了。我觉得如释重负。我很厌恶做生意。当我发现自己如果靠写歌和写诗为生的时候，我才真正找到了自我，才真正活了过来。"千金散尽不复来，哈伯格也毫无留念，虽然深陷债务，但他却用那个时期独有的坚忍作为回应，并在 1932 年写出了《兄弟，能不能施舍一角钱？》这首热门歌曲。哈伯格比当时许多乐观的人更加深思熟虑，他写的这首歌词哀叹一个曾经建造克莱斯勒摩天大楼的建筑工人失业之后穷困潦倒的悲惨生活。歌词结尾写到"砖块、铆钉和石灰"让他失去了工作，他问来来往往的路人能不能"施舍一毛钱"。建筑工人们建设出了美国的城市风景，而且通常都是冒着生命危险在工作，有一幅著名的摄影作品展示的就是几个建筑工人坐在钢梁上，在离地面街道相当高的空中摇摆着双腿，互相递着香烟、苏打汽水和三明治。建筑行业也处于全面衰退的状态，可哪怕是一角钱，对这些建筑工人们来说都能带来喜悦。

美国证券交易大厅里的股票经纪人们也开始试图找些振奋精神的方法。因为没什么事情可做，他们就用一些小游戏聊以自娱，比如"欺生"，也就是戏弄新来的交易员的一种入职仪式。标准的程序就是创造出一个虚拟公司的股票，然后让这个好骗的新人去进行操作，把交易结果弄得很糟，等他真的上了当，再向他坦白，最后还少不了把水倒进他衣袋里这个历史悠久的仪式。虽然这些经纪人都赚不到钱，但他们还是可以自己找些乐子。

但是国家不可能像这样一直维持乐观精神，人们需要一些能够真正改善前景的希望。

———————————∞———————————

罗斯福带着大刀阔斧的改革方案进入了白宫，以救世主的身份来到了华盛顿。1933 年 3 月 4 日的就职典礼上，站在演讲台上的新任总统罗斯福，就像是展开双翅的秃鹫，准备随时飞向高空，他背负着拯救美国经济危机的艰巨任务，无论如何他都要说出真相，他要用一场正义凛然的革命，把在这场危机中国家产生的所有积弊一扫而光。无论从什么层面来看，他的演讲都相当激励人心、令人难忘，最重要的是，给处于不幸之中的美国带来了一丝安慰。

"那么，首先我想说，我坚信我们唯一需要惧怕的东西，就是恐惧本身。缺乏依据的不理性推论，不正当的恐惧，都会麻痹我们为了改变现状而做出的努力。"罗斯福感叹道。

面色阴沉的胡佛坐在台下的观众之中——他在竞选中被罗斯福以压倒性的优势打败，大多数美国人此时都打开了客厅里的收音机，听着罗斯福的就职演讲，他的这段演讲是美国历史上最经典的演讲之一。

在每一次国家陷入困境的时刻，坦率直接、充满活力的领导人都会得到人民的理解和支持，这是我们每一次安然度过危机的必要条件。在当下的危机时期，我相信大家会再次给予同样的支持。我和你们都要以这相同的精神，来面对我们共同的困难。要感谢上帝的是，我们眼下的困难只会给物质生活造成影响。物价严重下降；税负增高，人民的支付能力也大幅衰退；各级政府面临着严重的收入短缺；在当前的贸易环境下，交易方式遭到了冻结；工业企业陷入萎靡，只剩下一片萧索；农产品的市场越来越小；成千上万的家庭的多年积蓄都付诸东流。最重要的是，大批失业公民正面临严峻的生存问题，还有大批公民得到的微薄收入和他们的艰苦劳动不成正比。这时候，只有愚蠢的盲目乐观主义者会否认这些阴暗的现实。

　　在这段长长的演讲的最后几分钟，罗斯福才提到"为了美国人民的新政"。后来首字母变成了大写的庄重的"新政"（New Deal），成为了罗斯福的总统任期中第一阶段的重要基石。

　　为了美国人民的新政，是一个重大的承诺，是一个真正的誓言，它从许多方面为美国人的生活带来极大的改变，甚至在今天仍然会引起关注和讨论，在当时更是掀起了各方的激烈争论。"许多重要的政府部门和机构组织，比如社会保障部（保障老年人和残疾人的生活）、联邦储蓄保险公司（消除银行业恐慌）和证券交易委员会（监管金融活动），都是 20 世纪 30 年代成立的，它们都是大萧条的直接产物。"经济历史学家本·伯南克解释道。

　　罗斯福的面相——他的前额和鼻子，包括他的口音都带有贵族气质，措辞得体，口音优雅，这位新总统总是一副充满信服力、成竹在胸的模样。人们都信任他，他们确实需要信任他。这是他们从 1929 年就开始等待出现的总统——几年来美国人的生活质量持续下降，他们已经对许多曾经信任的领导人和部门机构不再抱有希望。他们对胡佛、对银行和银行家、对市政府、对大企业，甚至对美国梦，都失去了信心。就像新总统警示的那样，这的确是美国的危险时期。

罗斯福腿部有残疾，这是小儿麻痹症的结果。身体上的不幸并没有阻止他在 1928 年成为纽约州州长，也没有阻止他发起一场号称拯救美国经济的轰轰烈烈的竞选宣传活动。现在他终于站上了总统就职典礼的演讲台，决心对抗在大萧条中出现的犯罪者。"在我的判断之中，我们的国家正面临着比 1917 年（美国参加第一次世界大战）更为严重的危机。"1932 年 4 月，罗斯福在一档广播节目中发表了一番警示美国普通民众的演讲，让美国人了解到某些制度已经腐朽不堪："一项真正有效的经济恢复政策，必须要先清除体制内部的官僚主义，而不是给外部症状找病因。"罗斯福指出，美国工业三分之二的资源都集中在几百个企业的手中，被"不超过 5 个行业巨头"垄断，他们控制的大量银行引导了美国资本的流向。

罗斯福只说对了一半，他在演讲中特指的银行是 J. P. 摩根公司。J. P. 摩根在许多公司都有自己的人担任董事会成员，目的是为了维护自身利益。尽管如此，罗斯福还是开始了对大企业的打压，他称胡佛是实业家的朋友，比起美国民众，胡佛更关心美国的大型银行和公司企业。"胡佛总统和国会把 20 亿美元的资金交由那些大银行、铁路大亨和大型企业来处理，而不是为了'小人物'们。"罗斯福说道。《斯穆特-霍利关税法案》和之前更早的一些贸易保护措施，都是"让这个世界被迫筑起极高的关税壁垒，全球贸易由此开始衰退"的重大错误。

每到一个竞选游说的地方，罗斯福都会在演讲中描述一番美国的艰难境况，他口中的美国是一个充满失望的国度，人民的财富都被银行家和大企业掠夺了，他们是"迷惑人心的广告推销、铺天盖地的宣传海报、暴发户、百万富翁、机会主义者和所有投机商人"的猎物。罗斯福从来不矫饰言辞。1932 年 5 月，罗斯福接受了奥格尔索普大学的荣誉博士学位，这为他的竞选又增添了一分胜算。罗斯福对那些投身于股市的人的盲目和愚蠢无比轻蔑，他曾经嘲讽地说："股市行情表就是一种宣示不需要通过任何努力，财富就能奇迹般地不停增长的东西"。罗斯福不放过每一个攻击银行家的机会："这些人被称为金融行业领导者,他们也乐于被这样称呼,他们打死都宣扬并向我们保证,我们将来可以过上躺在安乐椅里的舒适生活。"他们夺走的不仅是他们自己,还有"勤俭谨慎的普通人为了自己养老和孩子们的教育而辛苦存下的积蓄"。罗斯福的意思,其实就是这些人在洗劫美国经济。事实的确如此,美国三分之一的财富掌握在 5% 的美国人手中。许多客观的评论家都赞同罗斯福的观点,比如像 W. H. 奥登,他写了一首抨击"曼哈顿 52 街上的一位富豪"的诗(奥登的原话),奥登说,大萧条已经摧毁了咆哮的 20 世纪 20 年代的乐观主义。

> 高耸的摩天大楼,
> 用它们完美的高度宣告着集体的力量,
> 每一种语言都在倾诉着它的无助:
> 有谁能永远活在
> 一个愉快的幻梦里……

但是现在已经显而易见,这个国家已经要从云端摔回到地面了。虽然罗斯福不是一个说话委婉的政治家,但他描述美国轰然倒地的言辞绝对没有夸张。尽管很多美国人都不相信,但是在罗斯福进行竞选宣传的这一年里,美国的情况的确在急剧恶化。经济全面崩溃,生产总量持续下降,失业率不断攀升(此时已经达到了 25%,和德国一样高)。"那些还有工作的幸运的人,通常都只能做兼职。"研究大萧条的权威专家本·伯南克说道。(无意间铸成了这场危机的柯立芝,两个月前 60 岁的他因为冠状动脉血栓去世了)此时正是新总统声明立场和观点的最佳时机。罗斯福在银行业危机最严重的时候入主白宫。如同他说的那样,几百万美国人都在等着从银行取走他们的现金,他们迫切需要在身边留下足够的纸币和硬币,要实实在在、可以存起来的钱。

还有一些人则在忙着把现金换成黄金。

在宣布了为期 4 天的银行假日的第二天，罗斯福就开始计划召集国会议员进行一场特别会议——4 天假期的决定在这个全球最大的经济体引起了不小的轰动。紧急银行救济法案迟迟没有通过，法案宣称美国"正处于严重紧急状态，必须迅速采取全国统一的救助措施"，美国的所有银行必须关门停业。"除了人们手中持有的少量现金，货币供应完全停止。"一位历史学家回忆道，"美国实际上真的已经没有资金了。"

胡佛在任的时候，国会议员们投票时只考虑自己的选区，而不考虑所有美国人的利益，他为此深感困扰。罗斯福和他不一样，他明确表示不会容忍任何缺乏远见的狭隘观点。国会没有接受"在全球危机中遭到严重侵袭的国家所需要"的救助措施，但罗斯福决不会逃避摆在他面前的责任。总而言之，他会竭尽所能促成救助法案的通过，如果有必要的话，他会单方面实施法案。面对罗斯福直言不讳的警告和不断衰退的美元，国会终于让步，通过了紧急银行救助法案，法案对"美国境内及所管辖区域的任何人，只要有总统定义的使用外汇交易，银行机构之间的债权转移或支付，输出、囤积、熔化、标记黄金、银币或者金银条块或通货……中的任何行为"，都将处以最长 10 年的有期徒刑。

将这一法案称为单方面行动，是有失偏颇的。

这项涵盖了方方面面的法案，让货币监管人员有权力发出临时通知，对"管理者"——事实上是存款的保护者，也就是对银行进行调查，有必要的话他们还会派出审计员。新法案其实赋予了联邦政府对银行系统更大的监管权力，目的是为了恢复银行业的发展。这是一项应对紧急状况的法案，在国会通过立法之前，只用了 38 分钟的时间来讨论它通过与否。

事实上，银行"假期"是势在必行的，因为当时大多数银行已经在州政府的命令之下关门停业了。但是这至少让陷入困局的美国财政部造币局——专门铸币和印刷钞票的机构，得到了缓冲时间，能够赶制出当前经济运行状态下所需要的足量货币。让人难以置信的是，一向强势的美国银行业这一次竟然没有抵抗。就像结束了一天繁忙政务的总统，深夜里在他著名的广播节目《炉边谈话》中说的那样，"现在美国没有一家银行能开门做生意"。罗斯福接手的银行监管系统的工作质量备受诟病，而他规定的银行业"假期"对解决这些积弊有很大意义。

陷入困境的不仅只有脆弱的地方银行。从 1932 年 2 月份开始，许多大型机构和企业也开始步入破产的危机边缘，包括亨利·福特在底特律的公司和他自己的家庭。福特的底特律集团是一个由多家银行组成的集团企业，由他的儿子埃德塞尔和其他一些城市的汽车大亨共同组成董事会，这些大亨的名字在 20 世纪 30 年代的美国汽车行业都是如雷贯耳的：哈德逊汽车的罗伊·查宾、费舍车身公司的威廉·费舍、帕卡德汽车的阿尔文·麦考利、雷奥汽车的兰索姆·欧兹、通用汽车的查尔斯·S. 莫特和弗雷德·J. 费舍。福特的集团被称为"汽车银行"，它拥有密歇根的 20 家公司 5 亿美元的存款。罗斯福可能还没有意识到，美国财政部已经开始对底特律的企业有所担忧，它派出了助理部长亚瑟·巴兰坦去考察这些公司的状况。罗斯福到后来才了解这一事实，如果他能够早些知道亨利·福特没有配合他的法案，他肯定会在《炉边谈话》里对福特狠狠抨击一番。

我们已经了解到，银行破产在美国已经不是什么新鲜事了。即便是在繁荣的 20 世纪 20 年代，也有银行"中止营业"——这是在限定时期内关门停业的委婉说法，而通常情况下都是永久停业。被停业的大多数都是乡村地区的银行，这些地区的银行数量非常多。举个例子，在 1924 年到 1929 年，咆哮的 20 世纪 20 年代中的 6 年间，将近 4 200 家不同规模的银行中止营业，本来这一时期应该是银行发展的黄金期。不过这些银行停业并没有给所在地区带来太大的负面影响，因为通常停业后存款会被转移到其他银行，这样一般不会破坏当地社区财政的稳定性。

而且，停业的大部分都是小规模的金融机构。在 1929 年停业的 659 家银行中——这一年倒闭的银行很多，只有64家被划归为"国家"银行，这一部分才是美联储最担心的。除了这64家银行之外，都是一些平庸简陋的小银行，有些银行可能最多就只有一个柜员、一个经理和一个保险柜。在20世纪20年代，银行和人口总量的比例高得出奇，比如在内布拉斯加州，每1000人就有一家银行。这些小银行吸收存款，向购买拖拉机和其他农具的农民提供贷款，也为本地企业的股票交易提供贷款。这些贷款在困难时期就是债务人的救命钱，在农产品价格普遍下降的时候，贷款帮助农民们渡过了难关，但是联邦政府还是不认为这些银行在全国银行体系中能发挥什么重要作用。

因此在大崩盘发生之前，美国的银行业就已经开始逐渐四分五裂、摇摇欲坠。美国的银行体系不像欧洲那样完善，它缺乏强有力的结构支撑，所以无论规模大小，美国的银行都无法在各个地方真正发挥有效作用。从20世纪初期以来，这种情况就一直没有得到实质性的改善，当时有一位德国银行家保罗·沃伯格到美国不久之后，对他观察到的情形感到非常惊讶，他说"美国的银行业就和欧洲的美弟奇家族那个时期差不多"，美弟奇是400多年前的意大利著名家族。其他银行家也都完全同意他的看法。美国的银行体系是"一种陈旧的结构，在经济萧条的冲击下最终将会彻底坍塌"，这是一位名叫迪南德·佩科拉的律师的评价，不久之后，他的名字将会变得家喻户晓。

然而，反观加拿大，虽然它的经济也在遭受大萧条的重创，但是却没有一家银行倒闭。加拿大的银行体系以10家大型银行为核心主体，形成了由3 000多个分支机构组成的网络，在经济危机中具有强大的耐冲击性。加拿大银行的运作规则和它的邻国美国不一样——虽然体系中的分支银行的确遇到过危机，但它们可以通过停业或者与其他实力较强的银行合并，来避免破产倒闭的命运。对此，银行理论家们对加拿大银行家协会赞誉颇多，认为它比美国类似的组织拥有更好的合作性。

从黑色星期二开始，美国的银行业持续陷入全面崩溃。大萧条引发的第一次银行业恐慌是在1930年10月，导致其爆发的导火线是当时田纳西州纳什维尔的考德威尔投资银行集团大规模投资房地产业。不幸的是，考德威尔集团是南方银行体系中的最高一级，就像多米诺骨牌一样，银行一个接一个破产，从密苏里州、印第安纳州、伊利诺伊州、爱荷华州、阿肯色州和北卡来罗纳州，一直扩散到美国其他地方。仅在 1930 年 11 月这一个月里，不少于 256 家银行在第一波危机中先后破产，它们的存款金额总共是 1.8 亿美元。同年 12 月，又有 352 家银行倒闭，这次和它们一起走向毁灭的是 3.7 亿美元存款。最可怕的是美国第一银行，它的破产让所有客户的 2 亿美元存款都化为乌有。此外还有其他 200 多家规模较小的银行，它们让全国的储户都陷入了绝望。在 1930 年这一年，不少于 1 352 家银行关门停业，其中差不多有一半都是发生在两个月之内的，这在失去了存款的百万名客户中产生了严重的信任危机。

第二次恐慌开始于 1931 年 3 月，后来在英国脱离金本位制之后，投机者大肆攻击美元，演变成了更加严重的危机。因为害怕通货贬值，在 1931 年 9 月和 10 月，世界各国的中央银行都开始把大量的美元资产兑换成黄金，这让美联储的黄金储备减少到了相当危险的水平。在各国囤积黄金的刺激之下，美国人也开始把钱从银行取出来，兑换成黄金——这是通货的替代品，人们将它看成是唯一能够真正保存财富的工具。根据大萧条时期的人们回忆，第三次恐慌主要发生在芝加哥地区。不论这里发生过多少次危机，带来的都是一样的破坏性结果。1931 年，不少于 2 294 家银行破产倒闭，主要原因是其客户不断恶化的经济状况。在那一年，美国银行体系的大厦随时都会轰然倒塌。许多美国人都从银行里取出存款，储存到其他地方——放在床垫下面，甚至会装进咖啡罐藏在花园里。就像中世纪的欧洲人一样，美国人也开始囤积自己的财富，整个货币体系——一个文明国家的标志——正岌岌可危。

美联储实际上被那些沉迷于"实用"措施的商人们控制着，对于那些有可能对不断恶化的危机起到作用的理论性方法的发展无动于衷。对于英国是如何处理这场相似的危机，美联储也没有兴趣去了解。事实上，从 1825 年那场由中小规模、资本不足的银行的脆弱性所引发的危机之后，英国的银行体系在 100 多年来一直运行得很稳定。而在美国，银行却像一连串倒下的卡牌一样陆续破产。

争议颇多的胡佛已经竭尽所能，为美国银行体系注入了大量资金。"第 72 界国会（1931—1933 年）颁布了超过 50 项法案来增加货币的供应。"经济历史学家约翰·H. 伍德指出。虽然胡佛留给罗斯福的美国经济状况更加糟糕，但是他在任时力排众议创立了复兴银行公司，当时遭到了银行业的强烈反对，被认为是毫无必要的举措。复兴银行公司（RFC）通过靠美国财政部吸引投资，通过向公众发行债权筹集资金，再加以利用。

事实上，美联储对国家的储蓄安全并不关心。它并没有通过注资来维持银行的稳定经营——这是一种保护存款的策略，而且是选择维持美元的完整性。"美联储决定无视银行体系面临的困境，只把重点放在阻止黄金储备流失、保护美元上。"本·伯南克说道。因此，美联储把利率调整得很高，为海外投资者提供更高的回报，让持有美元更加有吸引力。它的策略的确起到了作用，至少对保护美元有一定效果，金本位制在美国又继续实行了几年，直到后来罗斯福将其废除。

美联储的官员们对于美国人民毕生积蓄的损失不为所动，有一半的官员似乎都认为，大范围的银行破产是一种有益的经历。他们赞同安德鲁·梅隆的观点，认为淘汰实力疲弱的银行是实现经济复苏的关键步骤，而这完全是对局势的误解。不管怎么说，大多数银行都是在储备体系之外的，因此它们很难接受美联储心目中的宏伟计划，也就是维护金本位制。历史学家尼亚尔·弗格森总结道："美国的银行体系差不多就要崩溃了。"

让人不解的是，美联储仍然对持续不断的银行破产采取自由放任主义，银行里存储的都是美国人民毕生劳动的成果和回报，而美联储对于银行破产的可怕结果却无动于衷。"如果破产关门的是杂货店或者肉铺，就没那么可怕了，因为这最多只会给一部分人带来打击；但是银行破产带来的是整个社区的经济生活的瘫痪，不仅是因为货币总量的损失，更重要的是因为存款货币的损失，存款货币是所有商业活动进行交易的最重要的媒介。"当时的一位权威专家指出。存款货币的重要性显而易见，但在当时却被很多人忽略了。

在人们的日常生活都密切相连的社区中，越来越多的银行破产的消息早已经传遍。"可怕的传言已经遍布整个西山，"一位亚克朗市市民露丝·麦肯尼在她的日记中写道，"银行的人都没有来教堂做礼拜，晚上 10 点钟都还没有回家和家人一起共进周日晚餐。"第二天，当亚克朗银行贴出告示，只允许储户从银行提取基本限额以内的存款的时候，消息在全市疯传，储户全都冲向了银行。"第一中心信托公司的大厅就像精神病院一样，"露丝回忆道，"一脸困惑的杂货店老板和失控的家庭主妇排着队，拿着他们的存折，吵闹着向银行要钱。银行柜员温和地向他们一遍又一遍地解释，说现在'一切正常'。"但是很明显，所有的一切都已经失常了。

媒体报刊尽力平息风波，它们和银行家站在一个阵营，安抚银行客户，告诉他们没有必要惊慌，现在的货币体系还很稳定。但是人们还是急切地想要取出存款，而银行金库里的钱根本不够储户来取。当时银行的普遍做法是，只留下存款总额的 1% 在保险库，其他部分全都用于对外投资。但后来就出现了证据，其实那些大型银行都会秘密地囤积现金，目的是为了在危机到来时自保。后来有研究表明，1933 年 1 月，美联储旗下的银行的超额准备金几乎是大崩盘之前的 14 倍。像第一中心信托公司这样的金融机构也会储备现金，它们一般从客户的存款中抽取 1%，但这部分钱通常都被用来支付员工薪水了。

"我这周没有发工资！"一个工人不满地叫嚷道，"你们必须要让我取我的存款！"但是直到中午银行都没有开门。

每当银行关门停业，经理就会在门上挂一块"休息中"的牌子，然后回家。等到银行里的喧闹和叫喊声平息下来，大多数储户没有办法只能接受钱财损失的现实。一个女孩回忆起她的父亲回到家里对家人说的话："好吧，现在我必须要比以前更努力地工作了。哭泣解决不了任何问题。"

其实银行经理面对着自己社区居民们的愤怒,压力也相当大。虽然没有受到大萧条的打击而自杀的人数的可靠数据,但是据说,因为不忍心看到银行停业给自己的邻居造成的伤害,或者是无法承受外界的流言蜚语,地方银行经理的自杀数量比其他行业高出很多。当时有一个广为流传的笑话:"我们州里有一个银行家要娶一个白人女子,结果他们用私刑处死了他。"

如果监管部门深入到体系之中调查,就会发现大型银行集团的运作都是见不得光的,亨利·福特旗下的金融机构就是一个典型例子。银行集团是许多独立地方银行和国家银行的地方分行自保的中转站,但是监管部门很快就发现,福特旗下的底特律银行家公司一直在愚弄储户和投资者。要得到底特律银行家公司 7.5 亿美元的总资产,12 个人只需要提前预付 1 200 美元。和微不足道的预付款完全不相称的是,公司发行的 120 支"信托股票"将会赋予其董事会的表决权——简而言之,就是对公司完全的控制权。但是当股票出现在底特律证券交易所的交易大盘中时,它的价格一路上涨,实际上这是信托人在这座汽车之城的巨大声望所带来的结果。在卷入麻烦之前,集团的股东们会被告知,公司度过了"一段异常艰难的时期"。而事实上,它已经破产了。

底特律银行家公司的管理层软弱无能,并且可能一直受到董事会的控制。事实上,埃德塞尔——就是他在后来让福特跌了一个最大的跟头,他在后来对华尔街和银行业的一次调查中说,他甚至不记得自己出席过董事会。监管部门对其在调查中发现的如此松散的管理制度感到惊讶。"经营不善"是底特律的国家银行审查员阿尔弗雷德·P. 雷伯恩对底特律银行家公司的评价。"经营不善只是一种说辞。应该只有胡迪尼(注:匈牙利魔术师)才能让这家银行正常运作。"

罗斯福政府金融监管部门中的大多数人都被亨利·福特的行为震惊了。当底特律银行家公司的危机最初曝光的时候,复兴银行公司抛出了救生船,它拿出了大量贷款用以挽回局势，防止现在的严重后果演变成致命的死局。这项救援措施可以避免上千名储户的损失。当时福特自己的巨额存款（700 万美元）都放在联合保卫信托银行。根据交易条款，福特要上交自己的 700 万美元，这是得到复兴银行公司贷款的前提条件。这就意味着，福特要在银行客户失去存款之前，先失去自己的存款。他直截了当地拒绝了，选择自己承受从罗斯福执政以来的第一次也是最严重的一次银行危机。

然而，这次由于判断失误和过于固执给金融行业造成了损害，对罗斯福和新政来说，也是一次颇有启发作用的经验，他更加确定了自己所猜想的东西，并且从此以后开始注重在谈判中精打细算。后来，银行在接受审查并确定金融安全性之后，被允许可以重新营业。3 天之内，5 000 多家银行——大概是全美银行总量的一半，都重新开门经营，剩下的也都在循环评定之后重新营业。全国范围的银行倒闭也在新政协调一致的回应之下得到了缓解。"人们的钱存放在银行里将会非常安全，而且如果需要，他们可以随时取出来。"罗斯福在新的一期《炉边谈话》里对听众们讲道，"我向你保证，你把钱存进重新营业的银行里，会比放在床垫下更安全。"

这边安抚完，另一边就要开始追责了。总统把责任都归咎于华尔街那些诋毁他的人身上。"有一些银行家手中拿着人民的钱，他们要么没有管理好这笔钱，要么就在这笔钱上动歪心思。"罗斯福说，"他们用人们托付给银行的钱进行投机，用来发放不明智的贷款。当然大多数银行都不是这样，但是这部分人的存在就足以让人感到不安全，他们会同化其他人，让其他银行感觉我们这项原本只针对少数人的法案好像在针对所有人。"

在罗斯福对银行业的猛烈抨击中，很难不让他提到亨利·福特。在严责美国的银行家时，罗斯福义正辞严地阐明了自己的观点。虽然大多数美国人都不炒股，更不用说用差额贷款购买股票，但是很多银行会通过城市分行和其他渠道，把储户的存款借给其他股市狂热分子。因此，虽然投机行为本身没什么大错，但是美国的储户却为此在银行破产的危机中损失了 14 000 亿美元的存款，这是他们辛辛苦苦挣来的积蓄——差不多是所有美国人毕生积蓄的15%。

这场突发危机结束之后，罗斯福又在广播节目中解释说，他最关心的是美国最重要的资产价值缓慢但不可阻挡的崩溃。就像他在《炉边谈话》中说的，这种资产是美国的"小人物"们构建起来的，他们一直是他的主要支持者。考虑到美国经济的原始力量，任何一个人都会对现在这种荒谬的形势——一个接一个的错误累积而成的局面做出简洁明了的结论：

> 两个月前，我们面临着严峻的问题。我们的国家正在一步步衰落。因为贸易和商业已经衰退到了极度危险的境地；基本消费品的价格下降，摧毁了国家金融机构资产的价值，比如银行、保险公司和其他等。这些机构为了生存下来，就开始取消贷款抵押品的赎回，进行银行同业拆借，拒绝贷款申请。因此，几百万人为了购买某些资产向银行贷款，而现在他们拥有的资产已经迅速贬值，和1933年3月时的价值已经完全不同了。

总统现在正面临着两个选择：一个就是允许银行取消抵押品赎回权，这将会像无可阻挡的金融海啸一样摧毁一切；另一个就是采取激进的措施。总统智囊团中的一位成员总结道："控制银行危机的政策是完全保守的政策。但它脱离传统的地方就在于，迅速并且大胆的实施方式。"政府也使用了最佳的可行手段，即胡佛创立的复兴银行公司，并将它变成了银行的救助机构。银行业在崩溃边缘挣扎，复兴银行公司便注入了巨额的救助资金。根据统计，复兴银行公司总共援助了大大小小6 800多个银行机构。而且，华盛顿方面给予的支持也让复兴银行公司增强了信心，其监管者终于得到了长期以来渴望的自由——毫无阻拦、大刀阔斧地清除银行业的积弊。在通过联邦注资获取的股权赋予的权力之下，监管者们向银行的董事会提出了降低高级管理人员过于膨胀的薪资的要求。有时候他们甚至还要求解雇能力不足的管理者。

毫无疑问，罗斯福的首次干预政策取得了计划之中的效果。在持续了几年成百上千的银行破产之后，美国银行体系终于有了新气象，出现了罕见的稳定。从 1933 年 4 月开始，倒闭银行数量持续减少，后来几乎很少再出现破产事件。然而，美国人对银行体系的健全完整重拾信心，还需要一些年。

13

罗斯福新政

在对全国范围的银行破产采取了迅速大胆的行动之后，罗斯福在他执政的第一个 100 天里，连续成立了几个新的政府机构。这些机构被称为"字母汤"，最出名的——或者说恶名最盛的——就是休·S. 约翰逊将军主持的全国复兴总署。全国复兴总署（NRA）拥有相当大的职权范围，约翰逊将军也陶醉在他自己的无限权力之中。一位传记作家在书中称这个酗酒成瘾、酷爱雪茄、声音洪亮的前任军官，是"墨索里尼在意大利实行的民族社团主义制度的崇拜者，并且在制定新政政策时借鉴了意大利的经验"。虽然全国复兴总署不是一个法西斯主义的机构，但是它的确显露出了一些法西斯的特征。比如约翰逊在管理部门第一次召开高层会议时，就带来了宣扬法西斯理论的书。

一些大公司觉得自己的自由被剥夺，产生了极大的不满与愤怒，于是全国复兴总署很快就针对全国的劳动者制定了一整套核心政策。它限定了最低工资标准、工作时长，并禁止企业使用童工。所有遵循政策规定的企业都有权得到代表着"人尽其职"的蓝鹰标志。约翰逊称蓝鹰是"消除自私和考验爱国主义"的标志，它体现的是一个企业的基本道德。历史学家亚瑟·施莱辛格写道："这个新象征成为了履行道德和遵守公民义务的焦点。人们在巡游中庆祝蓝鹰计划；政治家在演讲中赞扬蓝鹰计划；全国各地的商店都在窗户上挂起了蓝鹰标志，并把它贴在了自己的商品上。在那时，蓝鹰计划带给了全国人如同战时的团结感。"但并不是所有的企业都能获得蓝鹰标志——比如亨利·福特，就不能在他的产品上贴这个标志（随着福特年龄越来越大，他一直对罗斯福持有深深的误解，他认为罗斯福和通用汽车结成了联盟）。约翰逊将军在美国各个地方传递蓝鹰计划的相关信息，有时还会用改编的歌词来做宣传。他曾经在全国制造商协会的一次演讲中，改编了坦尼森的《玛德》这首诗："我们对这份事业有着热忱之心，我们都有着高贵品质。更加崇高的思想已经觉醒：我们应该为了大众的利益而奋斗……"

"字母汤"机构已经覆盖了美国社会的各个领域。联邦紧急救济署为旱灾乡村地区和其他受到经济危机打击的地区提供资助，进行一系列地方公共建设项目，虽然在这些项目中，各州和各市政府提供的资金比它们应该出的份额要多：在用于救济项目的每 3 美元中，联邦政府出资 1 美元。

农业调整署为农民提供补贴，旨在解决谷物、棉花、烟草、糖和其他农作物，以及各种家畜产量过剩的问题。1933 年秋天，政府购买了 600 万头待屠宰的乳猪。虽然还有很多美国人都在挨饿，但美国农业部部长却笃定农业补贴政策的合理性，因为"农业不可能像慈善业一样，能依靠自己在资本主义社会生存下来。"这项政策很快就起到了效果。比如烟草种植农户在 1934 年的收入翻了 3 倍。

公共工程管理局也开始投入大量资金，实施一些创造就业机会的计划，很快就解决了 400 万失业人口（主要是年轻人）的工作问题。在公共项目开始实施的几个月里，自愿为公共工程管理局工作的人数已经达到了原有劳动力的 2 倍。虽然他们不像德国劳动服务组织一样，会被分发有象征意义的铁铲，但是在未来几年里，他们用自己的双手修建了成千上万的道路、学校、公园、机场、下水管道、抗洪堤坝和其他许多公共设施。

在新政颁布后的 100 天里，政府推出了各种各样的法案。国会授权了早期干旱地区的啤酒售卖行为，这是一项能够赢得选票的精明举措，不仅可以创造新的就业机会，还可以增加消费税的税收额。

在这些新部门，特别是全国复兴总署开始着手实施各项政策时，着重对美国商业界存在的一些负面现象进行严厉的打击，尤其是全国复兴总署的一些法案。比如美国各个地方都有不少工作条件恶劣、工资低廉的血汗工厂，其中大部分都是在大萧条期间开办的。服装行业是最恶劣的负隅顽抗者。就拿宾夕法尼亚州约克市的戈特利布制衣厂来举例，这个工厂女工的工资是每周 3 美元 ~4 美元——大大低于法定工资标准。事实上，这种情况的工厂在宾夕法尼亚不在少数。伯恩斯坦成衣工厂每两周支付给工人 2.9 美元的薪水，平均每小时只有 3 美分。理海谷衬衫公司的服装工人每周工资 4 美元——比 1930 年的普遍工资水平低三分之一。约克服装公司的钉纽扣工人每周工作 50 个小时，只能拿到 3 美元 ~ 4 美元的薪水。左派杂志《国家》曾经报道过，一个丝绸织造工厂向女工们每人收取 10 美元，用来"培训她们成为熟练工"。烟草行业的劳动雇佣状况甚至更糟，据报道，一个烟草工厂的工人每周工作 50 个小时，工资是 2.5 美元，另一家工厂则是每周 54 小时的工作时长和 1.6 美元的周工资。

美国的劳动关系局等机构开始在政策法规中明确使用童工的一些细节，相形之下，在英国由劳资关系引发的革命风潮，变成了一种充满人道主义精神的行动。许多家长让自己的孩子辍学去工厂里工作，哪怕薪水非常低，因为工厂不愿意雇用工资更高的成年人。一位沮丧的教师看着她的学生们一个个离开学校、去做苦工的时候说道："人类是这个世界上唯一依靠孩子来养活自己的动物。"在一家衬衫制造厂里，几乎所有的女工都是年幼的女童，只有 3 个超过了 14 岁。在另一家衬衫工厂里，一个男孩告诉调查员，他每天通常都是从早上 7 点开始到下午 5 点，连续工作 10 个小时。当州政府的调查员来检查时，一家成衣工厂就把雇用的童工全都藏在地下室里。《国家》杂志中写道，一对叫做达舍夫斯基的兄弟做了 6 天的苦工，最终只挣到了 96 美分。有个雇主因为违反了工人的赔偿保险的法律条款被处以罚款，他就扣减童工的工资，用来上缴罚金。

在新政出台之前，美国一直没有针对这些行为进行监管处罚的法律体系。因此，在一些州，比如宾夕法尼亚州，大多数香烟和服装产品的生产，从帽子到睡裤，基本上都有童工参与其中。全国的报纸和其他出版刊物都表示支持政府加强对劳动关系的执法力度，它们登出请愿信、文章和诗歌，在全国掀起了一阵风潮，比如蒂利·奥尔森在一本名为《新群众》的刊物中发表了一首诗：

我希望北方的女性们都能知道，

你们从玛西商店、瓦南克商店、金贝尔商店、玛莎菲尔德商店

买来的这些精美的童装，

是在"冬日阳光之城"圣安东尼奥

由血汗染成、由劳苦织就的。

全国童工委员会是新成立的政府组织，它在那些远离公众视线的偏远地区，也发现了很多童工遭到非人待遇的悲惨状况。比如在"松木之州"南卡罗来纳州、阿拉巴马州、佛罗里达州、密西西比州和路易斯安那州，这些地方远离华盛顿法规政策的监管，这些地方滥用童工是家常便饭。10 ~ 14 岁的孩子在松节油厂通常每天都要工作 12 个小时，他们要爬上松树，在树上划开口子，用盘子接着流出来的松脂。他们干的这个工作每小时的工资是 3 美分 ~8 美分。在繁忙的月份，标准工时就变成了"日出而作，日落而息"。同样地，水果种植业的童工也被压榨得非常严重，十一二岁的孩子干着锄地挖坑、采摘包装的活，从早到晚都不休息。调查员亲眼看到这些孩子们做着危险的工作，操作机器时也没有任何防护措施，但问及曾经出现意外的细节时，雇主们却矢口否认。

在这些对待劳动者毫无人性的行业中，煤矿业的雇主尤其憎恶新政，他

们甚至想尽办法阻拦堤坝建设工程，理由是国家需要的电力有煤炭来提供已经足够了，不需要再使用水力发电。这种虚伪的理由简直像是在开玩笑，全国煤炭协会的执行秘书约翰·D. 巴图告知参议院：

> 我想说明一点，煤炭行业并不反对政府为了解决水土流失问题而建设大坝；不反对政府为了抵御洪水而建设大坝，也不反对政府为了改善这一地区的航运状况而建设大坝。对于这个项目，我们唯一反对的只有一点，那就是联邦政府用纳税人的钱来建设发电厂，我们认为这是毫无必要的，因为现在全国的电力资源非常充足……

但实际上当时电力紧缺的情况时有发生。全国煤炭协会的成员也非常反感新政对童工问题的打击。按照政府针对煤炭行业制定的政策规定，16岁以下的儿童不能进入煤矿工作，然而却有将近16 000多名18岁以下的童工在进行这项危险作业。铁路行业也感到不满，因为全国童工委员会研究与宣传部长格特鲁德·福克斯·兹曼德发出了警告："现在有5 665名未满18岁的男孩在铁路上工作，这是法律不允许的。"除此之外还有钢铁行业，在政府下达命令，要求全国的冶炼工厂和轧钢厂停止使用它们的5 000多名童工并雇用成年人时，它们都没有把这项命令当回事。

那些压榨劳动力的煤矿主是劳动关系法最顽固的抵抗者之一。只要矿工们不满、抱怨过低的工资和其他不公正的待遇，他们随时都有可能被解雇。在一些环境非常艰苦的煤矿区，比如杨格镇和印第安纳县，这里的煤矿公司一般都会把工资压得非常低，或者是雇用非工会成员的矿工，如果矿工表示不满，他们就会受到"煤铁行业"的特殊警察部队的威胁恫吓。在宾夕法尼亚州等地区，失业矿工有时候不得不靠"违法煤矿"维持生计——在一些小山脉下开凿的秘密煤矿，他们在那里挖掘出供家里取暖用的煤，有时可能还会以低于"正规"煤炭的价格将其卖出。"许多家庭都是靠这种营生活下来的。"一个违法煤矿矿工的儿子大卫·库恰回忆道。因为这些违法煤矿都位于非常老旧的矿洞里，很容易被水淹，所以在这里丢了性命的人并不少。

所以很自然地，美国最强硬的工会分子都是来自于煤矿业，比如后来成为联合矿工协会主席的约翰·J. 路易斯。从罗斯福刚执政开始，路易斯就是他的忠实支持者，他大力宣传新政，并将联合矿工协会推广到了更多煤矿区，吸收了更多成员。1935 年出台的《国家工业复兴法》赋予了联合矿工协会成立联合组织以及和雇主进行集体谈判的权力，于是联合矿工协会的成员发动全国各地的矿工一起维护自己的权利。德裔参议员罗伯特·沃格纳是《国家工业复兴法》的非官方支持者，他有着丰富的大型行业调查经验，他认为"每个工人都应该是一个自由的人，就像拥有自己名字的自由"。然而，在实施新政之前，他们大多数人拥有的只有自己的名字，没有自由。那时候在美国钢铁公司、福特汽车、通用汽车公司、固特异轮胎公司和美国橡胶公司，都没有大型的工人联盟，这些公司只允许在工厂里设立工会，甚至还不是所有工厂都有这个权力。

《国家工业复兴法》为工会提供了有力的武器。比如像匹兹堡中心劳动者联合会这样组织有序的工会，每周都会召开会议，在会上根据不合作雇主的名单，逐一制订适当的计划，推动《国家工业复兴法》相关政策的实施。根据工会的记录显示，当时它们解决了不少和劳动者待遇相关的问题，几百个当地工厂企业都绷紧了神经。所以在光学行业工会匹兹堡分会的要求之下，布尔光学仪器公司也被写进了"劳动者待遇不公，不予保护"的名单。这个工会组织打了先锋头阵之后，在 1935 年 5 月，一个月之内就出现了多次罢工运动、聚众抗议和其他反抗活动，匹兹堡及其周边地区有一半的工厂、企业和雇主都是他们的反抗对象。牛奶工人们和里克麦克琼金牛奶厂发生了争执；布拉斯瑞尔连锁店的面包师抗议不公正待遇；光学行业工会的管理人员将要与城市光学仪器公司的董事会就"不合理工资"进行谈判；A&P 茶叶公司的客车司机们都罢工了；生产出丹佛三明治、热带微风等产品的斯佩里糖果公司，因为拒付工资导致生产停止；在匹兹堡音乐社会组织的要求下，儿童餐厅也上了"不予保护"的名单；联合制衣工人协会不满加入工会的商店售卖由囚犯缝制的 25 美分的内衣；为了和没有加入工会的工厂竞争，工会成员们被要求抵制伊戈尔皮彻煤矿的产品；威尔森包装公司的工人罢工；诸如此类事件不胜枚举。大多数企业都面临着被抗议工人扔砖头的危险，那些遵守了新政的雇主被要求全额支付工人工资，都得到了表彰的花束。

已经发展得相当成熟的美国共产党毫无疑问地支持匹兹堡中心工会和其他工会组织，但是它们的影响力太小了。美国第一个共产党总统候选人威廉·泽伦·福斯特和罗斯福是竞争对手，但是几乎没人注意到他。福斯特曾经是铁道机动车审查员，他在竞选中是个微不足道的小角色，但他永远都没有机会当上总统，因为只要他一发表公开演讲，警察立刻就会执行逮捕他的命令，而指控他的罪名也很奇怪，比如"工团主义犯罪嫌疑"。一直到在莫斯科去世的那一天，80 岁的福斯特始终坚持着他的信仰，他相信这个世界终将被共产主义领导。根据大多数资料记载，福斯特是一个令人喜欢的人，《洛杉矶每日新闻》的一位记者曾经采访过他，根据他的回忆，福斯特有着"温和的接近令人恍惚的"蓝眼睛。"福斯特并不是以一种传教者的态度对待共产主义，他更像是一位在圣坛前进行仪式的牧师。"C. H. 盖里格斯用优雅的比喻描述福斯特，"时机成熟时，礼拜者自会前来。同时，他还要装满圣水、清扫圣坛。"

或许这位满怀希冀的铁道机动车审查员并没有想到，没有礼拜者皈依他的共产主义信仰，是因为总统已经用他的新政获得了人们的信任。虽然罗斯福的新政和他的一往无前的强硬手段，引发了关于宪政的纯粹性、经济效益甚至是司法合理性的激烈争论，但不可否认的是，新政代表了在高阶知识分子的讨论中经常被忽略的"小人物"的利益。比如在又一轮呼吁和请愿之后，美国最高法院对新政中的一项议题做出了裁决，100 多万营养不良的儿童终于可以吃到一顿像样的午饭了。这个项目是由另一个机构——公共事业振兴署赞助实施的，它每天在 10 000 多所学校为学生们提供 50 多万份热腾腾的午餐。而且这一项目的 12 000 多名实施人员曾经都是失业者。

公共事业振兴署是新政的伟大成就之一，一位行政助理艾伦·S·伍德沃德说，公共事业振兴署最初成立的目的只是为了救助"依靠救济金的家庭"的孩子，但不久之后它就开始为所有青少年提供营养午餐，并且"不论他们的经济状况如何"。和其他为新政而设立的机构一样，公共事业振兴署的救助措施揭露了一个现实，生活在曾经富足之地的人们现在已经在忍饥挨饿。公共事业振兴署很快就发现，牛奶已经变成了奢侈品，对很多孩子来说，它们提供的免费午餐就是一天中唯一的一餐，大多数人只会吃一顿"简陋的早餐"，或者根本不吃。在免费午餐政策实施以前，有些孩子只能吃家里做的饼干再加一片肥肉，或者一片饼干加一块炸鱼，或者涂了糖浆的玉米面包，或者冰冷的煎饼，或者是一片"脏兮兮的、干硬或者发霉的"面包。

免费午餐项目取得的效果是毋庸置疑的。老师们反映，学生们的上学出勤率更高了、体重也增长了，也比以前更加快乐了。例如在纽约，"老师们说曾经反应迟钝的小学生现在变得更加敏捷和专注，很多人甚至超过了平均智力水平"。新政从方方面面缓解了人们的苦难。在上百个境况艰难的城镇，比如迅速衰落的煤矿区——阿拉巴马州的炭山，这里的人们已经完全失去了希望。"如果没有公共事业振兴署，人们只能去商店里买他们需要的东西。"一位叫做本·派尔的工人回忆起那段时期。"当孩子看着你说'爸爸，我饿了'的时候，你只能想方设法去弄到食物。"当地的 O. H. 惠特尼医生是新政的忠实支持者，"废弃的旧工地里全部都是（公共事业振兴署的救助人员），那里已经成了一片废墟，积满了肮脏的死水，蚊子飞来飞去。"他说道，"后来那里安装了良好的排水管道。"于是疟疾病例比之前下降了三分之二。美容院老板莫德·帕特森说："如果没有公共事业振兴署发的薪水，我都不知道我们该怎么活下去。"当时，每 5 个炭山居民中就有 1 个会领取公共事业振兴署的支票——他们都是救助人员。他们总体的收入和当地其他的产业工人（主要是矿工）的收入差不多。

在新政的帮助之下，炭山恶劣的环境得到了改善，修建了更好的道路，还有一个新体育场、一间图书馆、一个游泳池和新的学校教室。当然，也出现了一些抱怨——一些当地人为了获得救济金，在自己的经济状况问题上说了谎，但是人们对于公共事业振兴署的救济工作普遍还是相当支持的。

------------------ ∞ ------------------

因为新政破坏了一些人非常看重的资本主义的自由性，所以很多大企业对总统十分憎恶。

政府在公共事业和其他领域大量投入，都让那些大企业主担心罗斯福是否会下决心限制他们的自由。它们都属于向公共事业提供服务的重要产业，比如电力、天然气、电话和电报等。大崩盘发生时，这些企业筹集了230亿美元的公共投资，在总统大选中，罗斯福直接强调公共事业——"精力充沛的年轻人"应该在联邦政府的监督管控之下："电力已经不再是奢侈品，它是必需品。电点亮了我们生活的家、我们工作的地方和我们的街道。"他说道，"电力推动了交通工具车轮的转动和我们的工厂里机器的运行。在家里，它不仅可以为我们带来光明，还在方方面面为我们的生活带来便利。电可以让家庭主妇们不再那么辛苦，可以减轻辛勤劳作的农民的负担。"总而言之，电力建设是为了公众的利益，而不是商人获取财富的工具。所以现在政府应该为了国民的利益，重新对这一领域进行监督和管理。

事实上，罗斯福的这一举措是有史可循的。在他还是纽约州州长的时候，就因为要对公共事业进行监管而受到行业巨头的攻击。罗斯福认为这些企业和资本家都在竭尽所能"逃避法律，在没有法律约束的情况下控制公司攫取资本，向公众售卖了上10亿美元的有价证券，让人们错误地以为它们是受到政府合理监督的企业"。少数几个控制了公共事业领域的巨头的势力是非常强大的。联邦电力委员会的一份报告显示，在所有公共事业建设的大型项目中，有 48 个是在 10 家公司的羽翼之下进行的。这 10 家实力强劲的公司向 12 500 多个社区的 42 00 多万人提供电力、天然气、电话和电报等服务。毫无疑问，它们占据了美国商业世界的统治地位。

英萨尔公共事业帝国——罗斯福口中的"庞然大物"——的破产，正中了这位新总统的下怀。罗斯福说，英萨尔的破产让美国民众看清了这个电力集团的恶行。而犯下这些惊人恶行的是一个英国人。

总统口诛笔伐的对象是伦敦人塞缪尔·英萨尔，他年轻时移民到美国，成为了托马斯·爱迪生的得力助手。在发电厂刚刚建成不久，这位伟大发明家的公司里的一个办公室职员，也就是英萨尔，成为了他的私人秘书。随着电力的应用普及到了工厂和普通家庭，其中潜藏的商业价值也越来越大，对于英萨尔来说，这是一个从中获取利益的绝佳时机，于是他利用了所有的资源，最终创办了他自己的电力公司。

在投资信托的支持下，20 多岁的英萨尔建立起了巨大的电力公司网络。母公司英萨尔公共事业投资公司，在发电业务领域获得了大宗股票，很大程度上是因为许多个体投资者都认定这个英国人是一个商业奇才。在英萨尔公司发展的全盛时期，它主要从"妈妈和爸爸"这类投资者手中获得了超过 15 亿美元的资金。20 世纪 20 年代末，英萨尔公司成为了股市的宠儿，它的股票价格一年高过一年。但是到了 1931 年，用投资者的钱搭建起来的大厦轰然倒塌，公司创始人英萨尔独自逃往希腊，全然不顾成千上万名投资者的损失——这些罗斯福最重视的"小人物"、美国 95% 的国民，他们的损失相当于全国财富的三分之二。

在后续的调查中，人们发现英萨尔的电力集团网络相当复杂。塞缪尔·英萨尔控股的公司又控制着成千上万个运营单位，它们都会用一些非常可疑的手段来提高公司的股票价格。英萨尔公司还将大量的债务打包并进行资本化，使其成为有利可图的实际资产，比如工厂或者发电厂。高额的股利是吸引投资者的卖点，但英萨尔公司支付的股利都来自于资本而非收益。除此之外，经营状况良好的公司的利润会被秘密转移，用来稳固实力较弱的公司。为了支撑这座摇摇欲坠的大厦，英萨尔公司还向它们提供服务的民众收取"高得吓人的电费"。

总统认为，英萨尔电力帝国的崩塌印证了他坚持要对公共事业进行严格的联邦管制的合理性。后来罗斯福命令将英萨尔从希腊引渡回国，并根据新制定的旨在提高投资活动透明度（事实上也就是真实度，这样说普通人更容易理解）的法律，对其进行审判。当英萨尔终于站上法庭的时候，这位落魄的电力大亨虽然从容镇定，但缺乏真诚，他含蓄地解释了他和他贪婪的同伴的立场："我所做的一切，在我这么做的时候，都是诚实正直的；现在情况变了，我所做的一切既可以说是诚实正直的，也可以说并非如此。因此，政治权力让我必须接受审判；但是真正应该受到审判的，是我所代表的这个体系。"

让总统感到气愤的是，英萨尔最终免于所有指控被无罪释放。他立刻逃到了巴黎，几年之后，他在地铁上突发心脏病去世。在身体完全冰冷之前，一个小偷偷走了他的钱包。

全国复兴总署是美国的大企业主最大的眼中钉。因为全国复兴总署对商品价格、产量和所有方面都有明确的标准规定，所以一些批评者说这个机构受到了希特勒和墨索里尼的启示。尽管很多企业都遵从了全国复兴总署的政策规定，但还是有不少大公司选择和约翰逊将军对抗到底。

当雇主和劳动者之间的关系界限被明确后，双方的争执对抗变得越来越频繁。1934 年 7 月，在旧金山滨水区爆发的一场罢工运动，有 65 000 多名工会成员参与，到处都是被烧毁的卡车和被丢出的催泪弹，警察和工人们斗作一团，有人被棍棒打伤，有人被刀刺伤，甚至还有人中了枪。"军队占据了滨水区——戴着头盔、配着闪亮的刺刀的哨兵用机关枪架起了一道网，还有骑着摩托车的巡警队。"《调查图表》中写道。旧金山的一位首屈一指的工业家对此事件做出的评论可能不具有代表性，但是也有一定的启示作用。这位不具名的雇主说，这场罢工运动是"一种意义非凡的投资"，它将会在"未来几年，或许永久"解决劳工问题。他继续说道："记住我说过的话。虽然可能有些荒谬，但这些工人重新得到工作之后，就不会再成为我们担心的麻烦了。他们会自己吸取教训。我不是说将来不会再发生大罢工，我只是认为，在我们这一代，旧金山不会再发生任何罢工事件了。这一次是劳动者的胜利。"

亨利·福特年纪越来越大了，妄想症也越来越严重，他强烈反对新政的每一项改革措施，尤其是全国复兴总署实施的那些。他不仅拒绝让自己的公司加入蓝鹰计划，而且还坚信罗斯福和通用汽车结成了联盟。福特公司传奇性的装配线被其他汽车制造商全盘照搬并加以改良，已经成为了各个工厂里工人们的必修课。如果装配线出现故障停止，所有的工序都要停下来直到它重新运作。如果停工持续超过两个小时，那么这条线上的工人在轮班结束之后要继续加班，把耽误的时间补回来。工厂里禁止吸烟，也不提倡相互交谈。"如果工人迟到了 1 分钟，他的工时就要多加 15 分钟。"《国家》杂志中写道。工人们在午餐时间领取薪水，通常都是待在装配线旁边，如果休息时间结束，他们就得再另外抽时间去领工资。

全国复兴总署的法规允许工人参加所在工厂之外的、本行业的工会，这对福特和他手下越来越不满的经理们来说，是个令人相当厌恶的规定，而这个规定也成为了引发大萧条期间最著名的工人运动之一的导火索。这场运动就是发生在 1937 年 5 月 26 日的"天桥之战"，福特公司的工作人员——实际上是受雇于内部安全服务的暴徒，和汽车工人联合会的组织者在迪尔伯恩的福特汽车工厂发生了激烈冲突。工会成员进行抗议游行，要求提高工资，他们的行为是完全合法的。参加抗议的人中有令人敬畏的汽车工人联合会成员沃尔特·鲁瑟。抗议者们被拳脚相加，被野蛮地推到混凝土地板上、被推下楼梯，有一个工人在争斗中背部受了伤，而警察却袖手旁观。这暴力的场景被一位摄影师记录了下来，第二天被刊登在全国各地的报纸上。这场突如其来的事件让福特元气大伤，最终他不得不接受汽车工人联合会进入他的工厂。

然而在法庭上，美国的大企业主最终普遍接受了新政，这为美国司法史带来了一系列里程碑式的判决。"病鸡案"是纽约的一个犹太屠户违背了禽类商品质量标准的案件，在这个案件中，最高法院的判决让全国复兴总署遭受重创。这看起来似乎没有道理，因为和州际事务与商业行为不同，华盛顿方面无权干预州内事务。事实上，这项判决意味着全国复兴总署从始至终所做的一切工作都是违背宪法的。在华盛顿州政府利用法庭上的胜利夺取控制权之前，涌现出了一大批人支持维护血汗工厂里童工的权益。

　　在他们胜诉的这些案件中，其中有一个牵涉到了一位名叫艾尔西·帕里什的妇人，她是一个女仆。作为大企业主反对劳动法规改革的直接声明，这个案件颇具有启示性。帕里什从 1933 年开始在华盛顿韦纳奇的卡斯卡迪安酒店工作，而且是所有人眼中的优秀员工。然而她还是失业了，酒店给了她 17 美元用来"平衡她所做出的服务"，还欠她 1 周 48 小时的工资 2.5 美元，这是全州最低工资标准。帕里什和她的丈夫起诉了酒店，要求得到 216.19 美元的赔偿。败诉之后，帕里什又继续到华盛顿最高法院上诉，最终她赢得了官司。随后西海岸酒店公司也向最高法院提起诉讼，声称最低工资标准剥夺了员工按照自己需要的工资水平和企业解除劳动合同的权利。关于最低工资标准是否歧视女性和儿童的争论进行了一轮又一轮，这位年长的女仆有点糊涂了，最终首席法官给了她，也给了罗斯福一个他们无比渴望的胜诉结果。

　　比起女性的健康问题，更贴近公众利益的是保护她们免受贪婪的不道德雇主的压迫。处于弱势地位的员工没有讨价还价的余地，雇主拒付工资他们也很难还击，雇主的剥削不仅是对他们身体健康的损害，也增加了他们维持家庭生计的负担。这些工人得不到工资，就只能靠纳税人的钱来救济他们。最基本的生活成本必须要得到满足。

法官的判决很大程度上反映了新政一直在强调的过去 4 年里美国的情况：大企业长期以来严重剥削员工，但是艾尔西·帕里什对此并没有特别关心。她得到了 216.19 美元的昂贵支票："我不太理解整件事是怎么回事，但是我很高兴这一切都结束了。"尽管华盛顿州的法律和新政的法律不同——它是在第一次世界大战之前颁布的，但是它反映了新政府的心态，并成为了被全国民众供奉的神圣律法。

————————✧————————

在挽救了金融行业的危机之后，罗斯福开始对其进行整顿治理。就像他在就职演讲中所说的那样，造成了美国过去 3 年半的急速衰退的罪魁祸首，就是缺乏管制的金融行业。"商品交易的规则没能真正起到作用，是因为它们过于偏执并且缺乏合理性，必须承认这一套规则已经不适用了，我们应该将其摒弃。"总统向美国银行业的精英们发出了这样的谴责，"那些肆无忌惮的无良金融家，他们的恶行必将在法庭上接受公众的审判，为人唾弃"。随后罗斯福便开始对银行、信贷和投资领域实施"严格监督"，限制了那些"在文明社会顶层高枕无忧"的"无良金融家"的势力。实施严格监督的初步措施，就是费迪南德·佩科拉开展的一场调查。

事实上，对华尔街和美国银行业的调查在 1932 年年初胡佛执政的时期就已经有过了，但是却无疾而终。参议院银行和货币委员会的首席法律顾问佩科拉是一个小个子的意大利裔律师，他头脑敏捷、直觉精准，在接受他的调查之前，金融行业的大佬们聘请了华尔街最好的律师，还请了不止 3 个调查顾问。报纸中所说的佩科拉委员会是罗斯福授命的调查组织，在佩科拉的领导之下，一个又一个华尔街巨擘被戴上了枷锁，各种诡辩、不当操作、欺诈和不实行为都受到了严密调查。

在佩科拉进行调查的听证会中，第一个不情愿的证人就是理查德·惠特尼。在听证会上，这位纽约证券交易所主席的傲慢自大也丝毫没有减少，他试图将调查转化成对自己有利的局面。"证券交易所没有关注人们对改革的普遍需求，这是一种勇气的宣言，告诉世人我们要做正确的事情，不论在此时这件事遭受多大的非议，我们也一样坚持。"他的话语之间充满了自负。

1933年5月，杰克·摩根出现在了调查法庭上，他激起了与摩根银行利益相关的无数大众的极大兴趣。因为让人惊讶的是，几乎没有人知道杰克·摩根的长相。尽管他在世界各国的政治经济事务中扮演了20多年的重要角色，但他很少留下照片，也很少接受采访——他曾经用手杖驱赶一个试图给他拍照的记者。杰克·摩根是华尔街的门面，但是却很少有人看到他长什么样子。佩科拉在他后来写的《华尔街誓言》（*Wall Street Under Oath*）一书中提到了他在发现相关证据后，对杰克·摩根的强烈控诉："他的个人特质，不仅是他的观点和性格，对上百万国民来说都是一个谜，而他和他的同伴却能对这上百万人的福利施加巨大的影响。"《时代》杂志说："人们大汗淋漓、乱哄哄地挤作一团，聚集在参议员办公大楼的走廊上。穿着白色亚麻西装的男人和戴着帽子、额前的头发都汗湿了的女人们，想方设法从门口一路挤进这个让人窒息的房间。"

杰克·摩根已经是半退休状态了，他的大多数财富也都捐给了慈善机构，在一开始他是支持新总统的政策的。虽然杰克·摩根也是让罗斯福愤怒的对象，但是他相信总统只是"在以实干精神去解决一些问题，而不是花相当长的时间去对付国会里的那一群无勇无谋的人"。他在给英国一位熟人的信中这样写道："当然，他的某些方法可能不得当，但是现在总体形势这么严峻，不管是什么方法，都有可能起到一些效果。"

这位全世界最著名的银行家的言论引起了极大的关注。报纸媒体赞扬了杰克·摩根的冷幽默，据说这是一种英式玩笑。一位参议员对摩根发表了一通关于金融的洋洋洒洒的演讲，摩根耐心地等他结束了自己的长篇大论，忍住没有把"不好意思打断一下"这句话说出口。杰克·摩根其实被许多人妖魔化了，因为这些人认为他们在经济上遇到的困难就是他造成的，也是因为杰克·摩根带着他的顾问约翰·W. 戴维斯（戴维斯曾经是民主党总统候选人，还担任过美国驻英大使）在作为证人出庭的时候，他表现出的智慧太过惊人。和杰克·摩根一起出席听证会的，还有包括托马斯·W. 拉蒙特和乔治·惠特尼在内的 20 位摩根集团合伙人。"摩根摆弄着他那块沉重的锦标，微笑看着委员会成员，就像在看一出好戏。"《时代》杂志这样描写道，还称摩根是一个"从容、愉悦的绅士"。

杰克·摩根当然没有必要为自己所从事的专业领域而道歉。"我可以毫不犹豫地说，我认为私人银行家是国家的资产，而不是威胁。"摩根说，"理论上来说，银行家的势力可能会变得太过强大，但是要记住的是，银行家拥有的任何力量都不是来自于对大量财富的占有，而是来自于人们对他的品性和信用的信任。如果没有这种信任的支撑，一旦人们发现你的品性变坏、信用缺失——不是金融信用，而是社会对你的尊重程度，再强大的力量也会立刻化为乌有。"这是杰克·摩根在面对更加尖锐的问题之前先演奏的序曲，但佩科拉对此持怀疑态度，并不完全相信他说的话。佩科拉认为，银行家"不是国家的资产或者威胁——这两种属性他们兼而有之"。但是他的确钦佩杰克·摩根，"他有着慈悲心肠，同时也是他的领域里毋庸置疑的绝对的王者"。起初杰克·摩根并没有对佩科拉的赞赏做出回应，他对外国移民的品行抱有很大的怀疑，特别是犹太人和天主教徒，他私底下称佩科拉为"肮脏的意大利佬"。

对摩根的讯问还在继续，这位平时鲜少抛头露面的 J. P. 摩根公司总裁的回答迷惑了检察官。

"你的银行在接受调查的银行名单上吗？"一位参议员发问。

"希望不在，"杰克回答，"我们采取了一切可能的预警措施防止它发生。"

杰克·摩根始终泰然自若，不过一个来自林林兄弟马戏团的女演员利亚·格拉夫为了博得公众关注，不知怎么地就冲出了人群，在她的经纪人的帮助下，直接扑向了杰克·摩根的膝盖，此时他倒是吓了一跳。

"这位全世界最矮小的女士想要见全世界最富有的人一面！"格拉夫的经纪人大叫着。

"这是为什么？我的孙子个头都比你高。"杰克很快恢复了镇静，并打趣道。

"但是我年纪更大。"格拉夫说。

"你多大了？"

"20岁。"

"好吧，你看着可不像是20岁。你住在哪里呢？"

"我住帐篷里，先生。"

在面对佩科拉的质询时，杰克·摩根依然是处变不惊，哪怕他知道自己的回答会引起争议，甚至可能会有一些煽动性。

"1931年你是否上缴了所得税？"佩科拉问。

"没有。"

"1932年呢？"

"没有。"

这个事实——全世界最富有的人没有交过任何税——在全美国引起了震动。比起其他事情，这让杰克·摩根在更广泛民众之中的声誉遭到了更严重的破坏。但事实上他一直遵纪守法。摩根的公司——还有他的合伙人，在大萧条过后损失巨大，按照税收法律，他们根本就没有盈利，因此无法纳税。1931年和1932年摩根在英国都缴纳了所得税。

与此同时，德裔银行家奥托·卡恩也因为一直亏损所以没有交税，但是并没有人注意到他。卡恩是库恩洛布银行的高级合伙人，当德国潜艇在第一次世界大战中击沉了英国的远洋客轮"卢西塔尼亚"号时，卡恩对保险公司说，库恩洛布银行在这场灾难中"首当其冲"。1929年年末，为了让金融市场重新复苏，库恩洛布银行又一次首当其冲，发行了大量股票用来承担危机的冲击。卡恩在调查委员会的听证会上说，银行业务就是利用专业技能处理各方关系的业务，这番话让他给委员会留下了好印象。"就好像你要订做一套西装，某个裁缝比另一个裁缝收的钱要多。"他用一个关于裁缝的比喻作为回答，"这是一样的。如果你去价格比较低的那个裁缝那里订做，做出来的衣服也能保暖。但是另外一个裁缝经验丰富，而且有很好的名声，非常擅长做西装，所以你最后选择了他。"

"私人银行和商业银行是否也在股市的热潮中推波助澜，为经纪人提供了史无前例的贷款额度？"佩科拉质问道。

"委婉地说，这些银行没有能力去阻止这些事情的发生。"银行家回应道。

所以卡恩获得的好名声让他从欠税的指控中得以脱身，而杰克·摩根却没这么幸运。他和那些在大萧条期间逃税、在繁荣时期交税的金融行业巨头一起被写进了黑名单。其中一位被称作"10 亿美元查理"的米切尔，在股市繁荣时期把国家城市银行的股票大量出售给了他的妻子，形成了 250 万美元的账面损失，并在他的所得税申报表上去掉了这部分应缴税款。

"坦白讲，我卖股票的确是为了交税的问题。"厚颜无耻的米切尔直接对难以置信的调查员说道。

"你这样做是为了逃税对吗？"一位震惊的参议员问道。

"我是为了银行的利益挺身而出，用自己的财富做赌注。布鲁克哈特议员，我在 1929 年卖出的股票让我遭受了很大的损失。"狡猾的米切尔这样自圆其说。

杰克·摩根很不走运，他和查尔斯·米切尔被当作一丘之貉。普通民众和大多数政治家对金融问题都是一知半解，出席听证会的这群银行家被人们称为"银行界流氓"，《时代》杂志说他们成为了"最喜欢滥用权力的对象"。

理查德·惠特尼没有和这群"银行界流氓"为伍，他开始对纽约证券交易所和其他股票经纪机构进行监管。佩科拉对惠特尼的一番高尚言论感到非常怀疑，他让自己手下的年轻律师对纽约证券交易所展开详尽透彻的调查，要求他们对 1 000 多万个股票经纪人的账户进行分析。惠特尼想方设法回避佩科拉安排的调查，他说在经纪人大都已经破产的情况下，进行这种调查花费的成本太高。纽约证交所从来没有被要求过提供关于经纪人账户的信息，所以惠特尼知道这一次他可能真的要走上绝路了。最终佩科拉的态度缓和了下来，他要求调查无须过于透彻但还是要保证全面。证交所惊人的交易数量第一次被完全揭露，它在全国的 34 个伙伴组织的交易量占到了总量的 90%。

与此同时，罗斯福和他自己成立的委员会也开始秘密介入到惠特尼的证券交易王国中。委员会的成员都是思维敏捷、有怀疑精神的人，比如当时的财政部副部长迪恩·阿切森，还有法律学教授阿道夫·伯利，总统受他的影响很深。和总统一样，伯利也不赞成产业集中化发展不断增强的趋势。他预言除非商业停止发展，否则现代企业最终将会夺取政府的权力，成为"社会组织的主要形态"。伯利教授更不信任投资银行家，他认为银行家们"发行的巨额证券中很大一部分都是不可靠的"，这是在拿整个国民经济冒险。

此时，罗斯福已经和惠特尼相识，并希望和他达成合作。总统和证交所主席坐在一起，邀请他一起参与到华尔街的职业道德改革中来，罗斯福认为现在的华尔街就像一个赌场。一开始，罗斯福建议证交所先发出一份宣扬职业道德和价值观念的非正式声明。惠特尼对此有些抗拒，但是他向总统保证，股票经纪人们"都希望把证券交易业务带到一个更高的水平上"。

佩科拉委员会对证交所股票经纪人提供的所有信息进行了分析，并发布了调查报道，《纽约时报》称报告中揭露的"真实的、血淋淋的大量数据"，就是股票经纪业界攫取的巨额利润。其实这样的利润数据可能有点夸张了，因为佩科拉在一些调查中收集到的数据，还包括那些旗下拥有股票经纪公司的银行的收入，这一部分并不能算入经纪人的佣金收入。然而佩科拉得到的这些惊人的天文数字，已经足够给证交所致命一击了。根据报告，"即便是在大萧条期间"——也就是 1928 年到 1933 年之间，股票经纪人仍然获得了 9.06 亿美元的利润。《时代》杂志很快就发表了文章，称政府也从这些利润中受益不少："佩科拉先生没有提及这样一个事实，在那段时期，各州和联邦的证券交易税税收总额超过了 3.6 亿美元，是股票经纪人获得的总利润的 40%。"尽管佩科拉可以站在更高的道德层面来回应，但是他更愿意将其作为对金融界进行围捕的宣传。

惠特尼对佩科拉给出的数据感到非常愤怒，他声称这是政府为了让国会通过证券交易法案而铺路的手段，这项立法最终会对他的交易所实行严格的管控。惠特尼还说，这一次华尔街被落井下石了。在这个全世界最大的证券交易中心，已经没什么交易活动了。交易大厅里的"专家们"无所事事，西洋双陆棋可以玩上半天，或者是唱着《等待阳光照耀》之类的歌曲。

但无论如何，佩科拉的目的还是达到了，惠特尼的纽约证券交易所也受到了政府的管制。1933 年 6 月 12 日发生了一件让华尔街人感到相当难堪的事，惠特尼登上了《时代》杂志的封面，登的是他抽着雪茄的照片。对于佩科拉来说，对证交所实施管控是值得庆贺的事情："虽然一直负隅顽抗，（证交所）最终还是走上了这条'众生之路'。和我们这些卑微的普通人一样，哪怕是强大的证券交易所，也不能忽视美国政府的存在和权威。"

佩科拉把这些都写进了《华尔街誓言》这本书中，时刻提醒市场监管者用锁链困住猛兽的重要性。在银行和货币委员会当了 17 个月的法律顾问之后，佩科拉写道，1929 年"猖獗的过度投机"还在等待机会重新抬头，一旦成真，他还是会对金融行业展开调查。"虽然这股势头暂时被压制住了，但不可否认，如果出现合适机会，（过度投机）还是会卷土重来，演变成恶性活动。"佩科拉做出预测，"经常会有人说，政府对市场的监管会抑制经济的繁荣发展。华尔街对政府颁布的各项监管法案更是抱有相当大的敌意，现在它只希望将来能够重获以前的权力。"华尔街人的狂妄自大在不断翻腾。"如果你留意关于华尔街的一些言论，就会经常听到很多人对那些金融家们的诟病。"他写出了这番话和总统的观点交相呼应："你会发现，有很多道德高尚的人，没有任何社会或者经济犯罪行为，他们因为少数人过分放纵的行为而被逐出了上帝的圣殿。造成这一切的人会说，他们和 1929 年到 1933 年的举国危机没有关系；他们只是替罪羊，是在公众不理智的意见之下被送上祭台的牺牲品，只是为了让咆哮着要寻找到施害者的乌合之众感到满意。"

这本记录了佩科拉委员会发现的金融行业种种罪状的 12 000 多页的作品，催生出了证券交易委员会。这个组织的首任领导者让人有点意想不到，他就是约瑟夫·P. 肯尼迪，未来美国总统的父亲，是华尔街的一位指令操作员，他说佩科拉其实弄错了他的出身背景，他是一个"爱尔兰天主教徒"。在咆哮的 20 世纪 20 年代，肯尼迪在新兴的电影行业和其他领域钻营谋取，获得了一笔不小的财富。事实上，在他被任命为证券交易委员会主席不久之前，还是一个高利润的酒类股票交易池的操作员，他因此成为了佩科拉委员会的一员。这个爱尔兰移民的儿子还是罗斯福的竞选赞助人，所以后来他才得到了证券交易委员会主席的职位。上任之后，肯尼迪随即就告诉记者，他其实对证券交易行业涉足不深。"股市的违规行为已经成为过去……任何人都不会再有机会操纵市场……我可不是傻瓜。"肯尼迪说道，"虽然我在电影行业干得不错，但是在金融市场我还没做出过什么成就。"在后来的一份由总统的一位发言稿作者亲自撰写的、更加正式的声明中，肯尼迪明确表明了自己的立场："我不介意把那个词（精神）和金融联系起来。我们正在努力重造、重建、重新恢复信心。信心是良好品质的自然产物。我们相信这种品质就存在于金融世界中，所以我们不必刻意追求这种美德；我们只需要遏制邪恶。我们所有的法律法规政策，都是为了不让违法者在那些自认为有道德责任感的人的庇护之下行不义之事。我们希望金融市场能够自己恢复健康，成为一个以荣誉感和责任感为基本原则的地方。"

如果惠特尼听到了肯尼迪的这番话，他肯定不会太当回事。虽然惠特尼对外宣扬纽约证交所自我管理的重要性，但他却在暗中贪污。1938 年 3 月，惠特尼的股票经纪公司破产之后，他的欺诈行为才浮出水面，证券交易委员会掌握了 52 个证人，对惠特尼进行了 14 天的调查。在听证会上，惠特尼交代了事实，他从自己担任财务主管的纽约游艇俱乐部和自己担任主席的纽约证交所挪用资金，他甚至还从自己的公司——惠特尼公司的客户手中挪用资金，这些客户不乏寡妇和孤儿等弱势群体。惠特尼用尽一切办法在对证交所的管控之下打擦边球、攫取财富，最终成为了 20 世纪最大的诈骗犯之一，他被送往纽约兴格监狱服刑。为了维护家族的名誉，惠特尼的哥哥乔治不得不向 J. P. 摩根公司借了 100 万美元，来支付理查德被判罚的赔偿金额。

对于佩科拉来说，惠特尼的落马"加速了战局，并决定了战果"。在持续了 143 年的引以为傲的自我监管之后，盛极一时的纽约证券交易所终于开始服从法律规定，以确保市场的公平性。就像一位证人在听证会上对佩科拉所说的那样，除了自我监管外还有一种选择，那就是对大众投资者的屠宰。自我监管就像是"把一个婴儿（投资者）和老虎放在同一个笼子里，再找一只老虎来看管这只老虎"。

14

希望与曙光

1934 年年末，正处在大萧条的水深火热之中，外形短粗的莫里斯 8 型汽车第一次出现在英国的公路上。这款新推出的车型每台售价 120 英镑，是一个神奇的即兴产品。在以前生产的车型销量日益下降的情况下，威廉·莫里斯竭尽全力控制成本制造出了这款车。在当时，专利权还没有像现在这样被重视，莫里斯 8 型车的发动机设计很大程度上脱胎于福特的 Y8 型车，它是莫里斯在英国最大的竞争对手。一位工业历史学家说："任何一个学习过汽车发展史的人，如果将 20 世纪 20 年代末的 8 马力福特发动机，和 30 年代初莫里斯的 8 马力发动机进行比较，就会发现这两者非常相似。"莫里斯 8 型车是大萧条时期的产物，它有两种颜色（全黑或红加黑），可定制三种车型（游览车、轿车和厢式货车）。大多数车型可以安装额外的设备，仅限于缓冲器和最新的卢卡斯"方向指示器"——可以在车身外部弹出一个指示司机转向的箭头。

和大多数汽车制造商一样，莫里斯汽车公司在大崩盘爆发初期也生存得非常艰难。因为一直陷于和福特公司的激烈竞争之中，莫里斯公司的产品价格一降再降，现在已经无法承担更大程度的降价了。莫里斯的学习能力很强，他的很多汽车制造技术都是从美国同行那里学来的，现在他急需推出一款像 4 年前的莫里斯小型车那样成功的车型。

　　莫里斯凭借一己之力创立了莫里斯汽车公司，他和传统行业的那些思想僵化的大亨完全不一样。他充满创造力，具有前瞻性，足智多谋并且精力充沛（他年轻时拿过自行车比赛的冠军）。莫里斯的父亲是一个服装商，他 15 岁的时候就离开了学校，去当了自行车修理学徒。21 年后，在 1913 年，莫里斯推出了一款相当成功的车型——布诺斯莫里斯车，一跃成为了崭露头角的汽车新贵。当时，除了国外的竞争对手，比如福特汽车之外，莫里斯在国内也面临着不少竞争。英国的汽车制造商从 7 年前的 88 个减少到了 31 个，但是因为占据了更大的市场份额，所以比起美国的 44 个汽车制造商还是更有竞争力。虽然面对着强大的竞争，但是莫里斯、奥斯汀和辛格这几个大型制造商还是包揽了英国汽车市场 75% 的产量，和大西洋对岸的通用汽车、福特汽车和克莱斯勒汽车三足鼎立的局面一样。

　　虽然汽车行业的损耗率越来越高，但是因为反应机敏，莫里斯才能够独善其身。尽管利润越来越稀薄，莫里斯汽车公司还是通过每个业务领域的创新策略——钢板冲压、汽车涂装、车身制造以及其他各个模块的改良，提高了生产效率，改进了产品质量，成为了英国（和欧洲）最大的汽车制造商。莫里斯抓住一切可利用的机会，快速找到合适的供应商，定位相似的竞争对手，比如发动机供应商霍奇金斯公司、霍斯利汽车公司（原本是一个生产剪羊毛设备的公司），还有后来的莱利公司——都是非常著名的品牌。这个精力充沛的工业家也被认为是英国最佳雇主，他不仅为员工提供带薪休假的福利，还会从营业利润中拿出一部分当作红利分发给员工。

　　幸运的是，莫里斯 8 型车一经推出就立刻取得了成功。1935 年中期，在莫里斯 8 型车面市 9 个月后，就已经售出了 55 000 多台。500 磅重的厢式货车上安装了镀铬的散热器，它受到了全英国送货员的欢迎，很快就成为了英国大小道路上相当常见的一款车。警察会用马力加强的 8 型车来追捕罪犯。得益于英帝国关税特惠制度，"出口版"的莫里斯 8 型车被销往世界各地，特别是新西兰，它是 8 型车最大的海外市场。当时其他的英属殖民地国家比如缅甸、锡兰和印度，也都对这款车情有独钟。

一位研究莫里斯 8 型车的历史学家哈利·爱德华兹说，就连被流放的埃塞俄比亚皇帝海尔·塞拉西一世都为他的儿子买了一辆莫里斯 8 型车。当时冠达邮轮公司一半的轮船都被闲置了，为了找到新的收入途径，它的设计部门推出了一款漂亮的 4 座敞篷车，放在梅菲尔区的汽车展厅售卖。3 年时间里，莫里斯 8 型车卖出了 218 000 多台，莫里斯汽车公司又重获了当年的辉煌。

澳大利亚也进口了莫里斯 8 型车，但不是以常规的方式。20 世纪 20 年代末，福特汽车在墨尔本建立了工厂，为了保护福特汽车的销量，外国品牌的整车需要交很高的进口关税，所以当地的车身制造商就进口莫里斯 8 型车的底盘，把 8/40 的汽车底盘改装成更加原始的外型，具有更强的运动性能——给它安装了加料盘。澳大利亚的拉斯金车身制造公司因为对莫里斯 8 型车的成功改造而出名。这家公司是以英国的审美家和批评家约翰·拉斯金的名字命名的，他曾经写道："一切具有品位的作品都必须以技艺的欠缺为代价，时间、成本和风险因素都被加诸于创造过程中"。拉斯金车身公司和牛津公司签订了合同，为其提供汽车底盘。经过改造的零部件最终组合成的车型，比莫里斯 8 型车的原始外型更加优雅。装配拉斯金车身的莫里斯 12/4 系列的 III 型敞篷车拥有精致的流线外形，它不仅受到收藏家的青睐，还为澳大利亚自主汽车品牌霍登斯和福兹的产生铺平了道路。在"诚实的乔"——里昂斯总理执政期间，8/40 车型成为了澳大利亚经济恢复（虽然恢复得很慢）的重要标志。

在大萧条期间，英国汽车工业的发展大大超过了福特汽车，虽然福特的品牌效应依然很强。在英国和欧洲其他国家，亨利·福特几乎被当成了圣者般的存在，不像他在美国，一直都是毁誉参半。就像一位美国记者所写的那样，这位工业家"被每个为他工作过的人憎恨，但也被每个没有为他工作过的人崇拜着"。其实福特比杰克·摩根的名头更响。"很少有美国人知道这个事实，福特是在现在的欧洲影响力最大的美国人，比胡佛、爱迪生和摩根的影响力都要大……"《时代》杂志在 20 世纪 30 年代中期这样写道。然而这位工业家最令人称道的是，他没有被大萧条吓倒，这一时期，各国投资者都从英国和欧洲大量撤资，许多美国投资者也是一样，比如 Boots 药品公司的老板 L. K. 利格特，他匆匆卖掉了自己持有的所有股份。但福特却保留了他在法国、德国、西班牙、比利时、爱尔兰和丹麦的工厂。1931 年，福特把他在英国建的最大工厂从曼彻斯特搬到了鼠患成灾的沼泽区达格南。

福特对自己的口碑声望很有自信。《旁观者》杂志刊登过一篇福特的文章，他写道："如果英国雇主没有能力支付更高的工资，那么他们应该越早走人越好……如果工人的薪酬过低，你是无法得到优质产品的。"（福特被美国工会诟病就是因为他没有给工人提供让他们满意的待遇，他在这篇文章中写的更像是一个空洞的口号）福特在达格南建造新工厂的成本，其中 40% 都是来自于英国投资者，但他对这个工厂的管理却非常随意，和他在迪尔伯恩的行事风格一样，完全把这里当成了他的私人领地。一些英国经理反映说美国设计的车型太大太重，而且价格也太高，不适合英国道路、不符合消费者的需求，比如迪尔伯恩的福特公司总部坚持要求他们在英国销售 A 型车，而福特直接驳回了他们的意见。"你是在告诉我应该如何设计出适合英国市场的汽车吗？"福特曾经这样大声斥责一个瑟瑟发抖的管理人员。

然而，事实证明福特的管理人员是正确的。AF 型车在英国只售出了 5 台。福特汽车的市场份额正在逐渐流向莫里斯汽车和奥斯汀汽车公司，但福特依然在嘲讽他的竞争对手们制造的"婴儿车"，比如适用于英国乡村崎岖道路的小型的奥斯汀 7 型车有多愚蠢。"有些英国车根本就不适合英属殖民地国家市场的情况，你们的制造商也生产不出来符合他们需求的车。"福特说这番话的时候，应该忽略了莫里斯 8 型车在许多国家的销售佳绩。莫里斯和其他英国汽车制造商并不需要从这个美国汽车巨头那里得到意见。在大萧条的艰难时期，他们很快调整了产品策略，生产出了灵活敏捷、构造精巧的车型，相形之下，美国生产的庞然大物就显得行动迟缓了。

福特公司的英国工程师们在福特不知情的情况下，对 Y 型车进行了大胆的重新设计，并重新命名为"Popular"，每台售价不到 100 英镑，这款车终于为福特公司带来了可以和莫里斯 8 型车和奥斯汀汽车相抗衡的有效竞争力。美国陷入了经济危机后，福特公司的汽车销量暴跌 60%，福特不得不把工人数量削减了 40%，他本人和美国总部的经理们都没有管过大萧条期间公司的产品设计问题。他们甚至把很大一部分卡车和火车的市场份额拱手让给了莫里斯公司和贝德福德公司，因为他们坚持要在达格南的新工厂生产重型的 V8 动力型车，而不愿生产英国运输行业需要的经济实用的 4 缸引擎汽车。

灵活机动的小规模新兴企业给那些僵化刻板的传统企业上了一课。这类企业不在少数：英国总共有 14 万个工厂，其中有 3 万多都属于小型企业，平均每个只雇用不超过 25 人。在这样的环境下他们的工作更加鼓舞人心。汽车制造行业的就业率逐渐提高，在 20 世纪 30 年代上升了 12%，电力行业雇用的工人则增加了 24%，自行车制造业增加了 22%，化工行业增加了 15%，人造纤维和材料行业增长了 33%。帝国化学工业集团（ICI）的发展速度已经快到很难为它的工厂雇用足够多拥有资质的技术人员了。

新兴经济的发展取得重大进步，也是让 20 世纪 30 年代初的各国政府出乎意料的事情。政府都在忙着处理让它们头疼不已的传统行业的问题，试图让这些行业的价值发挥到极致，或者希望它们能够奇迹般地起死回生，而与此同时，新兴产业却在几乎没有政府扶持的情况下发展得越来越快。零售业就是一个很好的例子。虽然消费者的购买力在逐渐下降，但是连锁商店却在进击型的新颖商业模式中不断扩张。比如杰克·科恩在一个出租市场上创立的特斯科百货商店，在战前总共开了 100 家分店，玛莎百货开了 234 家连锁店，塞恩斯伯里百货总共有 244 家连锁店。因为缺乏商业创新精神，传统行业不肯做出任何改变。煤产量持续大幅下降，上百个小煤矿几乎已经入不敷出，"陷入了可怕的混乱中"。棉花出口量也比大崩盘之前下降了一半。造船行业因为长期没有订单，船只都丢弃在马尾藻海边。敦提的黄麻产业也终于不敌加尔各答，迅速衰落。蒙塔古爵士的银行家行业发展公司也是雷声大雨点小，历史学家罗伯特·斯基德尔斯基说，在成立一年之后，银行家行业发展公司"只提交并通过了一份计划"。

不过英国正在慢慢走出低谷，这让财政大臣内维尔·张伯伦得到了一点解脱，他对逐渐恢复稳定的国家感到很欣慰。1933 年，张伯伦在发表声明时说道："在所有正在度过艰难时期的国家中，最大限度地成功经受住考验的就是英国。"就像瑞典政府指出的那样，不必太在意张伯伦的过度夸张。1934 年，张伯伦又一次表现出了他的乐观主义，他说他制定的预算案——每英镑所得税降低 6 便士，也就是降低 2.5%，将会带领英国从"荒凉山庄"走向"远大前程"。[1]1935 年，又是政治修辞，张伯伦声称"英国已经恢复了 80%的繁荣"，然而他并没有明确说出他的衡量标准。虽然英国的确摆脱了大萧条最艰难的时期，但是工资水平依旧没有恢复。因为物价下降，英国人在日常消费上的开支比 1929 年之前增长了 10%，但是他们的收入水平在 20 世纪 30 年代末期之前都没有提升。

<hr />

"玛丽皇后"号上，一瓶澳大利亚勃艮第红酒被摔得粉碎，在按下了按钮之后，这艘邮轮在倾盆大雨中被缓慢地送到了船台滑道上。这艘"最大的邮轮被人从陆地推向了海洋"，向克莱德班克航行。这艘船是以助它下水航行的君主的名字来命名的，它就是克莱德河畔的 534 号轮船。

在克莱德河畔停了 2 年 4 个月之后，这艘半完工的巨轮终于在政府的慷慨资助下彻底完工，准备出航。此时 534 号轮船已经不能再被称为全世界最大的轮船了——法国新建的超级邮轮"诺曼底"号比它高和宽都多出了几英

---

1 《荒凉山庄》《远大前程》为英国作家查尔斯·狄更斯的小说。——译者注

尺，但是它是航行速度最快的轮船，有着每小时 33 海里的纪录。在"玛丽皇后"号下水现场的上千人中，有英国皇室的大部分成员，他们正在巴尔莫勒尔度假，还有许多哈切森顿和格尔贝斯的居民，他们努力地在人群中找到能站立的位置。对于英国政府和这上千人来说，"玛丽皇后"号最重要的意义就是它标志着英国从大萧条的阴云中挣脱而出，它是造船行业的伟大胜利。

这次下水几乎和建造工程一样，都需要高超的技艺。因为这艘邮轮的长度超过了克莱德河的宽度，在转向时必须非常迅速，否则就会搁浅在河对岸的泥地上，这样就颜面尽失了。几吨重的链条挂在船体两侧，在船尾先接触水面之后，降低船体下水的速度。克莱德河的另一条支流也被疏浚和加宽，目的是为了容纳"玛丽皇后"号巨大的船体，这也花费了很高的成本。这艘 3.4 万吨重的钢铁庞然大物从河畔直冲入克莱德河中掀起的波涛也是触目惊心的，卷起的巨浪甚至淹没了一些在岸边围观的人。但是这次下水最终还是圆满成功了，在接下来的 18 个月里，"玛丽皇后"号停靠在克莱德河畔。

1936 年 3 月 26 日，"玛丽皇后"号准备进行远洋试航。螺旋桨在泥泞的水中不断搅动，这艘已经完工的巨轮进入了航道中心，由一支拖船队带领着，几百名造船工人吊起了起重机，看着船体下水的进度。《格拉斯哥先驱报》的一位记者对眼前这艘巨轮的"庄重之美"叹为观止，"忽明忽暗的阳光照射在水面上，反射出的光芒照在微微泛光的黑色船体之上"，围观的人群无一不被这景象震慑，他们"每个人的脸上都写满了对这个克莱德班克工匠们造出的杰作的惊叹"。

然而完成 534 号轮船建造工作的，并不是最初开始建造这艘船的工厂。根据 J. B. 普雷斯特利的观点，后来的这批造船工人的命运被永远地改变了，不是因为他们经历过的那些事情，当然这些经历的确让他们变得更加顽强，而是因为新技术的出现解放了他们。在普雷斯特利看来，新兴产业通过改善穷人的长期发展前景引发了一场社会革命。从这时候开始，更多的英国人将会有机会过上前人为他们创造的更好的生活。对于普雷斯特利来说，那些载

14
希望与曙光

277

着他走过英国许多乡村的时速 50 英里的汽车，已经赢得了社会阶层斗争的胜利，普通大众因此得到了解放，他们被引领进入了一个更加和谐自由的世界。"除了最贫困的地区，它们为所有地方提供奢侈品，"普雷斯特利愉快地说道，"它们让富有和贫穷的旅行者之间的差距消失。"因此"那些腐朽不堪的乡下人，他们还用着咔哒作响的老式汽车，通风的乡村住宅，古旧的浴室和冰冷的浴盆，简直就像是现代社会中的斯巴达人。"总而言之，在西班牙、意大利和德国，不需要那些已经掀起高潮的革命，人们就已经或者即将得到解放。如果要给"技术"下一个更广泛的定义，如果其他领域的发展，比如零售业、电影院和莫里斯 8 型车都算进去的话，那么现在呈现出来的一切就是技术的革命。

但事实上发生变化的远不止于此。人们的观念态度也发生了改变。对于很多人来说，大萧条是打倒他们的最后一击；英国人不会再让自己像被经济丢弃的残料废物一样对待。今后，他们只会给能够保证他们平等享受良好生活的政府投票，不会再支持像以前那样长期背弃人民、只保护少数人利益的政府。

资本主义制度在英国得以保留，但是它不再是大萧条之前的资本主义。它成为了一种更加兼容并包、更加人性化的资本主义，统治者必须要承认所有劳动者为社会做出的贡献。因此，许多在大萧条期间煽动叛乱的人，甚至像沃尔·汉宁顿这样的人，都开始理性地接受了社会的变化发展方向。

然而在其他地方，在大萧条中催生出的力量开始爆发。在德国，扛着铁铲的德国劳动服务组织成员都进入了帝国军队，开始训练备战，来之不易的良性资本主义制度在德国发展的进程，因为这场战争的缘故，被推迟了 20 到 30 年。在日本，谋杀了高桥是清的军国主义分子，已经开始为攻克太平洋地区制定战略计划了。

在出席佩科拉委员会举行的听证会之前，杰克·摩根正在安排离开华尔

街到英国去的行程。税收增加、收入降低，在新政的规定之下更高的关税，让他的大部分财富都因此流失了。虽然杰克·摩根还是在奥尔德纳姆乡村度过了不少时间，但他还是降低了仆人的工资，减省了建筑维护的支出，并且不再投资农场。他在奥尔德纳姆给他的员工写信："我现在尽一切可能节省我在英国和美国的住宅里的开支，除了绝对必要的事情之外，不会再进行其他任何活动。"摩根的私人财产也是一样。他收藏的珍贵艺术品、购买的部分土地和交通工具都被出售，还有他的私人游艇"海盗船"也被捐赠给了英国海军。

杰克·摩根多年来一直匿名资助许多慈善机构，在纽约受大萧条影响最严重的地区，这位银行家开始为失业救济事业提供资助。但是罗斯福让他的希望破灭了，摩根直接向《纽约先驱论坛报》写了一封信，表达了他认为新政完全就是谬论的想法："所有这些关于政府注资能够促进经济复兴的言论，都忽略了一个基本事实，一个甚至连农场男孩都知道的简单事实，那就是如果源头已经干涸，政府不管注入什么都不会有结果。你甚至没有足够的水用来抽动水泵。"在给蒙塔古·诺曼爵士的私人信件中，杰克·摩根称罗斯福是一个"疯子"。

摩根集团的整体业务在新政的规定下被瓜分了。银行家协会进行抗议，他们谴责新政的法案"不明智、不科学、不公平并且非常危险"，面对异议，格拉斯斯蒂格尔法案依然要求摩根集团和其他投资银行把存款业务和投资活动分离开来，即不允许用存款进行投资。面对着对他的生活和从他父亲那里继承下来的神圣的银行事业横加干涉的法案，杰克·摩根一开始感到相当愤怒。"我们可能不得不解散集团里的一些大型机构，在未来，我们可能无法再像过去那样，为国家发展提供资本供应这一重要服务。"摩根说道。一直到最后，摩根始终认为银行投资业务永远都是最重要的。但是木已成舟，J.P. 摩根公司中的投资部门独立出去成为名为摩根士丹利的投资银行，J.P. 摩根则转为一家储蓄银行。

摩根集团至此真正走到了尽头，除了家人、朋友和自己的爱好，尤其是对稀有书籍的爱好之外，杰克·摩根对一切都失去了兴趣。在生命中的最后几年里，他几乎没有再从事任何银行业务。在之前那场"为了结束所有战争的战争"（第一次世界大战）之后，他曾帮助德国的战后恢复建设筹资，而现在德国又让欧洲陷入动乱，杰克·摩根对此感到非常沮丧。

1943 年 3 月 13 日，杰克·摩根在佛罗里达州因心脏病引发中风去世。去世时他已经 75 岁了，比他的朋友和合伙人爱德华·格伦菲尔多活了将近 18 个月。虽然杰克·摩根多年来为了大众利益一直致力于帮助各国恢复经济，不光只为那些向他求助的政府提供帮助。但是他去世后，除了他的家人、朋友和商业伙伴之外，并没有其他人为他哀悼。《新共和》杂志尖锐地指出，不谈他四处行善的慷慨之心和他对古老书籍的热爱，杰克·摩根"对于美国人生活没有带来一点创新性或者人性化的改变"。或许这位银行家的巨额财富，还有普通人和他之间终其一生都追不上的遥远距离，让他无法成为一个被铭记的人。

摩根的财富在大萧条中受到了严重损失。虽然他去世时的身家是 1 600 万美元，但是税后资产只有三分之一。而且他也是摩根家族最后一个经营银行的成员。

杰克·摩根喜爱的乡村大多数都还在，那里的高级住宅都保存了下来。古老的树木，教堂农场的村舍，杰西经常去的社交俱乐部，摩根出资维护的宏伟的塞克森教堂，它们都还在那里。和摩根为邻的这些村民们死后都会在这里的墓地安息，和他们几个世纪以前的祖先安葬在一起，诸如比德尔家族、埃蒙斯家族、威尔金森家族、福特纳姆家族、季弗家族、拉金斯家族、艾利斯家族、金家族，还有一个叫毕达哥拉斯·夸里的，他生前是布鲁尔斯救济院的收容者。但杰克·摩根的遗体没有葬在这里。摩根最爱去的板球俱乐部依然很活跃，在夏天的周日中午会举行比赛，他一直没有明白为什么他们会在社交俱乐部门前的斜坡上打板球。然而，没有任何迹象能够证明，在奥尔德纳姆曾经居住过世界首富，除了那条叫作摩根花园的街道。

后记

一切还会重演吗

这一切还会再次发生吗？在我创作本书的这一年里，全球经济发生了几次重大事件，都是我在刚开始提笔的时候绝对想不到的。全球经济一直处于积极发展的态势，在许多西方国家，持续上升的房价正好碰上历史新低的利率水平，这让产权人成为了百万富翁，银行获得了巨额利润，专业收购公司比如私募股权公司都欣喜地预测它们将会成交价值百万的交易，大多数政府都对未来保持高度乐观。毕竟在这样的情景下，怎么可能会出问题呢？

所以，当高风险抵押贷款违约带来巨大恐慌并在全球金融市场引发动荡时，这对大多数人来说都是意想不到的。地域分散的债务可以减少系统性风险，所以普遍贷款未尝不是好事，这是人们的普遍观念；同样地，也难以想象在这种观念之下包含了高风险——或者说次级抵押贷款的高杠杆率的贷款组合，就像许多违规煤矿一样，在世界各地爆炸。此时，这些打包贷款组合的危险性就变得更强了，因为它们都是分散的。还让人无法想象的是，世界各地的银行因为这些不理智的贷款，在几个月内大约损失了 5 000 亿美元或者更多（我们无法获知精确数字）。

美国最大的银行之一贝尔斯登公司，在 2008 年年初被收购，同样也很难相信一年之前贝尔斯登还对法庭的指控一笑置之。事实上，和英国的第 5 大抵押贷款机构诺森罗克银行一样，贝尔斯登被政府注资援救，德国和其他欧洲国家的一些金融机构也由各自的政府对其实行了破产救助，目的是为了防止它们的破产对金融行业造成不良影响。

同样难以置信的是，在这令人忧虑的几个月里，世界各国的中央银行都面临着全球金融体系全面崩溃的噩梦。美联储和其他各国中央银行都不得不向金融市场注资，防止它彻底失灵，此时的金融市场就像没了汽油的巨大发动机。上一次大规模救市，还发生在罗斯福总统的新政时期，他通过复兴银行公司向金融市场投入了巨额资金，为了阻止美国银行业的持续破产。

历史和今天如此之多的相似令人震惊。在这一次金融危机爆发后，震怒的国会痛斥银行业的失责、失职和贪婪，议员们用到的词语和 20 世纪 30 年代国会对银行业的谴责是一样的。为了维持整个行业的完整性、稳定性和水准，为了稳固社会的根本结构，华尔街的一些巨头在破产后被政府弃如敝屣，这不免让人想到了罗斯福时期的银行监管机构对不称职经理的撤职处理。

前任美联储主席艾伦·格林斯潘坚定地认为，这个世界"见证了自第二次世界大战以来最可怕的危机"。但是在危机到来前没有人预见到它真的会发生，就像没有人预见大萧条会发生一样。

———— ·⟨∞⟩· ————

虽然如今的金融市场和股票市场与 20 世纪 30 年代大不相同——规模更大、更加复杂难解、相互影响更加密切、变化更快、更加不稳定，参与者更容易负债，也更加专业，但是在一些基本原则上，它还是和过去的市场有很多共同之处。

我们拿其中一个来举例——信贷的发展。现在是一个全民信贷的时代，不论是个人还是机构；无论是生产性目的还是单纯为了娱乐，每个人都可以通过贷款来实现。在西方国家，人们从来都没有像 20 世纪 90 年代和新千禧年之初那样，债务在收入中占有如此之高的比例，这些贷款被用于购买耐用品、住房、土地、投资，从建筑到铁路各种公共设施，甚至是用于度假，而在 20 世纪 30 年代，人们根本不可能从银行借到钱。的确如此，现在我们大多数人都深陷债务，大半辈子都在为银行工作。

在咆哮的 20 年代也出现了相似的情形，或许那应该是第一次全民贷款热潮。"在美国，20 世纪 20 年代经济发展的一个标志就是充足的信贷供应。"经济历史学家巴里·艾肯格林和克里斯·米切纳这样说过。贷款可以用于所有领域——股市投资、房地产投资，汽车、缝纫机、收音机和钢琴等耐用消费品。与此同时，也出现了一大批新的贷款机构——金融公司和其他各种机构，从美国到英国，到英属殖民地国家，到欧洲大陆，到斯堪的纳维亚半岛，再到日本，它们几乎遍地开花。这些机构模仿汽车公司的财务部门，它们以前所未有的慷慨提供了大量的个人贷款。美国的分期付款购货法和英国的租购法都是基于同样的原则：先买再付。

低门槛信贷造成的结果之一，就是在大崩盘发生时，80% 的美国人都没有任何存款了。有一部分是因为他们的可支配收入相对降低了，但是他们还是把大部分收入都用来还贷款了。在英国和其他国家也一样，不过波及的范围更小，因为在这些国家消费金融行业是从一个较低的基点发展起来的。

除了信贷，以前的金融市场和今天的市场有一个发人深思的相似点，那就是 20 世纪 20 年代普遍极低的利率。低利率具有很强的吸引力，它鼓励了借款人增加他们的贷款数量和规模，来补偿实际很低的回报，这种策略很快就导致了不可避免的过度金融化。经济学家指出，这种情况一般发生在自然利率（更能精确反映市场普遍现状的利率）比市场利率（贷款人应偿还的贷款利率）更高的时候。

这种近乎疯狂的贷款热潮带来了一个结果，它促进了全世界尤其是美国一些大城市商业建设项目的快速发展，这些项目大多都是通过银行贷款实施的。另一个结果，就是农场和住宅抵押贷款的崩溃，和今天的次级房贷危机如出一辙。抵押贷款在大崩盘爆发之前大肆增长，翻了不止 3 倍。当各国股市和全球经济崩溃之后，贷款者深陷沉重的债务之中，他们用作贷款抵押的资产也迅速贬值，就和今天的情形一样。

另一个值得注意的相似之处，就是杠杆水平——在本金的基础上累积的贷款总额。当货币贬值，杠杆比率就达到了历史新高，带来的结果就是信贷激增。

20 世纪 20 年代，投资信托迅速崛起，这其实是一个建立在薄弱的资本基础之上摇摇欲坠的金字塔。这种金融结构首次出现是在 19 世纪末的英国，是美国金融家将它发展壮大，而他们用的正是和今天的对冲基金一样的方式，用资产抵押票据把次级贷款和其他形式的债务一层一层地叠加吸收。大崩盘时，在华尔街操作员的手中，投资信托从金字塔变成了摩天大楼。越来越多的保证金——或者是贷款堆积在了投资信托上，已经形成了非常危险的头重脚轻的结构。当投资信托崩溃之后，它们累积的债务就是成倍增长，就像市场行情好的时候翻倍的利润一样。因此，虽然受到金本位制规则的约束，美联储和其他国家的中央银行当时都不再大量印发货币，但是在咆哮的 20 世纪 20 年代，次级银行市场中快速膨胀的信贷还是对它们造成了损害。

如今也是一样，在 2007 年中期的信贷危机爆发的酝酿期，各国央行行长被金融市场上奇高无比的杠杆水平吓住了。在新千禧年的初期，10 : 1 的杠杆比率很常见，还出现过 100 : 1 的可怕情况。如果市场行情较好，杠杆就会增加投资收益，将会远远超过一般金融工具的基础收益。但是如果行情糟糕，情况当然会相反，杠杆会造成更加可怕的损失。最伟大的投资者之一、世界首富之一沃伦·巴菲特曾经就说过，金融工具是"大规模杀伤性武器"。2007 年中期以前，很多人都忽略了他的这番话。

经济学家指出，在过去的一个多世纪里，信贷的快速扩张一直都存在着威胁。早在 19 世纪 70 年代，亨利·乔治就发现了低门槛贷款和野蛮投机之间的联系。20 世纪 30 年代，莱奈尔·罗宾斯把大萧条的发生归咎于信贷的增长，J. K. 加尔布雷思也持一样的观点。虽然现在对金融、股票和其他市场的管制更加严格——这种趋势也是起源于 20 世纪 30 年代，但银行还是会想尽办法在监管者的眼皮子底下钻空子，四处发放贷款，就像是不要钱的谷壳一样。连赌场都比银行业管理得更严格。

所以，银行业又一次进入了全新的、更加严格的监管时代，因为它在这场"自第二次世界大战以来最严重的危机"中造成了巨大危害。这一次政府监管有可能会取得更好的效果，但也有可能不会。

同时，还有一个重要问题：我们现在是否正在面临另一次大萧条？答案很大程度上取决于个人和公司的财务状况。一条黄金法则说过，当经济繁荣时，大量借贷是有利的；但是经济衰退时，情况就会相反。"当价格紧缩时，债务水平过高的投资者就会遇到大麻烦了。"经济历史学家罗杰·W. 加里森在一份关于大萧条成因的调查中解释道，"如果很多人都不得不勒紧裤腰带过活，那么购买力就会迅速下降，国民经济也会陷入危机——尤其是银行。处于艰难时期的银行又碰上了坏账，它们就会变得更加保守。银行会增加存款储备，这样一来又会加剧通货紧缩的压力。危机会变得更加严重。这种自主恶化的过程会让美国 1930 年的经济迅速变成 1933 年的状况。"个人债务水平创历史纪录，全民节衣缩食，急速下降的出生率，银行大量囤积资本——这些也正是我们现在经历的。

今天和历史上的金融市场从人性的角度来看也有共通之处。虽然美国经济在 20 世纪 20 年代进入了高速发展，比被战争摧毁的欧洲大陆和英国更加强大，但是经济发展成果没有得到平等分配，最后累积成了严重的财富分配不均。根据布鲁金斯调查机构的研究成果显示，在 1929 年，只有 0.1% 的美国人控制着全国 34% 的存款。财富分配不公平的现象非常严重，人均可支配收入增长了 9%，比制造业总产量低了 9 倍，但是 1% 的最高收入人群的可支配收入却达到了 75% 的惊人增长。经济历史学家保罗·格斯莫利诺在 20 世纪 90 年代中期曾指出，"'柯立芝繁荣'时期的经济发展收益并没有平等地分配给所有美国人。"

如今的情况也是一样，大量的利润被少数个体获取，尤其是在初级和次级银行市场中，当然还有其他行业。比如所谓的私募股权领域，这类公司通常都是利用极高的杠杆比率进行操作，通过各种投机取巧的方式和对上千名员工作出的承诺，来为公司获取价值，但最终的收益却并没有流向广大员工。然而没有他们，公司根本不可能盈利。更让人愤怒的是，对于坐拥高额利润的合伙人征收的一位数税率，比大多数员工的个人所得税率要低得多。这些差异让社会历史学家感到警醒，雇主和员工之间越来越宽的鸿沟已经让工会的反抗情绪越来越强烈，他们要求分到更大的蛋糕。

但是我们还是有乐观的理由相信——和曾经对国家经济发展至关重要的其他产业一样，在 20 世纪 30 年代，农业逐渐崩溃，加剧了美国人、澳大利亚人、欧洲人和世界各国人民的困境，但是在今天产业更加多样化的全球经济中，农业的衰落不会产生当年那样的致命影响。纺织行业、煤矿业、钢铁行业和其他主要产业也一样。

而且，我们也比 20 世纪 30 年代时更加聪明。当时走入歧途、接连犯错的政府机构，现在拥有了更丰富的经验，也更加明智。换句话说，像通过了《斯穆特–霍利关税法案》这样的事情不可能再重演。因此，政府干预应该更加有效，现在事实也的确如此。

除此之外，作为全世界经济发展核心动力的制造业，规模更加庞大，实力也更加强劲（比如在全球商业航运高速发展的情况下，处于上升期的造船行业）。在亚洲和东欧，许多国家越来越富有，它们开始扩展全球市场，发展制造行业。因此全球经济的发展更加平衡，少数几个国家的发展状况对整体经济的影响降低，全球经济的抗打击能力变得更强。

对于未来还会发生什么让人意想不到的事情，比如大地震，人们依然会感到担忧。从 2007 年中期开始的这场危机证明，金融体系，还有人们的物质财富，远比任何人想象的都要脆弱。